Entre o piano e o violão

A modinha em fortaleza os dilemas da cultura popular
(1888-1920)

CONSELHO EDITORIAL
Ana Paula Torres Megiani
Eunice Ostrensky
Haroldo Ceravolo Sereza
Joana Monteleone
Maria Luiza Ferreira de Oliveira
Ruy Braga

Entre o piano e o violão

A modinha em fortaleza os dilemas da cultura popular
(1888-1920)

Ana Luiza Rios Martins

Copyright © 2016 Ana Luiza Rios Martins

Grafia atualizada segundo o Acordo Ortográfico da Língua Portuguesa de 1990, que entrou em vigor no Brasil em 2009.

EDIÇÃO: Haroldo Ceravolo Sereza
EDITORA ASSISTENTE: Cristina Terada Tamada
ASSISTENTE ACADÊMICA: Bruna Marques
PROJETO GRÁFICO, DIAGRAMAÇÃO E CAPA: Jean Ricardo Freitas
REVISÃO: Patricia Jatobá U. de Oliveira
IMAGEM DE CAPA: Fotografia digitalizada. Da esquerda para direita: Antônio Rodrigues, José de Paula Barros e Ramos Cotoco. Reprodução extraída do livro *Fortaleza dascalça* de Otacílio de Azevedo.

ESTE LIVRO FOI PUBLICADO COM APOIO DA FAPEMIG.

CIP-BRASIL. CATALOGAÇÃO NA PUBLICAÇÃO
SINDICATO NACIONAL DOS EDITORES DE LIVROS, RJ
M341e

Martins, Ana Luiza Rios
Entre o piano e o violão : a modinha e os dilemas da cultura popular (1888-1920)
Ana Luiza Rios Martins. - 1. ed.
São Paulo : Alameda, 2016.
290 p. ; 21 cm.
Inclui bibliografia

ISBN 978-85-7939-418-8

1. Música popular - Brasil - História e crítica. 2. Cultura popular - Brasil - História. I. Título.

16-36045   CDD: 780.420981
            CDU: 78.067.26(81)

ALAMEDA CASA EDITORIAL
Rua Treze de Maio, 353 – Bela Vista
CEP 01327-000 – São Paulo – SP
Tel. (11) 3012-2403
www.alamedaeditorial.com.br

"O cearense tem nome e fama de denodado: na seca morre de fome, no inverno morre afogado".
Carlos Teixeira Mendes

Dedico esse trabalho a todos os artistas cearenses que buscaram reconhecimento de suas obras no próprio estado e no resto do país. Admiro o esforço dos que se permitiram sonhar e deixaram suas marcas no presente, mas também guardo uma afeição aos "esquecidos", aqueles que tentaram e por algum motivo não conseguiram seguir. Dedico em especial esse trabalho ao meu marido Emílio Fernandes, violoncelista e compositor, que viverá todos os seus dias pelo amor à música.

Sumário

LISTA DE IMAGENS	11
MUSICALIDADES CEARENSES, MUSICALIDADES BRASILEIRAS...	13
INTRODUÇÃO	19

CAPÍTULO 1 — 31
O circuito musical em Fortaleza no fim do século XIX e início do XX

As disputas pelos espaços de lazer	33
Práticas musicais no cotidiano dos citadinos	56
Músicos e músicas na terra de Iracema	78

CAPÍTULO 2 — 113
Voz e piano: modinha de salão e cultura rural nos cantares de Alberto Nepomuceno, Branca Rangel e Juvenal Galeno

A Modinha brasileira e a busca de uma identidade sonora para a nação	114
As influências do Romantismo na Modinha de Salão	123
Alberto Nepomuceno, Branca Rangel e Juvenal Galeno: trajetórias cruzadas nas salas de concerto de Fortaleza	135
Do Ceará para o Brasil: A raça, o meio e o folclore na música que nasce no "Norte"	150

CAPÍTULO 3 — 183
Voz e violão: modinha seresteira e cultura urbana nos cantares de Ramos Cotôco, Teixeirinha e Carlos Severo

O violão no Rio de Janeiro: entre o popular e o populacho — 185

Ramos Cotôco, Teixeirinha e Carlos Severo: Trajetórias cruzadas na boemia de Fortaleza — 201

Humor, sátira e pilheria: a invenção do popular na praça pública — 219

CONSIDERAÇÕES FINAIS — 271

LISTAGEM DAS FONTES — 273

BIBLIOGRAFIA — 279

AGRADECIMENTOS — 287

Lista de imagens

IMAGEM 1: Praça dos Mártires, também conhecida como Passeio Público – Arquivo Nirez.

IMAGEM 2: Praça do Ferreira no período em que o coreto ainda não tinha sido substituído pela Coluna da Hora – Arquivo Nirez.

IMAGEM 3: Foto do início do século XX do Teatro José de Alencar – Arquivo Nirez.

IMAGEM 4: O Café Java localizava-se em uma das pontas da Praça do Ferreira – Arquivo Nirez.

IMAGEM 5: Esther Salgado Studart – O Unitário de 16 de março de 1958.

IMAGEM 6: Foto da Inauguração do Conservatório de Música Alberto Nepomuceno – O Unitário de 16 de março de 1958.

IMAGEM 7: Partitura Teu Desprezo – Cópia de Gilberto Petronillo.

IMAGEM 8: Partitura de Todos Nós Somos Queiroz – Cópia de Gilberto Petronillo.

IMAGEM 9: Foto de Henrique Jorge – Arquivo Nirez.

IMAGEM 10: Partitura de Julieta – Cópia de Gilberto Petronillo.

IMAGEM 11: Partitura de Comunhã da Serra – Cópia de Gilberto Petronillo.

IMAGEM 12: Foto de Quintino Cunha – Arquivo Nirez.

IMAGEM 13: Partitura Apanhadeira de Café – Cópia de Gilberto Petronillo.

IMAGEM 14.1, 14.2, 14.3, 14.4: Partitura Mãe Preta – Edição Panamérica.

IMAGEM 15: Retrato do compositor Alberto Nepomuceno ao piano – Óleo sobre tela de 1895.

IMAGEM 16: Piano de Branca Rangel – Museu Dom José, que está localizado em Sobral, CE.

IMAGEM 17: Foto de Branca Rangel tirada no Conservatório de Música Alberto Nepomuceno.

IMAGEM 18: Foto de Juvenal Galeno – Arquivo Familiar.

IMAGEM 19: Partitura de Tu és o Sol – Cópia de Gilberto Petronillo.

IMAGEM 20: Partitura Medroso de Amor pertencente ao acervo Música Brasilis.

IMAGEM 21: Partitura de A jangada – Cópia de Gilberto Petronillo.

IMAGEM 22: Partitura de A cabôcla – Cópia de Gilberto Petronillo.

IMAGEM 23: Partitura de Minha Terra – Acervo Passado Musical da Biblioteca Nacional.

IMAGEM 24.1, 24.2, 24.3: Partitura de Viola – Acervo da Casa Juvenal Galeno.

IMAGEM 25: Catálogo da Casa Edison de 1902 (Cd–Rom).

IMAGEM 26: Sátiro Bilhar – Acervo de Imagens Nirez.

IMAGEM 27: Óleo sobre tela de Ramos Cotôco pintado por Otacílio de Azevedo.

IMAGEM 28: Caricatura de Ramos Cotôco – Xilogravura de Gustavo Barroso.

IMAGEM 29: Foto da residência de Teixeirinha na Avenida Imperador, 842.

IMAGEM 30: Capa do livro Cacos de joia de Carlos Teixeira Mendes.

IMAGEM 31: Fotografia de Carlos Teixeira Mendes – Acervo de Imagens Nirez.

IMAGEM 32: Fotografia de Carlos Severo - Acervo de Imagens Nirez.

IMAGEM 33: Partitura de Mulata Cearense – Cópia de Gilberto Petronillo.

IMAGEM 34: Partitura Cabocla – Cópia de Gilberto Petronillo.

IMAGEM 35: Partitura Meu gôsto – Cópia de Gilberto Petronillo.

IMAGEM 36: Partitura de Tecelona – Cópia de Gilberto Petronillo.

IMAGEM 37: Partitura de Modernismo – Cópia de Gilberto Petronillo.

IMAGEM 38: Partitura de O bonde e as moças – Cópia de Gilberto Petronillo.

IMAGEM 39: Partitura de Cangatís – Cópia de Gilberto Petronillo.

IMAGEM 40: Partitura de Cearenses – Cópia de Gilberto Petronillo.

IMAGEM 41: Gôsto Esquesito – Cópia de Gilberto Petronillo.

IMAGEM 42: Partitura Estrêla do Anoitecer – Cópia de Gilberto Petronillo.

IMAGEM 43: Partitura de Visita Anual – Cópia de Gilberto Petronillo.

IMAGEM 44: Partitura de Despedida do Bardo – Cópia de Gilberto Petronillo.

IMAGEM 45: Partitura de Recordando – Cópia de Gilberto Petronillo.

Musicalidades cearenses, musicalidades brasileiras...

...*os processos sócio-históricos do mundo da cultura e das artes podem se constituir como instigantes vias de compreensão das formas musicais, enquanto expressões estéticas portadoras de sentidos de formas de sociabilidade, completando assim um entendimento cíclico de mútuas atuações de ambas as esferas de nossas vidas: a música fruto do espírito inventivo de seus criadores e a sociedade que a inspira e nutre. Em suma, a música narra um tempo histórico que, por sua vez, igualmente a narra.*

Nós a Música Popular Brasileira.
Dilmar Miranda.

Difícil e prazerosa tarefa de atentar aos nossos leitores para este trabalho e para a autora desta obra, dada a envergadura do aqui realizado e pelo inusitado da realização em uma escrita densa, repleta de nomes, locais e situações distribuídas ao longo do texto. Este nos seduz e embala nossos pensamentos em outras épocas, nos exortando à reflexão, como vocês caros leitores poderão ler, também, espero, prazerosamente.

A jovem pesquisadora se lança em um universo complexo e controverso amparada por um trabalho de pesquisa rigoroso, técnico, solidamente documentado e de dimensões teóricas desafiadoras – pelo que constitui ao lançar seu olhar sobre o período em questão, relacionando-o com a produção musical brasileira, que até o presente momento ainda não ouviu estas histórias e estas outras musicalidades.

Resultado de pesquisa acadêmica, para além do objeto em estudo, se revelam os locais de pesquisa, as inúmeras fontes, as inclinações que despontam ao caracterizar a realidade, os debates em torno da formação de um grande consenso sobre a Música Brasileira. Afinal, como advertiu Canclini (2000), não se trata apenas de uma questão de estética – o que consideramos arte – mas esta noção se constitui nas fronteiras porosas do que pensam e fazem jornalistas, críticos, e outros profissionais, como os historiadores.

Portanto, não se trata apenas de uma revisão pura e simples da "literatura" sobre música – e neste caso música popular – em nosso país e de seus pressupostos, consensos acadêmicos, ou sócio-político-acadêmicos. Sua leitura estabelece "contratempos" às leituras estabelecidas – permitam-me neste escrito me utilizar metaforicamente da linguagem musical – que são importantes.

Assim, o trabalho de investigação patenteia uma pesquisadora séria, rigorosa e atenta ao processo histórico vivido por homens e mulheres e sua leitura deste processo que introduz na "cena musical" outros sujeitos e outras musicalidades. Um mergulho no tempo, em nossas memórias repletas de lembranças, ritmos, durações abafadas em nós, em suma, outras vivências incorporadas no (nosso!) corpo que ouve – como dizia Lia Tomás em sua apresentação da obra "De sons e signos: música, mídia e contemporaneidade" (1998).

Já faz algum tempo que se ressentia a produção sobre nossa música popular cearense, sobretudo de obras com um recuo temporal maior e uma abordagem que pudesse a um só tempo revelar que o que se produziu sobre a Música Brasileira em seu contexto imediato, e ainda desvelar cantores, compositores, artistas, músicas, letras, situações, locais, em sua grande maioria "populares".

Desta forma, gostaria de embalar este escrito – que deveria ser uma apresentação – com um "arpejo" que antecipe o que cada um encontrará nesta leitura densa e ainda assim não conclusiva desta ação polissêmica de apropriação das reflexões realizadas.

Neste contexto se apresenta os sujeitos desta(s) história(s), são muitos e permeiam um tempo que se revela junto com estes homens e mulheres em seus fazeres musicais, e, sobretudo, num amalgamado de relações de todos os tipos e que envolviam a própria experiência de viver, a experiência musical em sua essencialidade.

Surgem neste "andamento" nomes importantes, tais como: Pedro Eugênio, Quintino Cunha, Virgílio Brandão, Carlos Severo, Carlos Gondim,

Raimundo Ramos, Mamede Cirino, Aristides Rocha, Antônio Moreira, Júlio Azevedo, Alfredo Martins e Boanerges Gomes, Carlos Severo, Josias Goiana, Luís de Castro, Genuíno de Castro, João Coelho Catunda, José Gil Amora, Ludgero Garcia, Zé Ramos, Zé Macieira, Chico Ramos, Lopicínio, Eduardo Garcia, Chico da Mãe Iza, Pilombeta, Zacarias Gondim, Luigi Maria Smido, Raimundo Donizetti Gondim, Ambrosina Teodorico, Alberto Nepomuceno, Brasílio Itiberê, Alexandre Levy, Ramos Cotôco Teixeirinha e Carlos Severo, Teixeirinha, entre tantos outros que, pode-se dizer, fizeram a história de nossa música uma das mais diversas formas e em seus mais diversos estilos.

Das formas mais diversas foram os responsáveis pelo "caldeamento" de uma musicalidade que se vertia para as mais diversas influências musicais e das mais diversas origens, tanto as oriundas de outros cantos, como do nosso sertão, o que chama atenção pelo fato de introduzir este elemento para a análise.

Seus "motivos", muitos e diferentes se originam das mais diversas experiências sociais. Deste modo, nossos sujeitos são seresteiros, arruaceiros, vagabundos, letrados e não letrados, boêmios, pintores, intelectuais, bodegueiros, barbeiros, violonistas, contrabaixistas, pianistas, cantores, maestros, músicos e seus parceiros de vida e história, que dão sentido aos muitos "acordes" que viveram e que são os "acordes" da "tessitura" deste texto.

Juntos nas mais diversas formações, com os mais diversos instrumentos – que fazem parte de uma musicalidade brasileira – se apresentavam (e a Luiza Rios nos apresenta) em orquestras e bandas, tocando pianos, violões, rabecas, violas, guitarras, sanfonas, zabumbas, maracás, em cantos que autora identifica como constituintes de uma musicalidade cearense, gestada de forma "híbrida" processando as mais diversas expressões culturais, em inúmeros momentos associadas a dança (basta lembrar para citar as polcas, valsas, congadas, umbigadas, entre outras), como se a vida "cadenciasse" neste "compasso", se expressasse nesse ritmo, se inventasse de forma "agógica", com tudo que este "andamento" permitia em termos de liberdade de expressão e "flutuação".

Estes sujeitos interfeririam lítero-musicalmente nos mais diversos locais – que se entende como o lugar praticado, e, neste caso, praticado sobremaneira a partir da, ou pela música – e que dão uma silhueta ao popular, que preocupa a pesquisadora: são cafés, bodegas, bares, barbearias, praças, ruas, casas, nas areias (fora do antigo perímetro central), nos salões, igrejas, bailes, soirées, festas, sambas, maracatus, cinemas, entre outros tantos e inusitados espaços de convivência e de fruição.

A cidade se revela, neste sentido, profundamente musical. E ao mesmo tempo conectada a outras cidades e outras musicalidades, como em uma rede invisível, mas audível, dançável, sensível ao espírito de corpos que "musicalizam" suas existências, o que parece ter inspirado Luiza Rios, que musicaliza ela própria seu escrito.

Segundo ela, a consolidação do que hoje se chama música cearense teria sido o resultado de intermediações dos diferentes gêneros e práticas musicais, e que estas em muitos casos ocorreram em uma relação tensa com o mercado fonográfico e radiofônico, ao que a obra não se restringe, o que reforça sua ideia e que ela demonstra em uma série de procedimentos descritivo-analíticos que permeiam seu enredo, nos inúmeros momentos em que se demonstra a interação entre os sujeitos acima citados.

É neste contexto que ela lança mão das ressignificações elaboradas por estes sujeitos na incorporação e tradução destas manifestações nos diferentes meios sociais nos quais se inserem e oriundos das mais diferentes tradições culturais. Em suas palavras, o que pode, se desejarmos, imaginar como sua "frase musical":

> As relações estabelecidas entre os diferentes cantares cearenses formaram-se a partir de conflitos, contradições e mediações das mais diversas, que, em linhas gerais, acompanham a própria formação da nossa identidade No processo de busca por uma identidade essencial que nos singularizassem dos demais, um canto que expressasse formas de ver/sentir/falar do cearense, muitos elementos foram excluídos, muitos foram esquecidos, muitos projetos foram agregados, formando um mosaico complexo que dispõe lado a lado diversos fatores culturais: o local, o universal, o nacional, o estrangeiro, o oral, o letrado, a tradição e a modernidade. Nesse sentido, seria correto falar sobre a existência de múltiplos cantares, fruto do grande repertório de ritmos e timbres presentes na época que dialogavam com o produto local (aboio, o repente e do coco) e de fora do país.

Mas, não seria esta uma máxima válida para a dita música brasileira? Não seria esta uma dinâmica própria da cultura e de suas expressões? Não seria interessante então rever o que foi produzido sobre a música brasileira no sentido de incorporar algumas destas observações feitas nesta obra?

Acreditamos que sim. Este seria um ganho e enriqueceria nossas noções atualmente tão centradas em algumas regiões do país e que são consideradas como protoformadoras de nossa musicalidade – ignorando tantas outras, como esta que a obra ressalta. O que podemos com esta obra ouvir – ou visualizar – é uma "polifonia" ainda não de todo desvendada, e que este "enredo" ainda carece de outros "arranjos", como sugerido aqui.

"Entre o piano e o violão: a modinha em Fortaleza e os dilemas da cultura popular (1888 - 1920)" é antes de tudo um desafiador convite a pensar e revisitar a música urbana realizada no Brasil em outras épocas – também hoje! –, e falo de Brasil, com o intuito de apontar uma importante característica desta obra: não se trata de uma obra regional, como costumeiramente se designam trabalhos feitos fora de alguns eixos regionais ou de certas editoras do mercado de livros, ou ainda caracterizados por uma visão consensuada e estabelecida por estes polos geradores.

Trata-se sim, de uma obra que recompõe a história de nossa música popular brasileira, sua trajetória agora precisa ser revista de modo a incorporar algumas destas "revelações".

Francisco José Gomes Damasceno
Messejana (chuvosa), fevereiro/março de 2015.

Referências

MIRANDA, Dilmar. *Nós a Música Popular Brasileira*. Fortaleza-CE: Expressão Gráfica, 2009. p. 25

CANCLINI, Nestor García. *Culturas Híbridas: Estratégias para entrar e sair da modernidade*. São Paulo: Edusp, 2000.

TOMÁS, Lia (Org.). *De sons e signos: música, mídia e contemporaneidade*. São Paulo: EDUC, 1998.

Introdução

Não é possível falar de música urbana em Fortaleza sem levar em consideração a herança da modinha. Os cantares cearenses de Lauro Maia, Humberto Teixeira, Zé Cavaquinho, Evaldo Gouveia, Luiz Assunção, Ednardo, Belchior e Fagner não só agregam a tradição do aboio, do maracatu e do repente, mas definem uma produção caracteristicamente urbana a partir das apropriações da crônica musicada da cidade de Fortaleza de Ramos Cotôco, da descendência boêmia de Carlos Severo, das mulheres de Teixeirinha, das praias, jangadas e faróis de Alberto Nepomuceno e Branca Rangel.

Apresentar Fortaleza para o resto do Brasil a partir dos cantares de artistas cearenses que viveram em um período cheio de dilemas em busca de definições identitárias, faz parte de uma realização pessoal que começou antes da experiência acadêmica, quando eu ainda era uma jovem estudante de piano no Conservatório de Música Alberto Nepomuceno. Nesse período tive o prazer de conhecer algumas modinhas de compositores locais e acabei me encantando com essas obras. Lembro-me de interrogar Helena Frazão, minha professora de piano, sobre o problema de conseguir reconhecer a diferença entre a música erudita e a música popular.

Essa tentativa de setorização musical que ainda atrai muitos estudantes do tema, surgiu no Brasil no início do século XX a partir dos escritos de Mário de Andrade, Renato Almeida e Oneyda Alvarenga. Esses pesquisadores costumavam reunir e catalogar registros sonoros de diferentes regiões, classificando as múltiplas manifestações de cantares a partir de uma construção ideológica, balizados em padrões estéticos, técnicos e instrumentais que pudessem contribuir para a formação da identidade nacional.

Quando o projeto sobre a modinha cearense foi selecionado no Mestrado Acadêmico em História da UECE, observei a dificuldade que existiria pela frente para trabalhar com a dicotomia conceitual entre música erudita e música popular. As fronteiras entre os gêneros eram muito fluídas nesse período e qualquer tentativa de classificar ou utilizar de tipologias rígidas na modinha seria desmentida pelas práticas e escutas musicais. Nesse universo de indefinições e mudanças é fácil se perder em teorizações conceituais, por isso a necessidade de optar pelo horizonte de uma história cultural da música e das sonoridades. Dessa forma, o conceito de mediação cultural foi de fundamental importância para se compreender os diferentes cantares cearenses que nasciam no período em questão. Não há dúvida de que o tema da mediação cultural ultrapassou o campo da Antropologia e adentrou os territórios do historiador. Os trabalhos de Ginzburg[1] e Bakthin[2] contribuíram com a questão da mediação a partir do conceito de circularidade cultural. Já Stuart Hall,[3] Homi Bhabha[4] e Barbero,[5] apontam para um conceito cunhado a partir de tensões e disputas.

A modinha brasileira apareceu numa época em que surgem as primeiras tentativas da criação de cantares que nos singularizasse perante as outras nações. Através da utilização de temas como a raça, o meio e os costumes, os compositores selecionados para essa pesquisa apropriavam-se de diferentes maneiras da cultura popular na tentativa de criar um canto com sotaque que refletisse e digerisse todas as influências e expressasse um jeito singular de ver/sentir/falar do brasileiro através do que passou a ser chamado posteriormente pelos folcloristas de cultura nordestina.

Parte-se da premissa que a modinha foi uma forma aparentemente despretensiosa de forjar a união pacífica e harmoniosa entre brancos e negros através da incorporação da representação do mestiço. Em um período historicamente marcado pela Proclamação da República e Abolição da Escravidão, a questão racial ganhou enfoque perante a intelectualidade, traduzindo-se em teorias como as de Sílvio Romero que defendia a miscigenação como melhor opção para o processo de "branqueamento" racial e cultural do Brasil.[6]

A modinha enquanto gênero musical contém certas características estéticas que a podem singularizar, a exemplo de outros gêneros. Ela pode conter elementos rítmicos, melódicos, harmônicos, formais e prosódicos como fatores de identificação. No entanto, Manuel Veiga, doutor em etnomusicologia, aponta que o termo modinha era aplicado em algumas regiões genericamente para designar um grupo de gêneros musicais, cuja temática era a paixão romântica com

---

[1] GINZBURG, Carlo. *O queijo e os vermes*. São Paulo: Companhia das Letras, 1988.
[2] BAKHTIN, Mikhail. *A cultura popular na Idade Média e no Renascimento*. São Paulo: Hucitec, 1987.
[3] HALL, Stuart. *Da diáspora: Identidades e mediações culturais*. Belo Horizonte: UFMG, 2003.
[4] BHABHA. Homi k. *O local da cultura*. Belo Horizonte: UFMG, 2001.
[5] BARBERO, Jesus-Martin. *Dos meios as mediações: Comunicação, Cultura e Hegemonia*. Barcelona: Gustavo Gili, 1987.
[6] ROMERO, Silvio. *História da literatura brasileira*. 5. ed. Rio de Janeiro: José Olympio, 1953.

a finalidade das serestas e serenatas ou simplesmente uma canção de cunho lírico cantada em português. Dessa forma, todas as músicas catalogadas no período em questão como modinhas foram utilizadas, mesmo entendendo que alguns desses compositores não se dedicavam totalmente ao gênero.

O primeiro contato com as fontes foi empolgante, pois se percebeu a possibilidade de trazer à tona uma história da composição, execução e recepção de modinhas[7] de grupos "vindos de baixo", ou seja, de indivíduos silenciados que dificilmente apareceriam em fontes oficias. Ao ler o livro *A modinha cearense*,[8] de Edigar de Alencar,[9] por exemplo, acreditei ter encontrado esses sujeitos, mas o tempo mostrou que essas conclusões foram precipitadas.

Observou-se que a incorporação da cultura popular ocorria de diferentes maneiras nas obras dos compositores selecionados para essa pesquisa. Enquanto Alberto Nepomuceno, Branca Rangel e o letrista Juvenal Galeno exaltavam o mestiço, faziam o elogio às zonas rurais e à ingenuidade do homem do campo. Através do canto acompanhado ao piano, Ramos Cotôco, Teixeirinha e Carlos Severo realçavam as imagens do *populacho*, considerado costumes e práticas menores, enfatizando os problemas urbanos dos trabalhadores formais e informais, a exaltação do negro e do mestiço, a ojeriza ao "burguês", mas com um tom de jocosidade e pilhéria no canto acompanhado ao violão.

O período pesquisado compreende os anos de 1888 a 1920, justificando-se tal intervalo por ter sido de 1888 os primeiros registros de modinhas fortalezenses que tematizavam a cultura popular, como, por exemplo, as partituras de Ramos Cotôco; e de 1920 as últimas produções do gênero modinha de Alberto

---

[7] O termo "modinha" aparece em Portugal no último quarto do século XVIII, talvez pelo diminutivo de "moda" ou derivado de "mote". No primeiro caso, a "moda" seria a canção típica do folclore português, mas também uma designação mais genérica para cantigas desse século, frequentemente a duas vozes com acompanhamento de cravo; "mote", na segunda hipótese, com o sentido de um conceito expresso num dístico ou numa quadra, para ser glosado, comentado, como ocorre com muitos textos de modinhas. Cf.: VEIGA, Manuel. Achegas para um sarau de modinhas brasileiras". *Revista de Cultura da Bahia*, Salvador, v. 17, 1998, p. 77-122.

[8] ALENCAR, Edigar de. *A modinha cearense*. Fortaleza: Imprensa Universitária do Ceará, 1967.

[9] Edigar de Alencar nasceu em Fortaleza no ano de 1901. Estudou as primeiras letras na escola em que a mãe Antônia de Faria Ramos, irmã do modinheiro Raimundo Ramos, lecionava. Na década de 1920, mudou-se para o Rio de Janeiro, onde trabalhou na imprensa como crítico de música, teatro e literário. A música foi uma de suas grandes paixões já que ainda no Rio de Janeiro foi diretor do Museu da Imagem e do Som e escreveu livros sobre o tema como, por exemplo, "A modinha cearense", "Variações em Tom Menor", "O Carnaval Carioca Através da Música" e o "Nosso Sinhô do Samba". Cf.: GIRÃO, Raimundo. *Fortaleza e a crônica histórica*. 2ª ed. Fortaleza: Casa José de Alencar/Programa Editorial UFC, 1997.

Nepomuceno. As fontes demonstram que o recorte foi fortemente marcado por disputas ideológicas entre os modinheiros.

Adolfo de Varnhagen[10] e Gilberto Freyre[11] já analisavam em seus estudos a importância da modinha na vida social dos indivíduos. O interesse dos pesquisadores ocorreu por ser esse um dos gêneros musicais protoformadores da música popular urbana[12] predominante no cotidiano das nascentes metrópoles brasileiras. O primeiro compositor reconhecido por estilizar e divulgar esse gênero foi o mulato carioca tocador de viola Domingos Caldas Barbosa. Para José Ramos Tinhorão[13] a modinha desse compositor, que era filho de um português com uma mulata angolana, tinha um caráter popular, por ser flexível à entrada do lundu.[14] Porém, quando Caldas Barbosa fez fama em Portugal em meados do século XVIII, a modinha foi modificada em sua forma por músicos de profissão que a transformaram em canção camerística tipicamente de salão. Quando a modinha voltou para o Brasil em meados do século XIX, as elites cariocas se apropriaram do gênero e somente no fim do mesmo século, com o advento das serenatas à luz dos lampiões, foi que a modinha retornou às ruas, popularizando-se nas mãos dos violeiros.

A modinha de salão, como era chamada a canção em português de cunho lírico no Ceará naquele período, tem sua história intrinsecamente ligada à canção para piano e voz. A opereta e o *lied* alemão foram os dois gêneros que inspiraram a modinha de salão ao longo do século XVIII e XIX. No entanto, os movimentos atrelados à questão nacionalista e ao Romantismo marcaram a história da música decisivamente, fazendo com que compositores buscassem fundir a canção camerística com o que houvesse de melhor no universo da música rural. Alberto Nepomuceno, Juvenal Galeno e Branca Rangel, preocupados com a urgência de encontrar e expor elementos que representassem a nação, in-

---

10 VARNHAGEN, F. A. "Florilégio da poesia brasileira". Rio de Janeiro: Academia brasileira de Letras, 1946, 3 vols., p. 42. O texto foi republicado no ano seguinte, com algumas modificações, na seção "Biografias" da Revista do Instituto Histórico e Geográfico Brasileiro (v. 14, 1851), com o título "Domingos Caldas Barboza".

11 FREYRE, Gilberto. *Ordem e Progresso*. Rio de Janeiro: José Olímpio, 1959.

12 Compreendida como produto do fim do século XIX e início do XX. Está estreitamente relacionada ao crescimento urbano e a importância dada à autoria e à profissionalização do artista. Cf.: NAPOLITANO, Marcos. *História e música*. Belo Horizonte: Autêntica, 2002.

13 TINHORÃO, José Ramos. *Pequena história da música popular brasileira: da modinha à canção de protesto*. Petrópolis, RJ: Vozes, 1978. p. 12.

14 O lundu foi, juntamente com a modinha, um dos gêneros protoformadores da música popular urbana brasileira. O lundu chegou ao Brasil por intermédio dos escravos bantos em 1549 e foi muito criticado por ter na dança (umbigada) características lascivas.

corporaram a ideia de popular, sobretudo apoiada no Romantismo alemão, que trazia uma acepção de "espontaneidade ingênua" e anonimato, característicos de uma coletividade homogênea e una que se poderia considerar a alma nacional.

A partir de uma ótica de caráter naturalista e preocupado com o registro documental da cultura nacional, as especificidades raciais de um povo ainda indefinido se tornaram mote de suas discussões. A doutrina naturalista se baseava em caracteres físicos como o solo e a raça, a língua e os costumes. O determinismo geográfico e biológico dessa forma de representar a nação negava a liberdade de escolha e era traduzido em práticas políticas autoritárias. Isso fez com que, sobretudo, Alberto Nepomuceno, buscasse o caráter da música brasileira nas origens étnicas, ganhando o título de precursor do nacionalismo musical.

Além de compositor, Alberto Nepomuceno foi pianista, organista e regente. Em sua juventude Nepomuceno deixou o Ceará, mas visitou continuamente a cidade devido ao elo sentimental com os parentes, amigos e com a própria Fortaleza. Teve muito apreço às questões abolicionistas, filiando-se ao *Centro 25 de Dezembro*, através de suas ligações com João Cordeiro e João Brígido, este último diretor do jornal *Unitário*. As canções de Nepomuceno eclodem a partir do *lied* romântico, passam pelo surgimento da *mélodie francesa* e culminam com a gênese da canção brasileira a partir da modinha. O poeta Juvenal Galeno também desde cedo aderiu à causa do abolicionismo, escrevendo obras que abordavam o assunto; enquanto Branca Rangel trabalhava como professora de piano no Conservatório de Música Alberto Nepomuceno, instituição que ajudou a fundar e que levou o nome do compositor por conta da admiração existente.

Já a modinha seresteira está ligada ao nascimento da indústria do disco. A música urbana passou a ser mais curta pela necessidade que se tinha do músico gravar as composições em um pequeno espaço que continha os cilindros e discos de cera, considerados os primeiros aparelhos de som mecânico. Dessa forma, a música passou a ser difundida de uma maneira mais rápida e prática porque o tempo de gravação era pequeno, sendo por volta de três minutos cada música. Foi um momento em que se passou a pensar na comercialização da música, criando-se a preocupação da autoria da obra, bem diferente do período anterior ao século XIX, em que muitas melodias se perderam no anonimato.

O estilo boêmio, que se caracterizava pela despreocupação em relação a grandes somas monetárias e as normas sociais impostas pelo Estado, Igreja ou por famílias conservadoras, foi incluída nas modinhas desses compositores, que se obstinaram a projetar socialmente as camadas menos favorecidas, como trabalhadores urbanos, negros, mestiços, retirantes, caboclos, se distanciado do romantismo ufanista e realçando as imagens do populacho.[15]

Outra grande influência foi a dos cantores e instrumentistas cariocas de projeção, que usavam o rótulo de popular como sinônimo de autenticidade na tentativa de garantir um público consumidor de suas músicas, tendo Fred Figner e Pedro Quaresma como grandes aliados. Quanto aos cearenses, além de modinheiro, Ramos Cotôco era poeta e artista plástico, uma figura excêntrica que, muitas vezes, chocava a elite com o seu jeito irreverente. Era de costume adotar na lapela do paletó enormes girassóis. Já Teixeirinha era poeta, funcionário público, arrendatário e *barman* do Teatro José de Alencar, enquanto Carlos Severo ganhava a vida como teatrólogo e fazia poesia nas horas vagas.

O pesquisador Edigar de Alencar aponta que as modinhas tiveram um alcance em todas as camadas sociais. Esse sucesso é intrigante, pois, nesse período, as músicas eram transmitidas oralmente ou por meio de discos de cera, cilindros, partituras e caderno de modinhas. Os aparelhos de comunicação de massa, como o rádio, surgiram na cidade apenas na década de 1930. O romance de Oliveira Paiva,[16] intitulado *A afilhada*, reforça a preferência pelo gênero em nossa capital, narrando que desde "moças de família" e donas de casa até bêbados e prostitutas, cantavam e dançavam ao som das modinhas. No entanto, esses diversos grupos ocupavam espaços diferentes nessa sociabilidade musical, desde salões e conservatórios a botecos e prostíbulos.[17]

Os registros em partituras e nos discos de 78rpm, disponíveis nos acervos do colecionar Miguel Ângelo de Azevedo, no Conservatório de Música Alberto Nepomuceno e na Casa Juvenal Galeno, foram essenciais para a concretização

---

15 A partir da leitura de Bollème, entendemos que a expressão "populacho" poderia ser utilizada como tentativa de rejeitar todos os que não faziam parte "do mundo dito civilizado". O uso da expressão era tomado como discurso para excluir todos os que pensavam e agiam de maneira diferente.

16 Manuel de Oliveira Paiva nasceu em Fortaleza no de 1861. Em sua juventude cursou o seminário do Crato, mas trocou a vida eclesiástica pela militar, indo estudar no Rio de Janeiro e retornando à terra natal em 1883. Teve participação na campanha abolicionista sendo colaborador do jornal *O Libertador* em 1889 e *A Quinzena*. Escreveu os livros "A Afilhada" e "Dona Guidinha do Poço", crônicas de costumes editados muitos anos depois da sua morte. Cf.: STUDART, Guilherme. [Barão de Studart]. Diccionario Bio-Biblioghafico Cearense. Fortaleza: Typo-Lithographia a vapor, 1910.

17 PAIVA, Manuel de Oliveira. *A Afilhada*. Fortaleza: Academia Cearense de Letras, 1961.

dessa pesquisa. Antônio Santiago Galeno, neto do poeta, ao permitir o acesso às partituras de Branca Rangel e de Alberto Nepomuceno, com parceria do poeta Juvenal Galeno, proporcionou discussões mais aprofundadas sobre os aspectos da cultura popular compartilhados por esses sujeitos. Porém, a maior descoberta nesse arquivo foi a da partitura da música de Branca Rangel intitulada *Minha terra*, que o pesquisador Batista Siqueira[18] a colocou no seu catálogo de modinhas como obra de autor desconhecido.

Os trabalhos sobre música dos historiadores Marcos Napolitano[19] e José Geraldo Vinci de Moraes, exerceram influência sobre o método de pesquisa utilizado. Ambos apresentaram a preocupação de investigarem não só a letra da música, mas todos os elementos que a compõem: melodia, harmonia, ritmo e instrumentos utilizados. No entanto, pela ausência de alguns registros sonoros e a presença apenas da partitura, ocorreram algumas adaptações metodológicas. Criar as sonoridades mecanicamente através do Finale (Programa de Edição Musical), resultou na perda de muitos dos componentes originais da música como, por exemplo, a interpretação original da obra. A forma encontrada para lidar com o problema foi pensar em outras abordagens que pudessem ajudar a recompor o universo musical de alguns artistas que deixaram apenas o registro em partitura de suas obras e as práticas musicais se revelaram uma ótima saída para diminuir esse abismo existente entre o leitor contemporâneo e esses sujeitos que viveram na passagem do século XIX para o XX.

Os estudos sobre música, os relatos de historiadores e as fontes de origem memorialística, ajudaram a pensar como os instrumentos musicais foram relevantes para os processos de sociabilidade entre os indivíduos e distinção social dos grupos. Os cronistas da cidade também trazem informações sobre festas populares e rodas de músicos que se fixavam em praças, botequins e cafés. As obras utilizadas foram os romances *A afilhada* (e *Dona Guidinha do Poço*) (Oliveira Paiva), *A normalista* (Adolfo Caminha)[20] e *Mississipi* (Gustavo Barroso);[21] os livros de

---

18 SIQUEIRA, Batista. *Modinhas do Passado*. 2 ed. Rio de Janeiro: Folha Carioca, 1979.
19 NAPOLITANO, Marcos. *História e música*. Belo Horizonte: Autêntica, 2002.
20 Adolfo Ferreira Caminha nasceu 1867 na cidade de Aracati. Em sua juventude foi para o Rio de Janeiro, ingressando na Marinha de Guerra em 1883, chegando ao posto de segundo-tenente. Em 1888, transferiu-se para Fortaleza, foi forçado a dar baixa após rapto da esposa de um alferes, com a qual passou a viver. No Ceará foi um dos mentores da Padaria Espiritual. Suas principais obras foram "A Normalista" e "O bom crioulo". Nesse último abordou o "homossexualismo", tema tabu no período. Cf.: STUDART, Guilherme. 1910. *Op. cit.*
21 Gustavo Dodt Barroso nasceu em Fortaleza em 1888. Estudou as primeiras letras no Colégio Parténon, cursando em seguida o Liceu do Ceará e a Faculdade de Direito do Ceará, concluído na Faculda-

crônicas *Variações em tom menor* e *Fortaleza de ontem e anteontem* e o estudo sobre música *A modinha cearense*, de Edigar de Alencar, *Consulado da China, Coração de menino* e *Ao som da viola* (Gustavo Barroso), *Fortaleza velha* (João Nogueira),[22] *Coisas que o tempo levou* (Raimundo de Menezes),[23] *Novos retratos e lembranças* (Antônio Sales),[24] *Fortaleza descalça* (Otacílio de Azevedo),[25] *O Inventário do cotidiano, Capítulos de História da Fortaleza do século XIX* (Eduardo Campos);[26] e o livro *Geografia estética de Fortaleza* (do historiador Raimundo Girão).[27]

A escrita memorialística é, sobretudo, marcada por um desejo de retorno a um passado que não deveria ter mudado. Ele é guardado na tentativa de algum momento ser restituído. O saudosismo e o sentimento de lembrar a si e aos outros estão constantemente presentes nessa escrita. Nesta pesquisa, percebe-se

---

de de Direito do Rio de Janeiro. Mudou-se para o Rio de Janeiro em 1910. Foi colaborador em vários periódicos, Secretário de Interior e Justiça, Deputado Federal, Membro da Academia Brasileira de Letras, fundou e dirigiu o Museu Nacional e é autor de um grande número de livros, incluindo três volumes de reminiscências. Cf.: GIRÃO, Raimundo. 2007. *Op. cit.*

22 João Franklin de Alencar Nogueira nasceu em Fortaleza no ano de 1867. Formou-se engenheiro pela Escola Politécnica do Rio de Janeiro. Nas letras, foi colaborador de vários periódicos da cidade no período de 1921 a 1942. Cf.: *Ibidem.*

23 Raimundo de Menezes nasceu em Fortaleza em 1903. Bacharelou-se advogado e exerceu carreira de delegado de polícia em São Paulo. Iniciou a carreira nas letras escrevendo crônicas para um programa de rádio intitulado "Coisas que o tempo levou...", da recentemente inaugurada Ceará Rádio Club. Aposentado, dedicou-se ao jornalismo e à crônica musical. É autor de várias biografias e estudos sobre música. Cf.: GIRÃO, Raimundo. 1997. *Op. cit.*

24 Antônio Sales nasceu em Paracuru em 1918 e morreu em 1940 em Fortaleza. Foi romancista, poeta e membro fundador da Padaria Espiritual e do jornalzinho *O Pão*. Participou dos embates políticos da época, escrevendo para jornais oposicionistas ao governo de Nogueira Accioly. Cf.: Studart, Guilherme. 1910. *Op. cit.*

25 Otacílio Ferreira de Azevedo nasceu no município de Redenção em 1896. Em 1910 mudou-se com a mãe e o irmão mais novo para Fortaleza, onde já residia o seu irmão mais velho, Júlio Azevedo. Foi pintor, escritor, fotógrafo, músico e membro da Academia Cearense de Letras. Cf.: GIRÃO, Raimundo. 1997. *Op. cit.*

26 Manuel Eduardo Pinheiro Campos nasceu em Guaiúba em 1923, mas ainda menino mudou-se para Fortaleza. Foi presidente da Ceará Rádio Club, do Instituto do Ceará, Secretário de Cultura e membro da Academia Cearense de Letras. No campo literário escreveu contos, crônicas, poesias e romances. Cf.: GIRÃO, Raimundo. *Op. cit.*

27 Raimundo Girão nasceu em 1900 na cidade de Fortaleza. Escreveu 54 obras relacionadas a temas de Geografia e História. Como homem público, desempenhou as funções de prefeito de Fortaleza, ministro do Tribunal de Contas do Estado do Ceará e secretário de Cultura do estado do Ceará. Como intelectual, deixou uma obra com 54 títulos, entre livros e plaquetas, versando principalmente sobre a história e a geografia de seu estado, além de ter organizado 12 obras de variados assuntos. Da história do Ceará, que mereceu seu maior interesse e empenho, foi um dos mais profícuos intérpretes. Seus estudos e escritos abrangem, também, o direito, a geografia, a economia, a antropologia, a literatura, a filologia, a genealogia, a memorialística e a ensaística. Cf.: CHAVES JÚNIOR, Eurípedes. *Raimundo Girão – Polígrafo e Homem Público.* Fortaleza: Stylus Comunicações, 1986.

que é necessário buscar o passado de sons que são evocados nas memórias afetivas desses indivíduos. Os periódicos possibilitam acesso a uma grande quantidade de informes e opiniões sobre o dia a dia da cidade no período estudado. Foram utilizados os jornais *O Pão*[28] (1892-1898), *O Libertador*[29] (1888-1891), *O Cearense*[30] (1888-1891), *A República* (1911) e *O Unitário*[31] (1908-1911). A maioria dos periódicos estava em defesa dos interesses das elites e do controle e progresso da população. Não era raro ver uma publicação apontando práticas tidas como "desviantes". Por isso, busca-se entender a tensão existente entre a música vinda das improvisações populares, considerada retrógrada, e a música vinda da Europa, considerada pelos escritores dos periódicos como civilizada.

Os *Almanach do Ceará* (1888-1920) e os artigos de Pedro Veríssimo, Mozart Soriano e Liberal de Castro na Revista do Instituto do Ceará – Histórico Geográfico e Antropológico também fizeram parte da pesquisa. Na tentativa de entender o lugar social de onde esses indivíduos "falavam", foi empenhado um esforço nas leituras biográficas como o *Diccionario Bio-Bibliographico* do Barão de Studart,[32] que traz a trajetória de alguns dos compositores mencionados nessa

---

28 *O Pão* foi um jornal que surgiu no ano de 1892. A cada domingo oito páginas eram "amassadas" pelos membros da Padaria Espiritual. A Padaria Espiritual era considerada pelos seus fundadores como uma Agremiação de Rapazes e Letras. Antônio Sales foi o grande idealizador e responsável pela originalidade da agremiação junto a Lopes Filho, Ulisses Bezerra, Sabino Batista, Álvaro Martins Temístocles Machado e Tibúrcio de Freitas. Tinham por influência grandes nomes da literatura nacional e mundial. Cf.: *O Pão*. Fortaleza: Edição fac-similar de jul. 1892 e out. 1896, publicação quinzenal, órgão da Padaria Espiritual.

29 Órgão da Sociedade Cearense Libertadora de Fortaleza, aparecido a 1º de janeiro de 1881. Tinha como redatores: Antônio Martins, Antônio Bezerra de Menezes e Telles Marrocos. "O Libertador", bem como "O Estado do Ceará", em virtude de acordo estabelecido entre o Centro Republicano e a União Republicana, desapareceu da imprensa em 9 de abril de 1892, aparecendo em seu lugar "A República", órgão do novo partido, o Federalista, em que se fundiram aquelas duas agremiações políticas. Cf.: CEARÁ, Biblioteca Pública Gov. Menezes Pimentel. Departamento de Patrimônio Cultural. Núcleo de Microfilmagem. Jornais Cearenses em Microformas, Catálogo geral. Fortaleza: Secretaria de Cultura, Turismo e Desporto, 1988, p. 33-34.

30 Órgão do partido liberal publicado em Fortaleza, a partir de 4 de outubro de 1846. Algum tempo após a proclamação da República, até 25 de fevereiro de 1891, foi publicado com o título de "órgão democrático". Desapareceu por ocasião da queda de José Clarindo. Cf.: *Ibidem*.

31 Fundado por João Brígido em 8 de abril de 1903, para combater a oligarquia aciolina. Com a derrubada desta, passou a fazer oposição ao governo do Franco Rabelo. Em 26 de janeiro de 1904 foi o Unitário destruído por uma malta de desordeiros. Suspendeu a sua publicação em 1918, voltando a circular em 16 de fevereiro de 1935 para logo desaparece. Cf.: *Idem, Ibidem*.

32 Guilherme Chambly Studart, o Barão de Studart nasceu em Fortaleza no ano de 1856. Foi um médico, historiador e vice-cônsul do Reino Unido no Ceará. Fez os primeiros estudos no Ateneu Cearense, transferindo-se, posteriormente, para o Ginásio Bahiano. Matriculou-se, em 1872, na Faculdade de Medicina da Bahia, onde doutorou-se em 1877. Exerceu, durante muitos anos, a atividade médica, principalmente no Hospital de Caridade de Fortaleza. Participou ativamente do movimento abolicio-

pesquisa, o *Cantares boêmios*[33] de Raimundo Ramos, *Lendas e canções populares* de Juvenal Galeno e *Cacos de joia*[34] de Teixeirinha.

Desta forma, a problemática central e as questões levantadas a partir dela levaram à estruturação do livro em três capítulos. No primeiro deles é apresentado para o leitor o circuito musical existente em Fortaleza no fim do século XIX e início do século XX. Para isso, ocorreu a divisão do capítulo em três itens: No primeiro discute-se as disputas dos indivíduos envolvidos com a música pelos espaços de lazer; no segundo são analisadas as práticas musicais desenvolvidas na "Terra de Iracema"; e no terceiro são abordadas as produções musicais e a condição do músico profissional e amador na capital.

O segundo capítulo introduz a discussão sobre o conceito de cultura popular a partir de sua incorporação nas obras de Alberto Nepomuceno, Branca Rangel e Juvenal Galeno, refletindo-se sobre a ênfase nas zonas rurais e na ingenuidade do homem do campo. O primeiro item apresenta aos leitores a construção ideológica feita no gênero que ficou comumente conhecido como modinha brasileira a partir da busca de elementos que nos singularizassem das outras nações. No segundo item são reveladas as influências musicais da modinha de salão, que se encontram no *lied* e na opereta, bem como suas imbricações com o Romantismo. As trajetórias que se cruzaram desses sujeitos envolvidos com a produção do canto ao piano são enfoques no terceiro item, sendo resguardado para o último item as análises das respectivas obras.

O terceiro capítulo amplia o debate sobre o conceito de cultura popular a partir de seu uso feito pelos artistas Ramos Cotôco, Teixeirinha e Carlos Severo, refletindo-se sobre a ênfase nas zonas urbanas e nos problemas dos mais humildes nas grandes cidades, sobretudo de negros e mestiços, representados através das imagens do populacho. O foco do primeiro subitem deste capítulo recai sobre o movimento musical carioca, que chegou a influenciar profundamente a composição de modinha seresteira em Fortaleza, sobretudo a partir da figura de Catulo da Paixão Cearense, que fez com que

---

nista no Ceará, como um dos membros da Sociedade Cearense Libertadora. Discordando dos meios defendidos por esta, desliga-se para fundar, ao lado de Meton de Alencar, o Centro Abolicionista 25 de Dezembro, em 1883. Logo depois da morte do pai, em 1878, herdou o título de vice-cônsul britânico no Ceará. Foi membro de inúmeras instituições, destacando-se a Academia Cearense de Letras, o Instituto do Ceará, o Centro Médico Cearense e o Instituto Histórico e Geográfico Brasileiro. Cf.: GIRÃO, Raimundo. 1997. *Op. cit.*

33   RAMOS, Raimundo. *Cantares Bohêmios*. Fortaleza: Empreza Typ. Lithographica, 1906.
34   MENDES, Carlos Teixeira. *Cacos de Joia*. Fortaleza: Editora do Autor, 1969.

esses artistas pensassem mais sobre a utilização do termo popular como estratégia para garantir um maior número de ouvintes de suas modinhas. No segundo item, são apresentados os modinheiros, bem como suas relações com a boemia, sendo o espaço do último item deixado para a análise das modinhas seresteiras compostas por esses indivíduos.

Capítulo 1

O CIRCUITO MUSICAL EM FORTALEZA NO FIM DO SÉCULO XIX E INÍCIO DO XX

> A verdadeira arte não está sujeita às restrições dos métodos. Dá inteira liberdade de sentimento ao artista que pode criar os seus próprios cânones. A pintura, a poesia, a escultura e a música antecederam cronologicamente à perspectiva, ao metro, ao estudo da plástica anatômica e à batuta – servindo-lhe, depois, esses atributos para o seu aperfeiçoamento.
>
> *Otacílio de Azevedo*[1]

No fim do século XIX e início do XX alguns teóricos europeus pensaram e narraram de diferentes formas o impacto das transformações tecnológicas e científicas que estavam ocorrendo em alguns países desse continente. As explicações de mundo criadas pelos intelectuais europeus eram baseadas, em sua maioria, nas teorias cientificistas, sobretudo as darwinistas e positivistas, deixando em crise os argumentos religiosos que predominaram, por um longo período, em grande parte no ocidente. Baseados em ideias evolucionistas de progresso, através da prosperidade da indústria, da ciência e, sobretudo, dos "bons costumes", as nações desenvolvidas se dirigiram aos países mais atrasados com o intuito de "salvá-los da barbárie". Em termos culturais, esses estudiosos pensavam de forma comparativa, em que as sociedades mais primitivas passariam por diferentes etapas até alcançarem o estágio de "civilidade", tendo como modelo de base a sociedade europeia, sobretudo a capital francesa, Paris.

O estilo de vida parisiense foi "copiado" em diversas capitais brasileiras, assim como suas reformas urbanísticas e seus bens culturais, como o vestuário, os livros de August Comte e as artes, consideradas as expressões por exce-

---

[1] AZEVEDO, Otacílio. 1992. *Op. cit.*, p. 297.

lência do grau de progresso de uma civilização. Em Fortaleza, o contato com os estrangeiros gerou divergências de opiniões, que podem ser percebidas em crônicas jornalísticas e livros de memórias sobre o período. Os sentimentos em relação ao pensamento dito moderno e à aquisição de tecnologia avançada para os parâmetros da época traziam sensações contraditórias de desejo e repulsa por parte dos citadinos. Ainda encontramos, em escritos de historiadores locais da atualidade, opiniões dicotômicas sobre a influência estrangeira em nossa capital. Ernesto Pimentel, por exemplo, aponta que a aproximação com o nascente capitalismo, oriundo da chegada de mercadorias inglesas e francesas, resultou numa apropriação de valores e comportamentos por parte dos homens de posse e dos governantes, gerando o *imaginário da exclusão*. Os intelectuais selecionavam manifestações e criações lítero-filosóficas tipicamente elitistas e com vistas a doutrinar a alma dos citadinos conforme os ideais positivistas. Quem não aderisse a este campo simbólico de usos, práticas e ideias, estaria excluído do "moderno" e do "progresso".[2]

Acredita-se que essas ideias contribuíram para a construção do saber de seu tempo. Porém, pela falta de superação dos paradigmas da modernidade, a temática permanece nas discussões dos teóricos das ciências humanas até hoje. Neste capítulo, pretende-se apresentar para o leitor, no decorrer dos subitens, como o circuito musical na cidade foi revelador, mas não isento de tensões e crises. Os grupos envolvidos nesses conflitos não eram homogêneos, pois, apesar de a maioria se identificar com o projeto "modernizador" das elites, ou de pertencer aos que não se enquadravam com os padrões de "civilidade" empregados pelos primeiros, havia alguns artistas e intelectuais que se identificaram com o estilo de vida boêmio, que se caracterizava pelo repúdio a determinadas convenções sociais, diminuindo minimante as discrepâncias das trocas culturais.

As fontes indicam que intelectuais e artistas envolvidos com as ideias nacionalistas misturaram a estética musical estrangeira, fruto das apropriações das elites locais, com os gêneros e expressões populares já existentes. O resultado dessas apropriações foi uma ressignificação cultural, onde surgiram novos gêneros e novas práticas musicais. A interação desses elementos culturais ocorreu, em sua maioria, da forma autoritária, onde o artista proveniente das classes abastadas ou médias da sociedade se apropriava de elementos culturais de negros e migrantes com a finalidade de refiná-los, não permitindo a parti-

---

[2] FILHO, José Ernesto Pimentel. *Urbanidade e Cultura Política: A cidade de Fortaleza e o liberalismo cearense no século XIX*. Fortaleza: Edições UFC, 1998, p. 22.

cipação deles nos seus ambientes festivos, como clubes e salões. No entanto, o processo criativo dos boêmios, por ocorrer na maioria das vezes em ambientes públicos, facilitava uma troca cultural multilateral, onde o outro podia observar e também incorporar um novo saber musical. A conquista de alguns territórios por migrantes e negros, facilitados pelas "brechas" deixadas pela elite no seu projeto de reformulação dos espaços de lazer, foi uma das únicas formas de resistência encontradas por esses grupos para manterem suas expressões presentes na vida musical da cidade.

As disputas pelos espaços de lazer

Na virada do século XIX para o XX ocorreram planos de modernização em Fortaleza que incluíram a "remodelação" do espaço urbano, ou seja, a "disciplinarização" do crescimento da cidade. Com o intuito de evitar a expansão desordenada, o engenheiro Adolfo Herbster preservou o traçado xadrez de Silva Paulet, vislumbrando a possibilidade de ocupação das áreas periféricas, fato que não custou a se tornar realidade, enquanto as novas elites econômicas e intelectuais, compostas por comerciantes ligados ao comércio interno e externo, de profissionais liberais como médicos e advogados, em sua maioria bacharéis formados no exterior ou na conceituada Faculdade de Medicina da Bahia, e a classe média[3] de pequenos comerciantes, artistas, poetas e os demais trabalhadores letrados, ocupavam e valorizavam as áreas centrais da cidade, as regiões mais afastadas e com menores condições de infraestrutura foram legadas aos pobres, negros e migrantes do interior do Estado.[4]

Esse sistema de ocupação dos espaços, inspirado nas reformas do Barão de Haussmann em Paris, contribuiu para que as diversões das camadas abastadas fossem isoladas em clubes e salões. Nesses ambientes as elites tentavam se distinguir socialmente se apropriando de bens culturais[5] trazidos da Europa, como os pianos *Essenfelder* e *Doner & Sohn*, que eram encontrados em um número re-

---

[3] O termo classe média foi utilizado nas obras dos cronistas Edigar de Alencar e Otacílio de Azevedo. Diz respeito aos indivíduos letrados que não possuíam poder econômico.

[4] PONTE, Sebastião Rogério. *Fortaleza Belle Époque: reformas urbanas e controle social (1860-1930)*. 2ª. ed. Fortaleza: Fundação Demócrito Rocha, 1999.

[5] O conceito refere-se tanto aos bens materiais, produzidos pelo mercado como partituras, livros, obras de arte de modo geral, como aqueles provenientes do que poderia ser considerada uma cultura imaterial, expressa numa produção coletiva, mas espontânea e ligada às culturas elencadas. Cf.: CANCLINI, Néstor García. *Culturas Híbridas: estratégias para entrar e sair da modernidade*. São Paulo: Edusp, 1997.

duzido, e ritmos europeus como a valsa, a polca, o *schottisch* e a quadrilha. Já nos areais das zonas periféricas, a "arraia miúda"[6] se divertia com suas manifestações tradicionais como os fandangos e maracatus. No entanto, essas festas eram, em grande parte, desmanchadas pelas autoridades policiais, com a justificativa que causavam muitos tumultos. Essa condição suburbana imposta a uma parcela da população cearense desfavorecida economicamente, de fato, contribuiu para o surgimento de uma cultura "à margem" do "afrancesamento" e do requinte aclamados pelas elites locais.

Porém, essas "restrições" não foram suficientes para conter a aproximação dos artistas, sobretudo os boêmios, com os mais humildes nas zonas periféricas ou à noite nos espaços públicos. Dos cronistas pesquisados, Otacílio de Azevedo foi o que mais se preocupou em analisar esses episódios. Apesar de Azevedo ser um memorialista e olhar o passado com saudosismo, trouxe em sua escrita um olhar diferencial sobre o movimento musical de seu tempo, que pode ser confrontado com as outras fontes. Ele mesmo foi um grande frequentador dos ambientes relatados, junto com os seus companheiros boêmios.

Foi encontrado em seus escritos o Café do Pedro Eugênio, localizado na segunda seção da linha do Benfica. Esse café "abrigava", nas noites de sábados e domingos, seresteiros, arruaceiros e intelectuais, como Quintino Cunha, Virgílio Brandão, Carlos Severo, Carlos Gondim, Raimundo Ramos e Mamede Cirino. Pedro Eugênio residia em um casarão ao lado do estabelecimento, antigo Dispensário dos Pobres. Outro recanto de artistas era o sítio de Pedro Dantas, localizado no logradouro "Mata Galinha". Estava situado entre Fortaleza e Messejana, local que hoje é chamado de Dias Macedo. Observa-se nos relatos que músicos como Rossini Silvia, Artur Fernandes, Edgar Nunes, Aristides Rocha, Antônio Moreira, Júlio Azevedo, Alfredo Martins e Boanerges Gomes, esse último contrabaixista da orquestra do Cine Majestic, misturavam-se com "gente de todo o tipo".[7]

A Barbearia de João Catunda foi um lugar, um tanto excêntrico, que serviu de divertimento para poetas, músicos, pintores e teatrólogos reconhecidos pelas suas obras artísticas na cidade. O "salãozinho pobre" de João Catunda estava localizado na Rua Floriano Peixoto. A simplicidade do ambiente de teto de estopa caindo, onde os fregueses se equilibravam em velhos bancos e eram

---

6   Essa era uma designação degradante que os grupos elitistas faziam das camadas empobrecidas, sobretudo aqueles que bebiam e frequentavam bordéis na cidade.

7   AZEVEDO, Otacílio. *Fortaleza descalça*. Fortaleza: UFC/Casa José de Alencar, 1992, p. 42.

refletidos em espelhos mofados e carcomidos, não impedia de ser criado um ambiente de debates calorosos. A preferência por esse local era tanta que se tornou a sede da Academia Rebarbativa, composta por Carlos Severo, Josias Goiana, Luís de Castro, Genuíno de Castro, João Coelho Catunda e José Gil Amora. Otacílio de Azevedo revela que, após as reuniões da Academia, os boêmios se embebedavam e "terminavam a noite" na Praça do Ferreira, sentados em um banco diante do Café Iracema, de Ludgero Garcia, onde discutiam literatura, "metendo a lenha nos medalhões da época", como o Barão de Studart, Papi Junior, Antônio Sales, entre outros.[8]

No entanto, é na "Lapinha"[9] do Paula Ramos que se percebe a intensidade desse contato com os diferentes grupos, pois encontramos também figuras femininas, cujos relatos dos cronistas eram escassos a respeito da participação delas em divertimentos desse tipo em Fortaleza no período. Empregadas domésticas e lavadeiras tiveram acesso à maioria das músicas que embalaram suas vidas nesse ambiente como foi observado por Azevedo. A Lapinha do velho Paula Ramos se tornou bastante famosa em Fortaleza. Estava situada na Rua do Imperador, para onde se dirigiam à noite centenas de pessoas. Elas costumavam pagar duzentos réis pela entrada no presépio construído sobre o dorso de uma serra, talhada em latas velhas amassadas e cobertas de papel grosso pintado, imitando pedras. Uma pequena máquina rodava sobre os trilhos soltando fumaça, apitando insistentemente e levando atrás um comboio. Um velho gramofone fazia a parte musical, tocando "valsas chorosas" à luz da meia dúzia de lampiões de acetileno.

É notável o empenho de Otacílio de Azevedo em demonstrar que os divertimentos acompanhados por música aconteciam em locais inusitados, e não somente nos clubes, nos salões e nos teatros. Edigar de Alencar foi outro cronista que também publicou livros documentais e analíticos sobre música e que analisou a interação entre diferentes tipos sociais nesses locais. A bodega, por exemplo, foi destacada pelo escritor como um ambiente catalisador e divulgador da criatividade musical entre seresteiros e ex-cativos cantadores.

> A bodega na Fortaleza de anteontem foi sempre nota de realce da vida pacata da sua gente. Ponto de convergência e reduto de importância acima das rotineiras e modestas atividades mercantis. Assim como a

---

8   Ibidem, p. 55.
9   Denominação popular do pastoril, com a diferença que era representada a série de pequeninos autos, diante do presépio, sem intercorrência de cenas alheias ao devocionário. Cf.: CASCUDO, Luís da Câmara. *Dicionário do Folclore Brasileiro*. Rio de Janeiro: Ediouro, s/d.

> farmácia era o local destacado – e ainda hoje deve ser – dos vilarejos e burgos do interior, a bodega nas cidades maiores era sem dúvida elemento catalisador e divulgador dos acontecimentos que merecessem essa qualificação.[10]

As bodegas mais famosas da cidade eram do Mané Boi (Imperador), do Zé Ramos (Santa Isabel), do Gambetá Bruno (Imperador), Do Maracanã (Imperador), do Zé Macieira e do Chico Ramos (na Tristão Gonçalves, ou Trilho de Ferro), a do Lopicínio, do Eduardo Garcia e do Chico da Mãe Iza. A maioria das bodegas citadas estava localizada em terrenos centrais da cidade e não nos areais. Esse dado é revelador, já que as sociabilidades entre indivíduos empobrecidos podiam ocorrer também em terrenos fora da periferia. Lugar de música e de boemia, a bodega do negro Chico da Mãe Iza foi muito frequentada por seresteiros e violeiros. Francisco Borges da Silva, conhecido como Chico da Mãe Iza nasceu no Icó e possuía uma bodega localizada na Rua 24 de Maio.

> Era na bodega famosa que os seresteiros imprevidentes se iam suprir, quando lhe rebentavam de súbito as primas e os bordões: - Ih! Rebentou a terceira! Temos que ir bater no Chico da Mãe Iza! E mesmo que se encontrassem em pontos distantes da Rua 24 de Maio, vinham pela madrugada, batiam na porta e o bodegueiro aparecia, mal refeito pelo sono, para servi-los já não só de cordas de violão, mas de generosos tragos de pinga do Acarape, do anis e da genebra ordinária da fábrica de Paulino de Oliveira da Rocha.[11]

A frequência dos boêmios nesse tipo de estabelecimento era tanta que Raimundo Ramos dedicou uma estrofe de seus versos: *Palestra de bodega é bebedeira*.[12] Os comerciantes, acostumados com a circulação da boemia, abriam seus estabelecimentos fora do horário comercial. O bodegueiro Rato, por exemplo, só abria as portas com a condição de que os músicos tocassem "Zé-Pereira".[13] Sua bodega era localizada nos areais da cidade, ou seja, nos trechos não calça-

---

10 ALENCAR, Edigar. *Fortaleza de ontem e anteontem*. Fortaleza: UFC, 1984, p. 79.
11 *Ibidem*, p. 82.
12 RAMOS, Raimundo. 1906. *Op. cit.*, p. 110.
13 "Zé Pereira", marcha que, segundo Edigar de Alencar, há muito ganhara o status de hino do carnaval brasileiro. A sua quadrinha se tornou célebre como grande grito do carnaval: "Viva o Zé Pereira/que a ninguém faz mal./Viva a pagodeira/nos dias de carnaval." Cf.: ALENCAR, Edigar de. 1967. *Op. cit.*, p. 25.

dos.[14] Os quiosques situados nos logradouros serviam também de estimulante opção para a boêmia. Nesses ambientes tudo indica que havia exagero de consumação alcoólica.

Os seresteiros, também conhecidos como modinheiros, foram responsáveis pelas resignificações culturais que ocorreu fortemente nessa virada de séculos. No entanto, observando os relatos de cronistas, periódicos e partituras editadas, percebemos que os seresteiros pertenciam a "boas famílias" e não encontravam proibição em circular desde espaços de lazer "da fina flor da sociedade" até os areais. Apesar dessa abertura, os seresteiros não deixavam de ser escrachados pelos familiares das moças galanteadas, que os viam como irresponsáveis por causa do gosto pela bebida, pela polícia, que os rotulavam como desordeiros por andarem nas ruas de madrugada tocando o violão, e pela Igreja, que não acreditava que as posturas tomadas por esses indivíduos fossem condizentes com a moralidade da época.

Os bancos das praças públicas em noites de luar serviam para o lazer e a criatividade desses boêmios que se juntavam a mulheres de toda sorte e a todo tipo de gente "degradante" da sociedade. A troca de experiências desses grupos em alguns momentos era produtiva, pois, enquanto os seresteiros se utilizavam dos exemplos de vida dessa gente para compor suas músicas, os habitantes das zonas periféricas aprendiam esse novo saber musical através da escuta. Também propagadoras desse saber musical eram as seresteiras domésticas, mulheres que atenuavam seus problemas cotidianos com o canto de modinhas. Sobre isso Edigar de Alencar comentou: "Das cozinhas e dos quintais do casario humilde as modinhas subiam aos ares, através da voz nem sempre afinada das mulheres e das moças lavando e engomando roupa, ou atenuando a dureza dos afazeres domésticos".[15]

É possível observar que as diversões dos sujeitos de posses, sobretudo as dos grandes comerciantes, grupos ligados ao regime oligárquico e estudantes recém formados na faculdade de Recife, buscavam se isolar criando suas próprias diversões. Os bailes eram realizados, em sua maioria nos poucos palacetes existentes em Fortaleza, sobretudo nos do Mendes Guimarães, do Capitão-mor Joaquim Barbosa e do cônsul Manuel Caetano de Gouveia. Os salões particulares se denominavam *soirée*, partida ou sarau, mas todos queriam dizer a mesma coisa: um evento musical em casas privadas que incluía, em geral, mais do que

---

14   ALENCAR, Edigar de. 1984. *Op. cit.*, p. 81.
15   ALENCAR, Edigar. 1967. *Op. cit.*, p. 33.

apresentações musicais. Normalmente ocorria a leitura de poesia, seguida de número musical, canto e piano ou peças instrumentais e, por vezes, até peças cômicas estavam entre as atrações da noite. Após o evento, um jantar era oferecido, seguido do baile.

Raimundo Girão narrou alguns dos episódios que ocorreram nos bailes realizados no sobrado do Coronel Eustáquio, em comemoração à vinda do presidente da província Fausto Aguiar e de sua esposa. Percebemos na descrição de Girão que apresentar "boas maneiras" nesses eventos era essencial para que os indivíduos fossem aceitos pelos grupos. Essas "boas maneiras" podiam ser entendidas naquele período como um conjunto de práticas sociais que incluía a forma de se pôr a mesa, de vestir, de falar, de dançar, de declamar versos para os convidados, entre outros.

> Das sete horas da noite em diante começaram a concorrer os convidados, e à proporção que se aproximava qualquer família, era sua vinda anunciada pela música que, postada na portada do edifício, fazia ouvir agradáveis sons, enquanto os mestres-sala recebiam as senhoras à entrada e as conduziam às salas, onde o bom gosto, com que se achavam vestidas, de tal modo fazia realçar as graças com que a natureza as dotou, que atraiam sem cessar as vistas de todos os assistentes, os quais, com a presença de tantos encantos, aumentavam a alegria de que se achavam dominados. [...] No curso do baile houve mui bem desempenhadas contra-danças, que tinham lugar ao mesmo tempo em ambas as salas, dançando em cada uma, uma vez, dezesseis ou doze pares; os intervalos foram cheios ou por modinhas que algumas senhoras se dignaram cantar com geral aplauso, ou valsas desempenhadas com toda agilidade, tendo também em um deles a exmª Senhora do sr. Presidente, por sua bondade e cedendo às instâncias do Dr. Fernandes Vieira, tocando com todo primor no piano algumas variações da Norma. Antes de concluir-se o baile, foi recitado um soneto e para maior brilhantismo haviam preparado não pequena porção de fogos de artifício, a saber: bastante fogo no ar, figuras, rodas, um balão etc., O chá foi servido a contento de todos, havendo nele muita riqueza e profusão, notando-se em tudo uma admirável variedade. Finalmente, todo o baile esteve excelente, tendo sido o único inconveniente o de não ter casa bastante cômodo para os concorrentes.[16]

---

16 GIRÃO, Raimundo. *Geografia Estética de Fortaleza*. Fortaleza: Banco do Nordeste, 1979, p. 149-150.

Os motivos pelos quais Raimundo Girão lançou o olhar sobre essas práticas e espaços estão intrinsecamente relacionados ao lugar social com que ele se identificava. O historiador concebeu suas crônicas a partir das experiências como diretor do Instituto do Ceará, prezando a racionalização dos espaços e dos "bons costumes" como metas para alcançar o progresso. De uma forma geral, os bacharéis em Direito, dos quais Raimundo Girão fazia parte, desempenharam papel fundamental na construção dessa nova ordem urbana. Assinaladas pela racionalidade cientificista em voga na Europa, formaram instituições de saber, compartilharam dos mesmos anseios civilizatórios das classes dominantes e colaboraram estreitamente com o Estado ao conferir a competência técnica que o poder então carecia. Galgando prestígio científico e político, esses grupos de letrados pretendiam instaurar novos conhecimentos e representações sobre a cidade, fazendo circular um campo de diversificadas "verdades" e medidas voltadas para o ajustamento da população às novas regras de vida e trabalho urbanos.[17]

No entanto, pequenos vestígios da interação social entre grupos distintos aparecem brevemente na obra *Geografia Estética de Fortaleza*, de Raimundo Girão. Ao tratar das diversões tradicionais da pequena província entre os anos de 1830 e 1870, Girão tece um pequeno elogio saudoso às antigas festinhas domésticas de que "todos" participavam e que ocorriam no meio da rua, como as noites de São João nos arruados térreos e as brincadeirinhas de cirandas e pastorinhas nas praças encobertas de areia e embora termine seu comentário aclamando o estilo de vida europeu, que proporcionou ensinamentos que, segundo ele, eram postos em prática nos bailes mais luxuosos da cidade.[18]

Edigar de Alencar também corrobora com a afirmativa de que as diversões da Fortaleza provinciana eram menos excludentes se comparadas às do fim do século XIX e início do XX. No entanto, não negava a circulação dos indivíduos de grupos sociais diferentes nesse período, apesar de não comentar sobre trocas discrepantes. Nos documentos compilados por esse autor, é comum observar que, em 1850, a maioria das festividades era realizada nas igrejas, com foguetório e leilão de prendas, aberta ao público. A rua também fazia com que as pessoas interagissem, já que era nas calçadas que os pequenos grupos de teatros e efêmeros conjuntos musicais amadorísticos se apresentavam.[19] Mas na obra do es-

---

17 PONTE, Sebastião Rogério. 1999. *Op. cit.*, p. 18
18 GIRÃO, Raimundo. 1979. *Op. cit.*, p. 147.
19 ALENCAR, Edigar. 1984. *Op. cit.*, p. 35

critor Raimundo de Menezes encontra-se um maior número de apontamentos sobre as diferenças básicas entre os bailes novos comparados aos antigos:

> Naquelas eras, não conhecias ainda os trepidantes bailes dos nossos dias! Eram bailes ainda muito primitivos, em que os pares revoluteavam, em passos pobres, aos sons dolentes da rabeca, da viola, do machinho, da guitarra [...] E, no palco tosco, armado ao ar livre, sob as graçolas da populaça, os namorados, entrelaçando-se, trêmulos e encabulados, dançavam, ao olhar comovido dos papás, a gavota, o sol-inglês, o miudinho e a valsa.[20]

De acordo com Raimundo de Menezes, o palco ao ar livre permitia uma maior sociabilidade entre os indivíduos e flexibilidade cultural, diferente dos salões dos palacetes. Em *Coisas que o tempo levou*, o desejo demonstrado pelo cronista em voltar ao passado pode estar vinculado a uma fuga da modernidade e à ideia de retorno a um falso ambiente, onde não haveriam disputas entre grupos de diferentes origens econômicas, sociais e culturais. Para o teórico Joffre Dumazedier (1973), antes do nascimento das grandes cidades, quando os indivíduos ainda viviam o tempo da natureza, ao invés do "imposto" pelo trabalho, os lazeres eram mais coletivos e flexíveis. No entanto, mesmo nesse período, existiam festas privadas.[21]

Na escrita de Campos também fica evidente o seu olhar em relação à ocupação dos espaços de lazer. O autor adverte que as elites não desejavam compartilhar dos mesmos espaços de lazer dos grupos empobrecidos, pois podiam se "contagiar" com o provincianismo das manifestações culturais vivenciados por grupos que não estavam interados dos preceitos da "modernidade". Por esse motivo, fechavam-se nos bailes dentro de suas residências. Porém, isso não foi empecilho para impedir o olhar curioso e zombeteiro dos populares, ou, como o autor define pejorativamente, das "classes inferiores". Essa prática, muito comum no século XIX pela falta de variações nas diversões em Fortaleza, foi denominada por Campos de *sereno*:

> [...] jamais as manifestações tituladas por elegantes, ou pelo menos socialmente importantes, deixaram de atrair a atenção das classes infe-

---

20 MENEZES, Raimundo de. *Coisas que o tempo levou: crônicas históricas da Fortaleza antiga*. Fortaleza: Edições Demócrito Rocha, 2000, p. 35.
21 DUMAZEDIER, Joffre. *Lazer e cultura popular*. Tradução de Maria de Lourdes S. Machado. São Paulo: Perspectiva, 1973.

> riores. [...] A tal feição é de se ver o interesse popular, principalmente no século passado, e a começo deste, acudido à rua como plateia não convocada (ou menos grata), a participar de casamentos, bailes e outras ocorrências da sociedade, comprimida nas proximidades dos eventos, procedimento de tal modo generalizado, e marcante, que acabaria tornando muito importante a formação do sereno, costume popular já em nossos dias bastante atenuado, mas que quer significar a situação de uma récua de pessoas empolgada à curiosidade de ato social, ainda que mantida à distância, mas a usufruir-lhe indiretamente os momentos de seu aguardado realce.[22]

O comentário é emblemático, pois se pode perceber que o desconforto causado pelos "visitantes" inoportunos está relacionado com a tentativa de controlar até mesmo a circulação nas vias públicas. O sereno era um lugar onde se davam bailes populares ao ar livre ou um ajuntamento popular em frente às casas em que a noite se realizavam festas, principalmente danças. Campos chega a citar a existência de um *bilhete do sereno*, ou seja, quando um indivíduo, para garantir um melhor ponto de observação da festa, pedia, em sua ausência, que outra pessoa marcasse o seu lugar. Nessa negociação não entravam valores monetários, apenas trocas de favores.[23] Apesar do confronto de forças que ocorria entre as elites e os populares, estes encontravam sempre maneiras de driblar as imposições e festejar, havendo, por isso, uma troca cultural inevitável.

Assim como outras práticas, o sereno não era aceito tranquilamente, principalmente pelos padres, que o considerava como um ato pecaminoso como adverte Campos. Os "serenistas", além de se divertirem com as músicas e danças, faziam fortes críticas aos indivíduos que se encontravam dentro do recinto. As vestimentas, os gestos, os calçados, tudo podia ser motivo de chacota para os "serenistas", ou seja, não eram apenas "as classes inferiores", como Campos rotulava pejorativamente de "os humildes", alvos desse "olhar opressor", mas também os sujeitos de posses, que era cobrada para ter comportamentos "compatíveis à sua condição". Dessa forma, acredita-se que os eclesiásticos não eram a favor do sereno por esse ato estar atrelado ao "falatório da vida alheia" e às danças lascivas.[24]

---

[22] CAMPOS, Eduardo. *Capítulos de história da Fortaleza do século XIX: o social e o urbano*. Fortaleza: Edições UFC, 1985, p. 15.
[23] *Ibidem*, p. 16.
[24] *Idem, Ibidem*.

A cobrança de comportamento nos bailes não vinha apenas de quem estava no sereno, mas de alguns frequentadores mais conservadores que achavam as danças, os risos e o entretenimento de uma forma geral pecaminosos e imorais. No entanto, esses críticos que iam para os bailes na tentativa de moralizar os hábitos de falar, dançar, flertar, entre outros, não eram muito felizes nessa tentativa, visto que os habitantes faziam verdadeiras algazarras na hora do jantar de gala, por exemplo. José Maria Pereira Baptista era um dos grandes críticos desses bailes como observamos na citação abaixo:

> Nunca gostei de bailes. E com effeito, como deixarei de desprezar companhias, onde só se conversa em frivolidades, onde se tomam conhecimentos sem intimidade, onde vamos mais para matar o tempo do que por gosto?[25]

Também se refletiu sobre a prática do sereno a partir de princípios de espaço enunciados por Certeau, para ele o espaço é "um lugar praticado", ou seja, uma ousadia dos pedestres que driblam as leis no ato de improvisar os seus passos. O sereno era uma forma de ocupar um espaço da rua, de "tecer novos passos" pela cidade estrategicamente organizada.[26] Com o passar do tempo, os espaços de lazer de Fortaleza foram sendo modificados, mas o sereno continuou até os nossos dias.[27] No fim do século XIX, comprar bilhete de sereno significava pagar os menores preços pelos lugares que garantiam a pior visualização do evento, como acrescenta Campos no comentário:

> No Teatro São João, no Politeama e talvez no São Pedro de Alcântara, além de frisas, camarotes, cadeiras de primeira e segunda, balcões e galerias, vendiam jardim. Para a torrinha, nome popular das galerias, afluía quem não tivesse posses nem roupas finas. Quando havia roupa e nenhum dinheiro, o recurso era o jardim. O indivíduo entrava, mas não sentava. Ficava de pé, ao fundo da plateia, olhando qual o lugar vago no primeiro ato para poder abancar-se no segundo. Quando não entrava na festa, ficava no sereno, comprava bilhete do sereno.[28]

---

25 *Idem, Ibidem.*
26 CERTEAU, Michel de. *A invenção do cotidiano: Artes de fazer.* Petrópolis: Vozes, 1996.
27 No pré-carnaval cearense, assim como em outras capitais brasileiras, ainda existe uma ala para os não pagantes, chamada de pipoca.
28 CAMPOS, Eduardo. 1985. *Op. cit.*, p. 17-18.

Até mesmo nos teatros, os grupos mais humildes tinham seu pequeno espaço reservado devido à prática do sereno. Porém, esses grupos possuíam mais entretenimentos do que apenas o de serenar. Foram encontradas, em alguns jornais locais, cronistas remetendo-se de uma forma saudosa e afetiva às festas que passaram a ser rotuladas de populares, pois tinham uma relação intrínseca com o folclore, como os congos, os fandangos, as pastorinhas, os maracatus, os sambas de areia e o bumba meu boi, que foram muito criticados de acordo com a análise de Janote Pires.[29] Uma das crônicas está presente no jornal *A República*, de 10 de janeiro de 1911, e traz dados relevantes em relação à ocupação dos espaços. Campos relembrou dois eventos ocorridos na cidade, sendo um deles uma congada num terreno murado localizado no primeiro quarteirão da Rua Senador Pompeu e outro, um batuque dançante na Rua Boa Vista, no trecho compreendido entre a Praça do Ferreira e a Rua São Bernardo.[30]

Pode-se notar pelo comentário que, apesar de as duas manifestações culturais pertencerem ao universo de migrantes e negros, ocorreram em zonas centrais da cidade. Esse dado é revelador, pois os memorialistas pesquisados remetem-se ao acontecimento desse tipo de prática em espaços periféricos. No entanto, elas não aconteceram de formas isoladas, pois no jornal *O Libertador*, de 1889, por exemplo, foram encontradas algumas notas dessas festividades no centro da cidade. Os eventos mais comuns eram os autos do Rei Congo, que ocorriam na Igreja do Rosário dos Pretos, os sambas e os maracatus na Rua Imperador. Segundo o cronista, essas festas eram espaços para sociabilidades que envolviam pessoas de todos os tipos, inclusive da "elite", seja participando das "brincadeiras" ou, mais comumente, no papel de repressora dessas manifestações.

O centro era um espaço de socialização por ser o ponto confluente dos trajetos urbanos. As interseções culturais foram intensas nesse ambiente, mas, elas tensões e conflitos, pois a ocupação dos espaços simbolizava para os fortalezenses a tentativa de uma cultura prevalecer sobre a outra. Por isso, entende-se que a repressão de festividades folclóricas em zonas centrais foi uma forma que as elites encontraram de afastar as práticas sociais consideradas como não civilizadas do convívio dos "cidadãos de bem". Esse projeto, porém não encontrou êxito, pois os adeptos dessas práticas buscavam sempre maneiras de superar essas arbitrariedades.

---

29 MARQUES, Janote Pires. *Festas de negros em Fortaleza. Territórios, sociabilidades e reelaborações (1871-1900)*. Fortaleza: Expressão Gráfica, 2009.
30 *A República*. Fortaleza, 10 jan. 1911, p. 1.

As pessoas envolvidas nos sambas de areia ou forrobodós, termos que não designavam o gênero, mas a festa, transferiam a diversão do espaço público e alocavam em suas residências. No entanto, os sambas de rua eram muito comuns, apesar de acontecerem de forma efêmera e não planejada. Nos becos e ruelas de Fortaleza os sambas de rua não demoravam a ser desmanchados pela intolerância da polícia ou de indivíduos que o aboliam. Barroso que teve inúmeras atividades, sendo a de cronista uma delas, remeteu-se aos sambas de areia de forma pejorativa e degradante, apontando que, em certa ocasião, desmanchou um samba a pau e faca nos arredores da Lagoa Redonda.[31] No seu livro *Ao som da viola*, Barroso confunde o leitor com o emprego positivo do termo popular, mas se entende que ele o utilizava para resignar as manifestações folclóricas, cultuando aquilo que Certeau chama de *beleza do morto*, ou seja, quando uma prática não era mais "perigosa" para a sociedade.

Os sambas, que eram festas de negros, conseguiram resistir e foram instrumentos para a ocupação de espaços públicos. Eduardo Campos também chegou a comentar sobre os sambas do Outeiro, área muito próxima do centro, mas não urbanizada, faltando calçamento e linhas de bonde. Algumas festividades sofreram menos repressões do que os sambas por estarem ligadas ao mundo rural. Foi o caso dos fandangos, como se pode perceber no comentário: "A cidade descobre outros divertimentos populares, como os fandangos que dançam nos Outeiros, havendo ali bancada à disposição das exmas famílias".[32]

É possível observar que as diversões nos espaços da rua eram, em sua maioria, menos excludentes, podendo agrupar diferentes grupos sociais. O Passeio Público, por exemplo, mostrou as ações de diversos grupos sociais que diferenciaram na esfera dos valores, hábitos e outras variantes no modo de pensar e fazer a vida em sociedade. Os relatos de Otacílio de Azevedo sobre o Passeio público são que a praça era dividida em três partes iguais: a primeira era a Caio Prado, onde fervilhava "a fina sociedade local"; a parte do meio era chamada Carapinima, destinada ao pessoal da classe média e onde a Banda da Polícia Militar executava operetas e valsas vienenses e a terceira era a Avenida Padre Mororó, frequentada pela "ralé" de mulheres da vida, os rufiões e os operários pobres.[33] No entanto, Cardoso adverte que

---

31 BARROSO, Gustavo. *O consulado da China*. Memórias v. 3. Fortaleza: Casa José de Alencar/Edições UFC, 2000, p. 75.
32 CAMPOS, Eduardo, 1985. *Op. cit.*, p. 55.
33 AZEVEDO, Otacílio. 1992. *Op. cit.*, p. 50.

um dos poemas de Ramos Cotôco intitulado *Passeio Público* revela outras práticas de sociabilidades, onde, sutilmente, ocorreram interações entre distintos segmentos.[34]

IMAGEM 1 – Praça dos Mártires, também conhecida como Passeio Público – Arquivo Nirez.

O carnaval na rua também era causa de distinções sociais. Alencar, por exemplo, indica as disposições das classes sociais na curtição da festa. Enquanto que a "arraia miúda", o "canelau" se divertia bem mais folgadamente, nas alas externas, principalmente na da Rua Major Facundo, a "granfinagem" se comprimia no aperto do jardim central. Do contrário que era anunciado em narrativas do período, eram raras as brigas e confusões surgidas quase sempre não no local das classes menos favorecidas, mas no centro da folia, onde se divertiam a classe média e a "mais requintada".[35]

Se nos espaços de lazer públicos havia segregação, como era o caso dos ambientes privados? A crise na virada do século responde em parte essa interrogativa. Nesse período o tempo da natureza dava, aos poucos, espaço ao tempo do relógio.[36] Na Praça do Ferreira, por exemplo, o coreto deu lugar à Coluna da

---

34 CARDOSO, Gleudson Passos. "Bardos da canalha, quaresma de desalentos". Produção Literária de Trabalhadores em Fortaleza na primeira República. 2009. Tese (Doutorado). Universidade Federal Fluminense, UFF: Rio de Janeiro, 2009.
35 ALENCAR, Edigar. 1984. *Op. cit.*, p. 25-27.
36 THOMPSON, E. P. *Costumes em comum: Estudos sobre a cultura popular tradicional*. São Paulo:

Hora nas primeiras décadas do século XX. As diversões se institucionalizavam e o tempo de cada tarefa era regulado. Os primeiros cinemas, teatros e clubes foram aparecendo na cidade, mas a circularidade cultural não desapareceu devido, sobretudo, à irreverência dos artistas locais que se interessavam também por esse tipo de entretenimento. As camadas desfavorecidas economicamente também davam um jeito de driblar os preços altos das entradas, participando dos eventos em dias ou horários alternativos.

IMAGEM 2 – Praça do Ferreira no período em que o coreto ainda não tinha sido substituído pela Coluna da Hora – Arquivo Nirez.

O primeiro teatro que abriu suas portas para espetáculos em Fortaleza foi o Theatro Concórdia em 1830, também conhecido como *casa da ópera*.[37] Girão aponta que esse teatro era muito simples, pois recebia companhias teatrais e conjuntos musicais amadores. Este mesmo teatro foi renomeado em 1842 de Theatro Taliense. Ele era descrito por Girão como um animadíssimo cenário de festas artísticas e cívicas da elite.

> [...] suas reuniões constituíam destacados fatos sociais para a vida da cidade. Pertenceu a uma associação de moços, na maioria lusos e empre-

---

Companhia das Letras, 1998.
37 GIRÃO, Raimundo. 1979. *Op. cit.*, p. 138.

gados do comércio. Os próprios associados levavam ao palco as peças do repertório lisboeta, ordinariamente dramalhões [...] A casa enchia-se de senhoras da elite, com seus cocós e altos pentes de tartaruga, expressão de máxima elegância.

Esse comentário sobre o Theatro Taliense destoa do de Campos que aponta que o Taliense foi um teatro que abrigava em alguns eventos importantes as camadas populares, como, por exemplo, no Baile dos Mascarados. Porém, a entrada, apesar de barata, era permitida apenas para os selecionados pelo vice-reitor do recinto. Não era permitido fumar no baile, usar vestes que não condissessem com a moral cristã do período, bem como a entrada de qualquer *fâmulo* (criado, servidor, serviçal).[38] O Theatro Taliense resistiu até o ano de 1872. Em 1876, surgiu em Fortaleza o Theatro São José, localizado na Rua Amélia. A entrada de 1$000, era relativamente alta para a frequência de grupos que possuíam uma renda mais humilde. Esse teatro, apesar de manter uma sociedade dramática e dentre os espetáculos prediletos estarem as operetas, teve vários imprevistos em algumas apresentações como revela Girão:

> Essas representações (operetas) eram pontilhadas de incidentes verdadeiramente desastrosos, mas que, em vez de provocarem pateadas, eram, pelo contrário, recebidas com grossas e sufocantes gargalhadas. Por exemplo: certa dama devia, em cena cantar ao piano, expandindo as suas mágoas de amor. Um grupo de amadores bateu a cidade, mas não encontrou quem lhe emprestasse aquele instrumento. Em desespero de causa, e já no dia do espetáculo, alguém lembrou que se pintasse, em um dos reposteiros, um piano junto ao qual a artista cantaria, fingindo que tocava. A ideia foi aceita, mas qual não foi a decepção dos rapazes, quando viram que o piano fora pintado fechado! Como não houvesse mais tempo para *abri-lo*, corajosamente resolveram levar à cena assim mesmo. Chegado o momento, a moça tomou posição, fingindo dedilhar, ao tempo em que, atrás dos bastidores, uma flauta muito fininha e muito triste respondia, fazendo de piano. Por pouco o teatro não desabou ao estrondo da gargalhada geral. Uma noite cheia! Dizia-se, mesmo que o desconchavo valera por toda a peça.[39]

---

38 CAMPOS, Eduardo. 1985. *Op. cit.*, p 35.
39 GIRÃO, Raimundo. 1979. *Op. cit.*, p. 140-141.

O Theatro das Variedades, que abriu um ano após o Theatro São José, amenizou a distinção social garantindo a diminuição do preço da entrada para $500. O Theatro das Variedades foi um dos mais modestos de Fortaleza, pois as reuniões aconteciam ao ar livre e os frequentadores precisavam levar as suas cadeiras, caso quisessem ficar sentados. Mas esse teatro teve curta duração. Em 1880, ele cedeu lugar ao Theatro São Luiz. Ao que parece, a cidade contava com as primeiras apresentações internacionais, considerando o fato de que Belém e Manaus eram cosmopolitas na ocasião, por conta do ciclo da borracha. Assim sendo, Fortaleza capitalizava as apresentações que estavam a caminho daquelas cidades.

> Em julho de 1884, recebeu a Companhia Lírico cômica Italiana, empresada por Milone & Storni, trazendo como figuras centrais as sinhoras Adela Naghel e Sidônia Springer, o barítono Césare Baracchi e os maestros Joaquim Franco e Ciro Ciarlini. Este ficou no Ceará, tendo concorrido fortemente para a divulgação da arte musical, notadamente na zona norte do Estado. Fixou residência em Granja, constituiu família e morreu naquela cidade no ano de 1917. No ano seguinte, veio a Companhia Dramática Portuguesa, de Emília Adelaide, com rico repertório e, logo após, o Grupo Cômico de Operetas, da atriz portuguesa Suzana Castera.[40]

Apenas em 1910 Fortaleza contou com uma grande casa de espetáculo, o Theatro José de Alencar. As negociações para a construção do Theatro José de Alencar foram mediadas em 1908 pela filial cearense da casa Boris Frères, de Paris. Aliás, esta casa costumava intermediar as negociações financeiras de toda a cidade com a França, inclusive as do Estado. Assim, o Theatro José de Alencar teve sua estrutura metálica fabricada na Escócia pela firma Walter MacFarlane & Co. Embora a administração da oligarquia Accioly, como era conhecida por estar desde 1896 no poder, já não gozasse de prestígio e popularidade, o teatro foi, segundo Ponte, um ponto de convergência entre os partidários e opositores do governo. Vinha corroborar os ideais de modernidade, dos bons costumes e representação de poder como aponta Carlos Câmara no jornal *A República*, de 21 de janeiro de 1910: "Vai Fortaleza possuir um theatro, uma casa de espetáculos vasta e confortável, que não a envergonhará aos olhos do estrangeiro. [...] O Theatro é um elemento de civilização e progresso".[41]

---

40 *Ibidem*, p. 141.
41 A República. Fortaleza: 21 de jan. 1910, p. 1.

IMAGEM 3 – Foto do início do século XX do Teatro José de Alencar – Arquivo Nirez.

A inauguração do Theatro José de Alencar foi comentário de muitos impressos do período. Azevedo, por exemplo, que esteve no dia da inauguração, abordou em seu livro de memórias as sensações daquela noite:

> A primeira vez que transpus as portas do Teatro José de Alencar foi na noite de 17 de setembro de 1910 – era a sua inauguração artística, pela célebre Companhia de Operetas Leopoldo Fróes e Lucila Pérez. [...] Três meses antes, a 17 de junho, a casa de espetáculos havia sido entregue ao público da província pelo presidente Acióli, através de um longo discurso proferido por Júlio César da Fonseca, um dos maiores oradores da época. Realizou-se um concerto pela Banda de Música do Corpo de Segurança do Estado, sob as batutas dos maestros Luis Maris Smido e Henrique Jorge. [...] No centro da Praça, um enorme e belo coreto, onde a Banda da Polícia Militar executava todas as quintas-feiras belas partituras dentre as quais se destacava a valsa mais querida de todos – "A Norma".[42]

Curiosamente, não foi encontrada nenhuma nota em jornal, revista ou livro de crônicas da época que anunciassem uma apresentação de música popular. Apareciam, como se observa na citação, apenas apresentações operísticas, de bandas militares ou de orquestras. Os artistas, por mais que gostassem das

---

42 AZEVEDO, Otacílio. 1992. *Op. cit.*

diversões noturnas mais ecléticas, demonstravam deslumbramento para com os divertimentos nos teatros. Ramos Cotôco e Paula Ramos, por exemplo, não só frequentavam ininterruptamente esses locais, como participaram da sua construção estética, pintando o teto do palco principal e o do *foyer*.

O cinematógrafo foi outro espaço de entretenimento que "abrigou" um público bastante heterogêneo, sendo, muitas vezes, alvo da crítica das elites. O primeiro cinematógrafo foi instalado em Fortaleza no ano de 1907, por Vitor de Maio, o mesmo que inaugurou no Rio de Janeiro em 1884 o primeiro cinema brasileiro. Ele foi montado na rua Cel. Guilherme Rocha, nos fundos da Maison Art-Nouveau. Em 1909, outros seguiram os seus passos. Henrique Mesiano, que inaugurou o cinema Rio Branco, e Júlio Pinto, que fundou o Cassino Cearense.[43]

As instalações do Cassino Cearense eram mais modestas se comparadas às do Cinema Rio Branco. No começo, o Cassino Cearense possuía orquestra, na sala de espera inclusive, mas depois passou a ter apenas uma pianista na sala de projeções. Essa presença de instrumentistas e/ou cantores no cinema se explica pelo fato de que os filmes, nesse período, eram mudos. Alencar faz um comentário, no mínimo, inusitado se for comparado às descrições de outros cronistas que abordaram a história dessas salas de projeções. Ele diz que, apesar da presença de camadas abastadas nos cinemas, no início das instalações das salas, os indivíduos iam apenas ver esses filmes pelo dever social, ou seja, por acharem que essa prática simbolizava um elo com a modernidade. Essa crítica tem fundamento se analisar outros comentários de Alencar que apontam a dificuldade desses cinemas de sobreviverem na capital devido à falta de espectadores.[44]

Em 1917, um cinema-teatro foi inaugurado em Fortaleza. O Majestic Palace foi descrito pelo memorialista Otacílio de Azevedo como a maior expressão do fino gosto que atraía a fina flor da sociedade. Entre essa "fina flor", encontravam-se no dia da inauguração seus amigos boêmios Ramos Cotôco, José de Paula Ramos e Antônio Rodrigues. A presença desses indivíduos ligados à boemia na casa de espetáculo é um alerta sobre a importância de se conhecer a fundo as estratégias, sobretudo de Ramos Cotôco, de mediar e condensar suas experiências nas modinhas que produzia. Ainda, segundo Azevedo, a estreia dos espetáculos foi feita por músicos profissionais, um deles vindo de fora, como se pode observar em seguida:

---

43 MENEZES, Raimundo de. 2000. *Op. cit.*, p. 81-82.
44 ALENCAR, Edigar de. 1984. *Op. cit.*, p. 43-44.

> Da segunda porta do belíssimo cenário, surge Fátima Míris, vestida como japonesa e, após entrar rapidamente na primeira porta, voltou a sair, desta vez na forma de um pastor. Era inacreditável tudo aquilo. [...] Ao levantar-se o pano, no segundo intervalo, a violinista deslumbrantemente trajada apareceu, imitando um dueto com tamanha habilidade e perfeição que o maestro Henrique Jorge, subindo ao palco, ajoelhou-se e beijou-se as mãos. [...] ficaram todos boquiabertos e assombrados diante da excelsa intérprete de Paganini. [...] Ao cair o pano, em meio à maior chuva de aplausos, gritavam a todos a uma só voz: "bis, bis", ao que ela entendeu.[45]

Os clubes também contribuíram para a institucionalização das diversões. No fim do século XIX, eles foram tomando o lugar dos bailes que ocorriam nos sobrados e palacetes da capital. A narrativa de Girão adverte que, aos olhos dos estrangeiros, aos poucos os clubes se tornaram vulgarizados. Fortaleza foi denominada por eles como "A cidade dos clubes". No entanto, acredita-se que esse comentário foi uma forma pejorativa de encarar os habitantes como indivíduos dispostos ao gosto por "coisas efêmeras".[46]

O Clube Cearense, que surgiu no ano de 1867, e estava localizado num sobrado residencial da Rua Senador Pompeu, de propriedade de D. Manuela Vieira, foi, segundo Girão, um clube bastante seleto, que comportava os indivíduos mais "ilustres" da sociedade. Nesse tempo, era predominante a atuação de estrangeiros na Capital, notadamente ingleses, franceses e portugueses, afeitos às "exigências" das grandes cidades europeias e, por essa razão, frequentadores assíduos do clube.

Essa seleção social fez surgir uma reação de grupos intelectuais que se sentiam agredidos por não terem a entrada permitida no clube, surgindo assim, no ano de 1880, o Clube Iracema. Essa agremiação era composta, em sua maioria, por moços do comércio, um número pequeno de estrangeiros, empregados públicos. Esses indivíduos que pertenciam à agremiação do Clube Iracema, embora tivessem sofrido preconceito de classe, não deixaram de fazer o mesmo recebendo apenas "todos os dignos da cadeia social da cidade".[47] Um dos comentários feitos por Girão em defesa do Clube Cearense é revelador:

---

45 *Ibidem*, p. 106.
46 GIRÃO, Raimundo. 1979. *Op. cit.*, p. 159.
47 *Ibidem*, p. 151-152.

> Não há aristocracia dos bailes do Clube Cearense, nem essa grandeza de nobiliarquia, nem as deslumbrantes toilettes do clássico noblesse oblige, mas em compensação há vida, mocidade e prazer, que fazem do baile, não um agrupamento convencional de etiquetas e exposição de tipo e trajes, mas uma assembleia jovial, familiar, alegre, buliçosa, ativa, forte e robusta, que enche os pulmões de prazer e desenvolve-se, marcha, evolui, por meio dessa higiene moral que faz das sociedades o fator da civilização, do progresso e da grandeza da humanidade.[48]

As confraternizações no Clube Cearense eram pensadas para ter funções além da de entreter. Percebemos que as diversões, como os concertos, recitais e sessões literárias, tinham a finalidade de educar e, ao mesmo tempo, moralizar os espectadores. A família nuclear deveria ser mantida a todo custo, ou, do contrário, não se era visto com "bons olhos" pelos outros pertencentes à agremiação. Quando o Clube Cearense fechou suas portas, coube ao Clube Iracema manter esses ideais de valorização da família e dos "bons costumes", com a finalidade de "civilizar" os habitantes da capital. O Clube Iracema aumentou a sua fama após inúmeras apresentações de companhias internacionais, entre elas as italianas, além da presença do compositor Alberto Nepomuceno, que, por ter completado seus estudos musicais na Europa e possuir certo renome, passou a ser um símbolo de indivíduo civilizado:

> Ficou afamado, tido e havido com o primeiro grande concerto presenciado pelos fortalezenses aquele tão bem descrito pelo cronista Pery e no qual (1884) tomaram parte amadores prata-de-casa e artistas da Companhia Lírico-Cômica Italiana, de Luigi Milone, que representava no Teatro São Luis: Salões literalmente cheios, uma miríade de olhos divinos constelando um jardim de rosas sob as cintilações dos candelabros num giorno fantástico, ideal, celeste. [...] O jovem maestro Ciro Ciarlini e o grande orquestrante Joaquim Franco ao piano arrebataram, como arrebataram com as suas gargantas privilegiadas a prima-dona Sidônia Springer, na Serenata de Braga, e os barítonos Cesare Baracchi e Dominici, cantando este a Balo in maschera, romanza de Verdi. Dos nossos, deram desempenho maravilhoso Celina Rolim e a irmã Branca Rolim, "as joias queridas do calor de Iracema", as senhoras Maria Abreu Albano e Maria Amélia Teófilo, e o diletante José Marçal, grande vocações artísticas que era. [...] E o renome do Clube Iracema, nos domínios

---

48 Idem, Idem.

da arte, cresceu com o fulgor que lhe vieram dar, com as suas admiráveis interpretações, virtuosos do valor de Alberto Nepomuceno, Henrique Jorge, Moreira Sá, Frederico do Nascimento, Galiani Vincenzo Cernicchero, Artur Napoleão, Adrés Dalmau, Ladário Teixeira [...][49]

Com o passar do tempo, outras agremiações nasceram como, por exemplo, A Fênix Caixeiral (1894), o Reform Club (1886), entre outras. Algumas dessas agremiações eram modestas e se fixaram em locais distantes da área central da cidade. Outro grande clube em Fortaleza, que só abriu em 1913, levou o nome de Clube dos Diários por seus fundadores João Garcia Árêas, Francisco da Costa Freire, Martiniano Silva, José Mendonça Nogueira, João Mar-Do-well Guerreiro Lopes, César Cals de Oliveira e Henrique Jorge.

No fim do século XIX, outros pontos de encontro foram instalados na cidade de Fortaleza. Os cafés afrancesados e os bares eram frequentados por um público bem distinto, entre eles estavam presentes intelectuais, boêmios, caixeiros, políticos e estudantes. Estes locais aguçavam debates fervorosos sobre assuntos do dia a dia, críticas políticas ou, até mesmo, mexericos sociais. Os cafés locais eram inspirados nos de Paris. Café de La Paix, o Café de La Regence eram representações do gáudio e *glamour* e, por isso, serviram de modelo para a construção dos quatro cafés instalados na Praça do Ferreira: O Café Iracema, Café Elegante, Café do Comércio e Café Java, este último, lugar de encontro dos intelectuais da Padaria Espiritual. Seu proprietário era conhecido como Mané Coco, um homem espirituoso, que adorava frequentar circos e teatros.[50]

O Café Riche teve vida curta mais intensa. Curiosamente intensa, porque essa intensidade não significava movimento comercial de receita para os proprietários. Funcionava na esquina mais famosa da cidade, em plena Praça do Ferreira, na Rua Guilherme Rocha, antes Municipal e 24 de Janeiro. Na hora do almoço, a parte do Café Riche que era bar enchia-se dos fregueses que trabalhavam no comércio. Já à tarde, os frequentadores eram mais estudantes, artistas e literários. Os cafés eram espaços de sociabilidade mais democráticos do que os clubes e os salões da elite, consequência da não necessidade de consumir para sentar nas cadeiras do estabelecimento.

As discussões nesses cafés geravam frutos, pois, segundo Azevedo, muitas agremiações, revistas e jornais foram fundados nas rodas de conversas nos bares

---

49 *Idem, Idem.*
50 ALENCAR, Edigar de. 1984. *Op. cit.*, p. 84.

e cafés da cidade. O Café Java, por exemplo, era sede de discussões políticas fervorosas. Entre seus frequentadores estavam Amâncio Cavalcante, Leonardo Mota, Eurico Pinto, Gérson Faria, William Peter Bernard, Ramos Cotôco, Chamarion, Carlos Severo, Gilberto Câmara, Quintino Cunha, o Rocinha, da farmácia, o Pilombeta, muitos deles boêmios.

IMAGEM 4 – O Café Java localizava-se em uma das pontas da Praça do Ferreira – Arquivo Nirez.

Enfim, percebe-se que a circulação de artistas e uma parcela menor de intelectuais nos variados espaços da cidade foi imprescindível na tentativa de diminuir o controle sobre as diversões públicas. O "lugar da música" foi relativamente controlado por indivíduos preocupados com o progresso da capital, pois havia o lugar para tocar as fanfarras militares (em coretos de praças), o lugar das orquestras (em teatros e clubes), o lugar dos pianistas (em cinemas e bailes suntuosos), entre outros. Porém, a improvisação, marca de grupos que se esforçavam para manter vivas suas manifestações culturais, resignificavam dia a dia o "lugar da música", fazendo-as em bodegas, quiosques, residências e, principalmente, no meio da rua.

Alguns escritores advertiram que os lugares de música podem ser bem inusitados e que as pessoas podem transitá-los de acordo com suas necessidades. Oliveira Paiva em seu romance de ficção A afilhada, por exemplo, percebe que, na sociedade de que fazia parte havia, embora em número muito reduzido, homens que garantiam a circulação das práticas musicais. Embora fosse um personagem criado pelo autor no século XIX, Coutinho era fruto da sociedade fortalezense, que serviu como modelo para o romance:

> Desta vez ia falar o alferes Coutinho, quartel-mestre do batalhão, um moreno, de costeletas, cabelo penteado em pastilhas, certo ar arrogante de pelintra acostumado a todas as festas, desde os sambas do Outeiro aos bailes do Clube Iracema, magricela, olhos cavados. Nas horas d' ócio dava-se ao luxo de fabricar sonetos do gênero piegas dos últimos trovadores de salão. [...] Arrastava ao piano as valsas em moda e dizia-se exímio tocador de flauta. [...] Convidado a toda parte, não perdia ocasião de exibir-se na poesia ou na música. Tinha fama de primeiro recitador do Ceará. Ninguém como ele sabia marcar uma quadrilha, todo enfezado, sempre de lenço na mão, metido invariavelmente na sua farda de alferes com um colete branco.[51]

A sociedade era contraditória. Embora muitos escritores consultados tenham narrado um dinamismo enriquecedor entre grupos diferentes, fica evidente em outras leituras que as trocas culturais eram discrepantes. Grande parte de intelectuais e artistas que visitavam as festas que ocorriam nos areais, por exemplo, não permitiam o acesso destes indivíduos em suas reuniões e confraternizações. O que era "moderno" para esses citadinos, sem dúvida não era para os europeus. As condições socioculturais ressignificaram a perspectiva que as elites tinham de moderno, pois tinham que conviver com a precariedade de suas instituições do saber, de seus espaços privados para diversões, de suas práticas musicais que não condiziam com o modelo europeu. E é sobre estas que se deterá a analisar no item seguinte.

---

51 PAIVA, Manuel de Oliveira. 1961. *Op. cit.*, p. 123.

Práticas musicais no cotidiano dos citadinos

Pesquisas de historiadores no campo das práticas musicais são recentes. Maurício Monteiro, por exemplo, aponta que as práticas musicais devem ser entendidas como práticas artísticas e culturais, como uma manifestação de uma determinada sociedade, como um dispositivo agregador e funcional em seu tempo histórico.[52] Essas referências são importantes para a reflexão das práticas musicais em Fortaleza no fim do século XIX e início do XX, quando as características socioculturais dos grupos que interagiam com a música eram diferentes. Nesse período, a dinâmica estabelecida entre as antigas manifestações musicais e dançantes dos habitantes do sertão que migraram para a capital, os gêneros de origem africana que chegaram no Brasil através dos negros escravizados e os novos gêneros musicais trazidos da Europa por meio do comércio com franceses e ingleses, gerou disputas entre os grupos heterogêneos que "lutavam" pela hegemonia de suas práticas musicais em relação às outras. Dessa forma, as práticas musicais se definiam também como formas pelas quais os grupos se expressam por meio da execução, composição e recepção dos sons. Esses grupos buscavam se definir culturalmente através da identificação com determinados instrumentos, gêneros musicais ou ambientes, que proporcionam essa sociabilidade.

Maracatus, sambas, bumba meu boi, fandangos, pastorinhas e congos foram manifestações musicais e dançantes que se fixaram na província no início do século XIX por negros e migrantes moradores de zonas periféricas e com a chegada de gêneros musicais provenientes da Europa, como a modinha, a polca, o *schottisch*, o miudinho, o solo inglês, a habarena, a valsa e a quadrilha no fim do século XIX, passaram a ser menos tolerados pelas elites econômicas e intelectuais que, em sua maioria, eram favoráveis a projetos reformadores sociais compatíveis com os ideais de "progresso" e "civilidade". As manifestações de origem africana sofreram mais retaliações, enquanto as de origem rural foram posteriormente relegadas ao folclore. Porém, alguns artistas e intelectuais tiveram a preocupação em agrupar esses diferentes saberes quando começou a busca por uma identidade sonora e quando os boêmios se apropriaram de gêneros considerados menores para mostrarem a insubordinação contra os costumes sociais impostos.

---

52 MONTEIRO, Maurício. Aspectos da Música no Brasil na primeira metade do século XIX. In: MORAES, José Geraldo Vince de; SALIBA, Elias Thomé (Orgs.) História e Música no Brasil. São Paulo: Alameda, 2010.

Neste item, serão analisadas as mediações das práticas musicais que ocorreram em Fortaleza por conta do contato dos mais diferentes músicos de profissão que trabalhavam em conservatórios, bandas militares e orquestras; com músicos amadores ou não, que tocavam ou cantavam nas horas vagas em serestas à luz do luar ou nas áreas suburbanas da cidade de Fortaleza, utilizando, para isso, as mais diversas fontes como jornais, revistas, almanaques e livros de memória, a fim de abrir questionamento sobre o contraditório confronto de forças entre os diversos grupos que interagiram e reelaboraram a cultura musical cearense, sobretudo por meio da disputa criada em torno do piano e do violão. Percebe-se que a consolidação do que chamamos hoje de Música Cearense, foi o resultado das intermediações dos diferentes gêneros e práticas musicais, que ocorreram muitas vezes de uma forma autoritária por parte da nascente indústria fonográfica e do rádio; e em outros momentos uma troca menos discrepante entre boêmios, negros e migrantes dos sertões que conviviam nos mesmos espaços de entretenimento.

As primeiras práticas musicais relatadas que ocorreram na cidade foram ligadas, sobretudo, às festas oficiais como o Natal, o São João e a Páscoa. O sagrado e o profano se entrelaçavam constantemente nesses momentos festivos e os indivíduos não diferenciavam muito o primeiro do segundo. O historiador Raimundo Girão, por exemplo, que foi um grande frequentador das manifestações sociais de seu tempo, comentou em suas crônicas o gosto pelas antigas "brincadeiras", como os sambas de areia, fandangos, congos e bumba meu boi, em convergência com as reuniões novenais com cânticos de ladainha e as missas "com vozes" em que se ouvia o *Te Deum*, os quais compunham o 'calendário' de saudação e felicitações para os eventos ocorridos com a família do Rei:

> Aquelas brincadeiras, que relembravam costumes dum primarismo distante – os congos, os fandangos, o bumba-meu-boi; as piedosa (sic) aglomerações dos novenários na matriz, com o cântico da ladainha em mistura com namoricos furtivos, receosos de mamãe; as partidas de danças nas casas ricas, entrecortadas de recitativos monótonos, ou mesmo os sambas da plebe das *areias*, as mais das vezes interrompidos a cacetadas e correrias – nada lhe trazia mais prazer completo.[53]

Nas crônicas de Edigar de Alencar também se faz notar a mistura entre o sagrado e o profano quando o autor comenta sobre as festas ocorridas nas

---

53   GIRÃO, Raimundo. 1979. *Op. cit.*, p. 137.

igrejas, com foguetório e leilão de prendas.[54] Para esses escritores a simplicidade era marca desse número pequeno de manifestações transmitidas oralmente que aconteceram em meados do século XIX. Porém, mais à frente, pode-se observar que essas práticas musicais foram marcadas por conflitos entre diferentes segmentos da sociedade, como os grupos eclesiásticos, as elites intelectuais e econômicas, os músicos boêmios e as camadas suburbanas que sofriam imposição para manter o seu universo de danças e sonoridades próprias. Raimundo de Menezes se remeteu várias vezes a essa simplicidade das "festas de antigamente", como se a presença do que chamavam de "moderno", ou seja, os grandes bailes com apresentações de exímias pianistas ou as danças embaladas por músicos do exterior nos clubes, tivesse destruído a "harmonia" e a sociabilidade que existia entre os indivíduos.

> Quanta ingenuidade saborosa nas festas antigas da Fortaleza dos nossos avós! Quanta simplicidade nos folguedos tradicionais que o tempo levou! Como eras encantadora, minha cidade amada, com as tuas festanças simples como tu mesma! A tua alegria espontânea daqueles tempos chega-nos até hoje trazida pelo humor de uma raça forte e sofredora que, apesar de todas as vicissitudes, é alegre, quando devia, pelas contingências humanas, ser profundamente triste. Naquelas eras, não conhecias ainda os trepidantes bailes dos nossos dias! Eram bailes ainda muito primitivos, em que os pares revoluteiavam, em passos pobres, aos sons dolentes da rabeca, da viola, do machinho, da guitarra... E, no palco tosco, armado ao ar livre, sob as graçolas da populaça, os namorados, entrelaçando-se, trêmulos e encabulados, dançavam, ao olhar comovido dos papás, a gavota, o sol-inglês (sic), o miudinho e a valsa....[55]

O comentário é enriquecedor na medida em que são mencionados aspectos relevantes das práticas musicais na cidade. A rabeca, a viola, o machinho e a guitarra são instrumentos de origem europeia, mas foram ressignificados quando chegaram ao Brasil nas músicas, sobretudo, dos negros. No Nordeste, esses instrumentos serviam de acompanhamento para as cantorias sertanejas ou dos repentistas. Em meados do século XIX esses instrumentos "migraram" para Fortaleza e foram novamente ressignificados, sendo executados por músicos amadores em danças de

---

54 ALENCAR, Edigar de. 1967. *Op. cit.*, p. 25.
55 MENEZES, Raimundo de. 2000. *Op. cit.*, p. 35.

origem europeia, como a gavota, o solo inglês[56], o miudinho[57] e a valsa.[58] A rabeca, a viola, o machinho e a guitarra eram instrumentos de cordas, sendo que o primeiro era uma espécie de violino muito rústico, feito de cordas de tripa. O segundo foi mais popular e se diferenciava do violão por causa das medidas e afinação, tendo o adicionamento de cordas duplas e metálicas. O machinho era pequeno e tinha quatro cordas, enquanto que a guitarra era o nome que se dava ao violão no Brasil naquele período. Guitarra é o nome em todo mundo, fora o Brasil.[59]

Menezes aborda outras práticas musicais relacionadas às confraternizações natalinas em seu livro de memória. Ele aponta que, nesse período, os citadinos se divertiam com manifestações muito populares, ou seja, sinônimo de folclóricas, como os fandangos, o bumba meu boi, as pastorinhas e os congos. Os fandangos foram caracterizados pelo autor como danças cheias de melodias suaves, enquanto que o bumba meu boi foi atrelado às alegorias caricatas recheados de "sons dolentes". Já as pastorinhas "eram cheias de garbo, melindrosas, em toaletes características, com as canções doces e emotivas". Por último, o mais impressionante foi o jeito com que Menezes se referiu aos congos: "E dos congos vistosos, em suas fardas gritantes de mil cores, disciplinados, em danças exóticas, em bailados bizarros, com suas cantorias nostálgicas?".[60] Certamente, o autor tenha se referido de uma maneira diferente aos congos devido estes serem manifestações trazidas pelos negros, ao contrário dos fandangos e das pastorinhas, que foram práticas musicais vindas de Portugal.

Barroso que teve uma extensa produção literária, deteve-se por mais tempo na descrição desses folguedos tradicionais como os fandangos, as pastorinhas e, sobretudo, os congos, pois o seu grande interesse era o de fazer um resgate no folclore nordestino. A dinâmica das danças e encenações dos fandangos, por exemplo, remete-se aos episódios das navegações e das lutas contra os mouros. A teatralização ocorria por indivíduos vestidos de marujos (cristãos) e de mouros. No final, os primeiros dominavam os segundos, fazendo em seguida um batismo. O adufe, pandeiro quadrangular de origem portuguesa, e a rabeca, eram os instrumentos mais utilizados. Já o folguedo, denominado pastoril, ocorria nas

---

56 Espécie de lanceiro dançado com dois pares, havendo vênias, trocados de lugar e volteios.
57 Dança com passo curto e rebolado, muito parecido com o do samba.
58 A valsa foi uma dança muito comum na França e na Alemanha em meados do século XIX. Era mais executada em salões por pianistas, mas também foi muito dançada em festas populares ao som do violão.
59 CASCUDO, Luís da Câmara. s/d. *Op. cit.*
60 MENEZES, Raimundo de. 2000. *Op. cit.*, p. 36.

noites natalinas, quando uma dúzia de mulheres vestidas de pastoras e enfeitadas com fitas, cantavam e louvavam diante de presépios e lapinhas o nascimento de Jesus. A Lapinha do Paula Ramos ficou muito conhecida por abrigar essa prática musical na cidade de Fortaleza no final do século XIX. As zabumbas, instrumento parecido com tambor de sonoridade grave, marcavam o ritmo das danças, enquanto as violas faziam a melodia.[61]

O congo era uma prática musical muito rica, porém discriminada por causar muito estranhamento, sobretudo das crianças. Apresentavam-se em Fortaleza de diferentes formas, sendo que duas delas eram mais executadas, as *congadas*, folguedos que possuíam cantos e danças independentes e os *autos do rei congo*, manifestação que marcava o sincretismo religioso entre os ritos dos negros e dos católicos, que era a coroação do rei realizada na Igreja do Rosário em datas especiais como o Natal e em Dia de Reis. Pessoas de diferentes estratos da sociedade se reuniam para ver a coroação do rei congo, que acabou assumindo um caráter comercial, pois, para assistir às encenações, os frequentadores tinham que pagar pelo ingresso. No entanto, os congos não deixaram de ser vítimas do olhar opressor das autoridades e, sobretudo, moralizante[62] dos eclesiásticos, que queriam por fim às cerimônias realizadas na Igreja do Rosário devido ao processo de romanização, ou seja, tentativa de tornar o catolicismo mais fiel às diretrizes de Roma.

> É incrível a facilidade com que se desrespeitam a Lei do silêncio de 1824 nesta província. Principalmente em dias de domingo [...] Tudo isso se harmoniza admiravelmente com a profanação geral a que tem chegado nossos templos preparados exatamente como casas de bailes, não como casa do senhor. E não lhes falta nem os lustres de cristal e a música fortemente ritmada pela retumbante batida das caixas e zabumbas... Estúpida folia herdada dos tempos semi-bárbaros da antiga colônia.[63]

Janote Pires[64] aponta que muitas estratégias foram arrumadas para dificultar a apresentação dos congos. Uma delas era a exigência, por parte da polícia, da solicitação feita pelo "diretor" do congo de autorização da festa. Ela era realizada

---

61   BARROSO, Gustavo. *Ao som da viola*. Rio de Janeiro: Departamento de Imprensa Nacional, 1949.
62   Entendemos que a moral naquele período significava para os eclesiásticos o abandono de práticas relacionadas bárbaras, ou seja, as dos negros.
63   *Tribuna Catholica*, 11 ago. 1868, p. 3.
64   MARQUES, Janote Pires. 2009. *Op. cit.*

na cadeia pública através do livro de Porta de Cadeira. O delegado analisava o pedido, que geralmente era deferido, devendo, no entanto, o responsável pelo "folguedo" pagar uma taxa. Essas tentativas de interrupção dos congos geraram protestos, como o que aparece no jornal *Libertador*, de 14 de janeiro de 1889: "no caracter de todas as prohibições policiaes, isso é de muito mau gosto".[65] Apesar da tentativa de pôr fim ao festejo, os responsáveis pelos congos permaneceram publicando seus anúncios nos jornais da época, como em *Cearense* de 8 de janeiro de 1890, aumentando cada vez mais o número de espectadores:

> Anúncios
>
> Congos
>
> Alerta rapasiada!
>
> Cabeças falantes!
>
> - Raymundo Gurgulho –
>
> A voz de trovão
>
> Joaquim Xavier
>
> Nas fúrias de imperador
>
> O director deste brinquedo dará uma representação em beneficio da caixa – MONUMENTO SAMPAIO.
>
> Promete a maior novidade.
>
> Preços e horas de costume.[66]

Esse folguedo ocorria em outros dias do ano, mas eram feitos no meio da rua, ao som das violas, sanfonas, zabumbas e maracás, sendo este último um instrumento muito popular da cultura africana feito de cabaça, contendo sementes secas. Em uma das estrofes da congada, vemos a presença desses instrumentos: "Rabeca, viola, pandeiro e maracá/Viva nosso Rei que já vem dançar!".[67] As danças e contradanças, segundo Barroso, mudavam de acordo com as cantigas e a música. A maior parte dos cronistas que narravam esses folguedos participava dessas primeiras práticas musicais. Azevedo, por exemplo, foi um grande frequentador dessas "festanças", "cujos sons envolventes eram ouvidos por toda cidade", sobretudo dos congos. No dia que se realizava

---

65 *Libertador*. Fortaleza, 14 jan. 1889, p. 2.
66 *Cearense*. Fortaleza, 8 jan. 1890, p. 2.
67 BARROSO, Gustavo. 1949. *Op. cit.*, p. 64.

o folguedo, Azevedo comenta em seu livro que se juntava a uma roda de amigos e bebia cachaça com caranguejo. Denominava esse ajuntamento de pagode, que na época, assim como forrobodó e batuque, era sinônimo de samba.[68] No entanto havia um número pequeno de escritores que não era tão afeiçoado às congadas, aos maracatus e ao bumba meu boi. Nogueira fez críticas ferrenhas a essa prática em seu livro de memórias. Em uma das citações, ele comenta a "inferioridade" dos congos fortalezenses:

> Os nossos "Congos" não tinham um seguimento razoável: e certas cantarolas não vinham a propósito do que se fazia em cena. Eram precisamente estes disparates, pontilhados de frases idiotas, que faziam rir a bom rir as pessoas que assistiam a essas folganças, as quais deslumbravam os meninos pelos vestuários reluzentes dos personagens.[69]

Outra prática musical que aparece sutilmente nos livros de crônicas e com mais ênfase nos jornais da época são os maracatus. Essa manifestação popular, proveniente dos escravos bantos, foi muito criticada nos veículos de comunicação da época, chamadas de "grotesco" e "apavoradores". No entanto, as pessoas não deixavam de participar dos cortejos ao som de múltiplos instrumentos como surdos, bumbos, ganzás e maracás. O maracatu era uma manifestação que causava sentimentos dúbios entre os participantes no período do carnaval, pois a mesma música que causava alegria aos brincantes era motivo de alerta para as crianças medrosas. Barroso por exemplo, em seus tempos de menino, quando encontrava os cortejos ao som dos batuques e maracás, corria para se esconder até não ouvir mais o som.[70] No tópico *No tempo dos papangus*, podemos observar isso:

> Deram-se uma máscara de palhaço que ponho à cara e falo fanhoso, fazendo medos os meninos menores do que eu. É uma forma de vingar-me do pavor que me fazem os maracatus do Outeiro ou do morro do Moinho, quando descem pela cidade. São duas filas de negros cobertos de cocares escuros, com saiotes de penas pretas, dançando e cantando soturnamente ao som dos batuques e maracás, uma melopeia de macumba: Teia, teia de engomá! Nossa rainha mole coroá! Vira de banda!

---

68 AZEVEDO, Otacílio. 1992. *Op. cit.*, p. 62
69 NOGUEIRA, João. Fortaleza Velha. Fortaleza: Edições UFC, 1980, p. 127.
70 BARROSO, Gustavo. 2000. *Op. cit.*

Torna a revirá! Corro e vou esconder-me até não mais ouvir o som do ganzá e do batuque do maracatu. São as duas cousas que mais me apavoram: o maracatu e o corredor de entrada do nosso sobrado, à noite.[71]

Os instrumentos, a indumentária e as danças desses folguedos antigos circularam por Fortaleza "contaminando" outras práticas musicais. Nos sambas, por exemplo, foram incorporados os maracás dos maracatus, a rabeca dos fandangos e os instrumentos de percussão dos congos. De acordo com Câmara Cascudo, samba é um nome angolano e teve sua ampliação e vulgarização no Brasil, representando um baile popular de caráter urbano ou rural. No Ceará, o termo *samba* não se restringia a um gênero musical, mas também à farra ou coletivo de musicalidades nordestinas.[72] Além disso, teria origem em antigos batuques ou danças de roda, com um solista no meio, incluindo-se aí a umbigada, ou seja, a batida com o umbigo nas danças de roda, como um convite intimatório para substituir o dançarino solista. Oliveira Paiva, escritor do romance *Dona Guidinha do Poço*, descreveu o samba e toda a prática musical que o envolvia.

> Zé Tomás, que sentia umas dorezinhas cansadas nos músculos do pescoço, ficara febril. O jeito era descarregar no sapateado. Bateu rente no terreiro, com as mãos para trás, avançou para os tocadores, peneirando, pé atrás, recuou, pé atrás, pé adiante, pisou duto, estirou os braços para frente com a cabeça curvada, e, estalando as castanholas dos seus dedos rijos, fez uma roda de galo que arrasta a asa e atirou na Carolina.
>
> - Abre a roda! Gritou o Secundino.
>
> - Ai, danado! Disseram outros para o Zé Tomás.
>
> - Quero vê, Calu! A pernambucana saiu, empinada para diante, dando castanholadas para os lados.
>
> - Nada, baião de quatro! – gritou o Torem, saltando em campo e atirando em uma irmã do dono da casa. Os dois pares fizeram os seus volteados, trocaram as damas uma pela outra, e repetiram as mesmas figuras. Ficaram depois as damas, que atiraram em outros homens.[73]

---

71 BARROSO, Gustavo. *Coração de Menino*. Livro de Memórias 1º. Fortaleza: Casa José de Alencar, 2000. p. 37.

72 Acredita-se que a primeira vez que o samba, ritmo tirado da dança de origem negra, apareceu em uma partitura de artista cearense foi na música "Coió sem sorte" de Ramos Cotôco, feita entre os anos de 1888 a 1916.

73 PAIVA, Oliveira Manuel. Dona Guidinha do Poço. Rio de Janeiro: Escala, 2005. p. 56-57.

A umbigada foi uma dança trazida da África, que ficou conhecida no Brasil pelas suas características lascivas. Nessa dança, teatralizava-se o ato sexual entre o homem e a mulher e, por isso, foi muito criticada pelas autoridades policiais, eclesiásticas e elites. Os mesmos achavam a dança de baixo nível e acreditavam que "aquilo" era grosseiro e não condizia com os ideais de progresso estimados naquele período. Essa umbigada foi, aos poucos, perdendo espaço para o miudinho, ou seja, dança mais parecida com o "gingado" dos sambas carnavalescos da atualidade. A aproximação que o homem tinha com a mulher nessa nova prática era apenas por pequenos toques de perna ou de pé. No entanto, o samba não deixou de ser sinônimo para bebida, violência, baderna e desordem, deixando os policiais em alerta para "desmanchar" qualquer um deles se esse fosse encontrado na rua. De fato, muitas brigas foram descritas nos jornais do período, como se observa no *Cearense*, de 15 de janeiro de 1884, p. 2:

> De 11 para 12 horas da noite, em um samba, no lugar do Cocó, do termo desta capital, Manoel Sebastião deu uma facada em Antônio Cajazeira, que falleceu 4 horas depois no hospital da santa Casa de Misericórdia, para onde fora transportado immediatamente. O delegado de polícia procedeu ao corpo de delicto e trata do inquérito policial e de diligenciar na forma da lei a prisão do culpado.[74]

Mary Del Priore afirma que as festas ocorrem em espaços lúdicos onde se exprimem as frustrações, revanches e reivindicações dos vários grupos que compõem a sociedade. Então, percebe-se que a função do samba ultrapassava aquela de entreter, pois nesses ambientes as pessoas transgrediam para "fugir", muitas vezes, do pesado fardo do trabalho, das brigas familiares e, até mesmo, da própria "mesmice" do cotidiano.[75] O jornal *Libertador*, de 7 de janeiro de 1889, à pág. 2, por exemplo, traz uma matéria muito emblemática sobre a coroação dos reis do congo. Nessas datas especiais, é observado que existia uma "licença" para o negro manifestar as suas práticas:

> Ao uso de tiar os Reis no 6 de Janeiro, junte-se-lhe que este era o grande dia dos pretos, de saudosa memória. O Rei e a Rainha d'elles iam á missa ao Rosário. D'ahi, ao Paço, uma casa alugada para o festejo, com todos os seus súbditos, que era toda a negrada captiva da cidade. Branco

---

74 *Cearense*. Fortaleza, 15 jan. 1884, p. 2.
75 PRIORE, Mary Del. *Festas e Utopias no Brasil Colonial*. São Paulo: Brasiliense, 2000.

ia para a cosinha, se queria comer. As mulatas punham o sapato Luiz XV e vestido de princeza. A noite grande baile. Para os pretos plebeus, maracatu, e samba. Iam ao Paço dançar os congos e o bumba meu boi. Quase sempre a festa era toldada pelos moços brancos que, á muito empenho tendo obtido ingresso, faziam declarações de amor ás cabrochas espigaitadas e Benedicto, fundador da egrejinha do santo do seu nome, rei chronico dos congos, que recebia o embaixador a toque de sanfona; da Maria Pernambucana, que tinha escravos e trazia sempre o pescoço e os punhos enrolados de ouro; de João Samango, um scravo letrado; do Xavier do braço cortado, que era um Lopes Trovão no meio d'elles; do Mestre Macieira, e de tantos outros, que, a despeito de quem quer que seja, têm tanta ou mais valia do que certas brancuras.[76]

Em paralelo a essas manifestações rurais e negras, os citadinos passaram a consumir gêneros musicais provenientes da Europa como a polca, o *schottisch*, a quadrilha, a valsa, a gavota, a *allemande* e, sobretudo, a modinha. Com isso, novas práticas musicais surgiram e passaram a "disputar" com as antigas. Propagaram-se nos clubes e nos teatros o gosto pelo piano, enquanto nas ruas tocavam violão. Jornais e cronistas da época relataram exibições desses gêneros musicais nos inúmeros bailes que começaram a surgir para alcançar a demanda de público interessado num diferente "viver musical". Eduardo Campos aponta que três estilos de baile eram mais realizados na capital, o político, o de máscaras ou popularescos e o concerto-baile. Este, segundo Campos, teve mais projeção para o público da elite:

> Tomão (sic) parte no concerto vocal e instrumental diversas senhoras das mais gradas e talentosas desta capital, secundadas por distintos cavalheiros, e no baile todo aquelle que se dignar aceitar o convite que lhe foi endereçado em nome das mesmas excelentíssimas senhoras promotoras desta festa cujo objecto dispensa encarecimento: CARIDADE. Começará às 8 horas em ponto. Os convites são intransponíveis. Se alguém, o que não é de esperar, recuzar (sic) contribuir com o seu obulo (sic) para o pio estabelecimento, devolva o convite logo que o receber. Programa. 1ª parte. CONCERTO – Intervalo de 10 minutos. Contribuíram com os seus dons artísticos para a primeira parte da festa as senhoras: D. Maria Borges, Maria Theóphilo, Maria Seixas, Brasilina Moreira, Francisca da Cunha, Antônia da Silva e outros". "O programa

---

76 *Libertador*. Fortaleza, 07 jan. 1889, p. 2.

> do baile propriamente dito era também anunciado, conhecidas as partes por antecipação: 1.ª Quadrilha francesa. 2.ª Polca. 3.ª; 2.ª Quadrilha francesa; 4.ª Valsa; 5.ª; 3.ª Quadrilha; 6.ª Schottisch; 7.ª; 4.ª Quadrilha francesa. O começo do concerto e o do baile serão anunciados por escolhidas peças executadas pelas músicas do 15.º Batalhão de Infantaria e do Corpo Policial. O chá será servido depois da 2.ª quadrilha. Além das quadrilhas e polkas enumeradas, poderá haver mais, a pedidos".[77]

O comentário é rico em detalhes sobre as práticas musicais que estavam sendo apropriadas e ressignificadas em Fortaleza. Em um único baile, havia a presença de senhoras recitando ao piano, execução de peças pela banda do Batalhão e pares dançando ao som das músicas. A quadrilha francesa era uma dança de salão com quatro pares, que veio dos meios aristocráticos de Paris. As intercessões culturais que ocorriam através do *sereno* e do contato dos artistas, sobretudo os boêmios, com a cultura dos negros e retirantes da seca, facilitaram a entrada da quadrilha nos bailes popularescos, que divertiam segmentos sociais menos favorecidos da sociedade. Nesses ambientes, a quadrilha se modificou, aumentando o número de pares e abandonando os paços e o ritmo francês.

A polca também foi um estilo de dança que se transformou depois que teve contato com os ritmos populares. Ela veio da Áustria e possuía o compasso binário, com uma figuração rítmica característica no acompanhamento. Os compositores brasileiros, entre eles Ernesto Nazaré, enriqueceram a estrutura da polca, sincopando-a e transformando-a em um gênero híbrido, chamado de maxixe ou tango brasileiro. O *schottisch* foi outro gênero que sofreu influência popular, quando, ao chegar na capital como uma dança de salão, circulou nas festas de negros, que adicionaram um novo bailado, virando o xote, um dos ritmos/dança mais executados no forró da atualidade.[78]

Nos bailes popularescos, os indivíduos consumiam esses gêneros musicais por diversos motivos, primeiro porque apreciavam as novas danças, os intrumentos, o ritmo: além disso, por não poderem expressar suas práticas musicais nos salões alugados. Campos aponta que "danças indecentes" e "instrumentos capazes de produzir desastres" eram proibidos nos bailes popularescos. O mesmo estava fazendo referência a danças de origem negra como o samba, o lundu, e a

---

77 CAMPOS, Eduardo. 1985. *Op. cit.*, p. 32
78 CASCUDO, Luís da Câmara. s/d. *Op. cit.*

instrumentos como o maracá, o tambor, entre outros. Ainda, segundo o autor, houve momentos que "quase" ocorria o contrário no concerto-baile: "Era tal a louca alegria que, por momentos, supuz fossem propor as danças crioulas; mas, o decoro a isto se opunha".[79]

Os confrontos entre práticas musicais diferentes foram emblemáticos, sobretudo com a entrada da modinha em nossa capital. A modinha, gênero musical que chegou a Fortaleza após as intercessões entre ritmos portugueses, brasileiros e, em seguida, africanos, foi bastante difundida em todas as camadas sociais, desde comerciantes, intelectuais, "moças de família", até bêbados, prostitutas e donas de casa. A multiplicidade criada pelo gênero fomentou as mais diferentes práticas musicais, sendo as mais presentes no Ceará, o canto ao piano executado muitas vezes por senhoras e normalistas, e o canto ao violão, executado muitas vezes nas ruas, bares e prostíbulos por boêmios. No entanto, em ambos os casos, havia excessões como, por exemplo, o de Rossini Silva, violonista muito requisitado nos "salões da aristocracia" e as irmãs Teodorico, mulheres negras que tocavam no cinema Júlio Pinto.

Eduardo Campos já analisava a supremacia do piano, para a elite, perante os outros instrumentos apropriados da Europa. Eles eram importados da França para ocupar o espaço central da sala, sendo, muitas vezes, usados como móveis, já que alguns indivíduos faziam a aquisição desse objeto apenas para exercer o consumo conspícuo, ou seja, quando havia uma necessidade de adquirir bens culturais na tentativa de se distinguir dos demais, para finalmente ser aceitos por determinados grupos "fechados" da sociedade. No romance *A normalista*, já se contestava o seu fim prático: "Ao fundo [na casa do major Sousa Nunes] ficava o piano, um *Pleyel* novo, muito lustroso, sempre mudo, sobre o qual assentavam estatuetas de *biscuit*".[80]

As normalistas de mais posses eram acostumadas a tocar em festas familiares ou em saraus, organizados por pais ricos para mostrar os dotes artísticos das suas filhas e o gosto pelas artes. Todavia, algumas moças em busca de ascensão social também se dedicavam ao estudo do piano como atributo de feminilidade. Elas treinavam valsas e modinhas em pianos velhos e desafinados comprados de segunda mão. O romance cearense *A afilhada*, de Oliveira Paiva, demonstra que a prática pianística era comum às moças de família, aparentando que seria

---

79 CAMPOS, Eduardo. 1985. *Op. cit.*, p. 42.
80 CAMINHA, Adolfo. 1893. *Op. cit.*, p. 50.

uma forma de deixá-las prendadas para assim serem companhias agradáveis e interessantes para seus maridos.

> Além do calçamento, do encanamento de água, da iluminação a gás, – contava nos dedos – do palácio da Assembleia, do novo sistema de carroças, das casas pela marca da Câmara, temos pianos em todas as salas, e a instrução do belo sexo! Você pega uma dessas flores do paraíso terrestre, principalmente se tiver sido educada pelas Irmãs de Caridade, corta a língua que nem maracanã, canta que nem sabiá, lê como um doutor, e sabe que nem vigário! Que pensa? – findava ele, de mãos nos quadris, refratário ao arzinho de riso do Centu e a franca risada da menina.[81]

A procura por pianos na cidade era grande. Encontramos muitos anúncios como este, publicados, respectivamente, em 9 de novembro de 1905, p. 2, e em 10 de janeiro de 1910, p. 4, no jornal *O unitário*: "ANNUNCIOS – PIANO – Vende-se um DONNER em bom estado",[82] ou "PIANO – Vende-se um piano usado, bem conservado e em perfeito estado, por preço módico".[83] O número de professores e instituições especializadas também foi crescendo. Só no *Almanach do Ceará*, de 1888,[84] por exemplo, havia nove professores lecionando em suas próprias casas ou em aulas particulares, sendo que esse número dobrou até o ano de 1920.[85] Porém, acredita-se que, nesse período, o número de professores era bem maior, já que existiam escolas que adicionavam a disciplina de piano na grande curricular como o *Colégio das Irmãs de Caridade*, *Colégio Nossa Senhora de Lourdes*, *Escola Normal* e professores anunciando avulsamente suas aulas particulares, cujos nomes não constam nas listas dos almanaques, como se verifica nestes trechos publicados respectivamente, em 15 de janeiro de 1910, p. 2, e em 6 de fevereiro de 1910, p. 2, no jornal *O Unitário*:

> ANNUNCIO - ENSINO DE PIANO Adelaide Gallotti, recentemente chegada da Itália, onde foi aperfeiçoar seus estudos, offerece

---

81 PAIVA, Manuel de Oliveira. 1961. *Op. cit.*, p. 15-16.
82 *O Unitário*. Fortaleza, 09 nov. 1905. p. 2.
83 *O Unitário*. Fortaleza, 10 jan. 1910, p. 4.
84 *Almanach Estatístico, Administrativo, Mercantil, Industrial e Literário do Estado do Ceará para o anno de 1888*. Fortaleza: Typ. Moderna, 1887, p. 152.
85 *Almanach Estatístico, Administrativo, Mercantil, Industrial e Literário do Estado do Ceará para o anno de 1920*. Fortaleza: Typ. Moderna, 1919, p. 204.

seus serviços no respeitável público desta capital, garantido-lhe muita facilidade no seu methodo de ensino. - Preços módicos - Rua Tristão Gonçalves, n° 25[86]

ANNUNCIO - Lições de Piano: Dª Maria Alice Gurgel com bastante prática deste ensino não só acceita alunnas em sua residência à Rua General Sampaio n° 122, como também em casa das alunnas. Preços módicos.[87]

Porém, foi o Conservatório de Música Alberto Nepomuceno a instituição que se especializou na educação e formação de profissionais pianistas na cidade de Fortaleza. O Conservatório foi inaugurado em 1919 pelo violinista Henrique Jorge, o Sarazate Mirim da Padaria Espiritual. Em 1928 Henrique Jorge foi dado como morto após desaparecimento dez anos depois Paurilo Barroso reinaugurou o conservatório, colocando como diretoras e professoras as pianistas Esther Salgado, Branca Rangel e Nadir Parente, figuras vindas de famílias abastadas que fizeram muitas viagens para aprimorarem seus conhecimentos sobre o instrumento, conforme registra O Unitário de 16 de março de 1958, p. 1 e 2, que fez uma retrospectiva sobre a história dessa instituição.[88] A primeira foto a seguir é de Esther Salgado Studart da Fonseca tocando na reinauguração do Conservatório. Já a segunda foto é dos convidados reunidos na instituição. Percebe-se que as pessoas estão bem vestidas e que o ambiente não é nada modesto para os parâmetros da época.

---

86   O Unitário. Fortaleza, 15 jan. 1910, p. 2.
87   O Unitário. Fortaleza, 06 fev. 1910, p. 2.
88   O Unitário. Fortaleza, 16 de mar. 1958, p. 2.

IMAGEM 5 - Esther Salgado Studart - *O Unitário* de 16 de março de 1958.

IMAGEM 6 - Foto da Inauguração do Conservatório de Música Alberto Nepomuceno - *O Unitário* de 16 de março de 1958.

Apesar de o piano ter sido por tanto tempo ligado ao dote feminino, ele teve o seu lado positivo no que diz respeito à "emancipação" das mulheres, pois muitas encontravam no piano um ofício para se sustentarem e um jeito de saírem da capital, especializando-se nas escolas do exterior. Muitas mulheres tiveram seus pedidos de bolsa aceitos pelo governo para aperfeiçoarem seus estudos em regiões onde o ensino era "menos precário", como o caso do Rio de Janeiro. No Decreto n. 1676, de 26 de setembro encontramos o auxílio que foi cedido a duas pianistas, Idelzuith Galvão e Nadir Morais, que foi uma das maiores instrumentistas da nossa capital. Ela terminou os seus estudos de piano no Instituto Nacional do Rio de Janeiro, uma das instituições mais respeitadas de seu tempo:

> Concede uma pensão de 3:000$000 anuais à senhorinha Idelzuith Galvão, para aperfeiçoar sua educação artística no Instituto Nacional do Rio de Janeiro e de 1:800$000 anuais à senhorinha Nadir Morais para o mesmo fim.[89]

Apesar do "burguês", termo pejorativo para se referir aos homens de posse, identificar-se com essa prática musical, havia aqueles indivíduos que viam com insatisfação o ato de recitar sobre o instrumento, como podemos verificar no Estatuto da Padaria Espiritual:[90] "ARTIGO 27 – Será punido com expulsão immediata e sem apello o padeiro que recitar ao piano". Ainda que em forma de brincadeira, tal ironia nos mostra a observação e incômodo dos padeiros fazendo-se notar, já naquela época, a supremacia do piano, o instrumento da moda e das classes abastadas. Na verdade, diziam-se a favor de uma música construída fora dos padrões europeus estabelecidos pela cultura letrada. Ao invés disso, deviam dar ênfase a elementos do povo conforme se observa no "ARTIGO 32 - A Padaria Espiritual obriga-se a organizar, dentro do mais breve prazo possível, um Cancioneiro Popular, genuinamente cearense".

Acredita-se que Satyro Alegrete, que se chamava na verdade Sabino Batista, foi um dos músicos responsáveis em propagar essas ideias de rechaçamento do piano para os outros membros da Padaria Espiritual. Apesar de haver a presença de outros músicos como Henrique Jorge (Sarasate Mirim) e Jorge

---

[89] *Almanach Estatistico, Administrativo, Mercantil, Industrial e Literário do Estado do Ceará para o Ano de 1910*. Fortaleza: Typ. A. C. Mendes, 1910. p. 7.

[90] *O Pão*. Fortaleza: Edição fac-similar de jul. 1892 out. 1896, publicação quinzenal, órgão da Padaria Espiritual.

Victor nesse grêmio, foram as crônicas de Batista que apresentaram essa "fuga" das práticas musicais pianísticas e o retorno as manifestações populares antigas:

> Para o povo a noite de natal é a maior noite do anno. O povo chama a noite de natal noite de festa porque é no natal que começo todas as festas populares, todas as brincadeiras que nos legara, os nossos avós!... Antigamente, eram os fandangos, os congos, o bumba-meu-boi e as legendárias pastorinhas que, por toda parte, enchiam de luz e de alegrias a noite de natal: hoje são os bailes da alta sociedade; o povo já não brinca, o povo já não se diverte. Com que saudade eu não me recordo hoje da minha meninice, quando um mez antes eu começava a ajuntar dinheiro para na noite da festa tomar aluá, beber capilé e comprar traques afim de entreter a noite até que tocasse a missa do gallo. (Satyro Alegrete – Sabino Batista).[91]

Quando Satyro Alegrete elogia as "manifestações antigas" está na verdade referindo-se ao aspecto folclórico das práticas tradicionais transmitidas de geração em geração. Michel de Certeau aponta que o uso dos termos "povo" ou "popular" nesse período, convergem com a ideia da "beleza do morto", ou seja, quando alguma manifestação de "camadas indesejadas" é exaltada e cultuada por intelectuais por não estarem mais presentes no cotidiano da cidade, logo, não exercendo mais "perigo". A escrita Bollème aponta que anunciar uma prática como popular é fazer um julgamento. Os grupos que praticavam essas manifestações tradicionais não as intitulavam como cultura popular. Foram os intelectuais, que, por inúmeros motivos, sobretudo políticos, que as rotularam dessa maneira.

Enquanto uma parcela da população estava preocupada em "educar o gosto musical" dos indivíduos através da prática pianística, alguns grupos preferiram aderir às serenatas a luz dos lampiões. A modinha proporcionou esse "viver musical" paralelo para os artistas e intelectuais que apreciavam a boemia, mas não deixavam de frequentar as salas de concertos e os saraus de piano. A popularização da modinha ao violão ocorreu no fim do século XIX, em Fortaleza, quando violonistas afamados como Catulo da Paixão Cearense, vindos do Rio de Janeiro, começaram a tocar o seu repertório em festas locais. Logo o público também passou a consumir os discos de 78 rpm de outros compositores de renome como Mário Pinheiro, Baiano, Patrício Teixeira, Eduardo das Neves, en-

---

91   *O Pão*. Fortaleza, 24 dez. 1892, p. 5.

tre outros. Nesse período, o consumo de modinhas já ocorria em todo o Brasil. Elas foram com o tempo tão modificadas que chegou ao ponto de as pessoas não saberem mais distingui-las do lundu.[92] Em Fortaleza, as modinhas compostas por Raimundo Ramos, por exemplo, transitaram na cançoneta, no tango, na valsa e na bastante criticada chula.

Esses gêneros tinham origens bem distintas. A cançoneta era um gênero musical francês, cuja estrutura musical era parecida com a da canção. Já o tango nasceu nos subúrbios de Buenos Aires como gênero musical ligado às festividades noturnas dos cabarés. A chula era dança popular e gênero musical de Portugal de andamento ligeiro e de ritmo bastante marcado por um tambor conhecido por zabumba, por triângulo e chocalhos. O canto da chula era acompanhado por rabecas, violas, sanfonas e percussão. Ao chegar ao nordeste, os negros se apropriaram da chula e modificaram sua estrutura musical, adicionando elementos do samba. Essas intercessões culturais entre negros fizeram da chula uma dança vista pelas elites da época como lasciva e profana. No entanto, a chula teve importante influência para o surgimento da grande maioria dos ritmos nordestinos.

E quanto às críticas ao violão? Aparentemente, elas estavam relacionadas às práticas musicais elaboradas por esses músicos que utilizavam a rua como palco. No entanto, o violão não passou a ser sinônimo apenas de bebedeira, de ócio e desordem, como podemos ver no comentário de Alencar sobre sua "linda vizinha" que namorava às escondidas um rapaz "por quem morreria de amores se antes não vivesse morrendo de medo do pai austero": "– Mas por que seu pai proíbe o namoro? Não é um bom rapaz? De boa família? – É, mas ele toca violão, canta modinha e gosta de serenata!".[93] Mozart Bicalho, Sátiro Bilhar, Américo Jacomino e Augustin Barros Mangoré, que se apresentou em Fortaleza, eram grandes instrumentistas que fizeram com que o público lançasse um olhar diferenciado sobre o violão.

Alguns modelos de violão eram de baixo custo se comparados ao piano. Isso fez dele um elemento indispensável nas mãos dos boêmios em festas noturnas à luz do luar, proporcionada graças ao melhoramento nas estruturas das cidades e dos novos equipamentos urbanos. A pavimentação de ruas e avenidas e a iluminação pública foram elementos que vieram a favorecer o

---

92 Lundum, landu, londu: dança e canto de origem africana, trazidos pelos escravos bantos, especialmente de Angola, para o Brasil. Ver: CASCUDO, Câmara. s/d. *Op. cit.*, p. 524.

93 ALENCAR, Edigar. 1967. *Op. cit.*, p. 35.

surgimento de um ambiente boêmio, sobretudo nos meios intelectuais nascentes. As práticas musicais desses violonistas que tocavam modinhas eram bem enriquecidas, pois estavam, muitas vezes, acompanhados de voz, flauta e cavaquinho nas noites de cantoria. Na casa de Pedro Dantas, por exemplo, o número de instrumentistas era tanto que os dividiram em grupos de nomes poéticos. Segundo Otacílio de Azevedo, havia o *Grupo dos Que Sofreram* e o *Grupo dos Que Amam*, "tendo muita rivalidade entre eles, nunca entre as pessoas". Azevedo comenta que fazia parte desse último grupo, fazendo poesias de amor para serem musicadas pelos instrumentistas.

Essas modinhas ao violão também eram muito apreciadas por donas de casa, que diariamente cantavam as suas preferidas costurando à máquina, trocando bilros na almofada ou fazendo varanda (guarnição ornamental, de fio de algodão, pendente das bordas das redes de acabamento mais esmerado). Edigar de Alencar as denominou de seresteiras domésticas, pois entoavam nas cozinhas e nos quintais as modinhas conhecidas, sendo que muitas delas mudavam completamente a letra, escrevendo-as no seu diário. Essas seresteiras domésticas criaram práticas musicais próprias, pois as modinhas tinham muitas funções como a de acalentar o sono das crianças, afugentar as incertezas do seu próprio cotidiano e atenuar a dureza dos afazeres domésticos.[94] No romance *A normalista*, Caminha também comenta a respeito do cotidiano dessas mulheres:

> D Terezinha costurava na sala de jantar, cantarolando uma modinha cearense, em desafio com o sabiá, que desferia o seu eterno e monótono dobrado, esquecido ao sol. As conhecidas admirava-lhe a boa disposição para o trabalho. Sentava-se à máquina às 10 horas do dia, cabelos úmidos sobre a toalha de banho estendida nos ombros e labutava três, quatro horas consecutivas a cantarolar modinhas, costurando para o fornecedor da polícia.[95]

O grande número de gêneros musicais que desembarcaram no porto cearense contribuiu para o surgimento de bandas e orquestras de múltiplos formatos, que buscavam dar conta do vasto repertório vindo da Europa. A maioria desses grupos era formada por filhos de famílias abastadas, que desejavam os instruir artisticamente. Girão, por exemplo, aponta que quando os músicos Uguccioni, pai e filho com nomes homônimos, chegaram à nossa ca-

---

94 *Ibidem*, p. 12.
95 CAMINHA, Adolfo. 1961. *Op. cit.*, p. 138.

pital, tiveram que demorar a pedido dessas mesmas famílias para ministrarem aulas de canto e música instrumental. Os Uguccioni lecionaram aulas particulares de canto, piano, violão e rabeca, cobrando mensalmente 8$000 por cada disciplina. Ao saírem de Fortaleza, deixaram como legado a primeira Banda de Música Policial, deixando como maestro o aracatiense Joaquim Manoel Borges, que depois montou estabelecimento de ensino de música próprio na Rua Amélia, hoje Senador Pompeu.[96]

As bandas são formadas de dois tipos: a fanfarra e a marcial, que foi mais comum em Fortaleza no fim do século XIX e início do XX. Ela se caracteriza por um grupo de músicos que, geralmente, se apresentam ao ar livre e incorporam movimentos corporais a sua apresentação musical, sendo o mais comum a marcha. Esses grupos geralmente utilizam duas famílias de instrumentos musicais: os metais e a percussão. Pedro Veríssimo, autor do artigo para a Revista do Instituto do Ceará de 1954, intitulado *A música na terra de Iracema: Sinopse histórica do movimento musical no Ceará de 1900 a 1950*,[97] aponta que as bandas eram de grande importância numa cidade em que as solenidades oficiais, paradas, festas cívicas e religiosas eram constantes. Elas costumavam se apresentar em praças públicas e em igrejas durante os festejos religiosos.

No *Almanach do Estado do Ceará* para o ano de 1910 foram encontrados anúncios que indicam exibições semanais de bandas marciais. Elas se apresentavam aos domingos no Passeio Público e às quintas na Praça Marquês de Herval. Esses toques de bandas em praça pública, que eram chamados pelos memorialistas de retreta, foram aumentando progressivamente. Já no *Almanach do Estado do Ceará* para o ano de 1919, as apresentações se estenderam para as quintas-feiras e aos domingos no Passeio Público, às terças-feiras na Praça Marquês de Herval e, aos sábados, na Praça General Tibúrcio. As bandas executavam no coreto valsas e operetas muito conhecidas na época para um extenso público.

As operetas eram muito apreciadas em nossa capital, sobretudo pelos segmentos sociais mais abastados. Elas eram apresentações teatrais cantadas, menores do que as óperas e mais leves em seu conteúdo. Na França, lugar de sua origem, foi desprezada por músicos eruditos e intelectuais por ter um caráter cômico e menos sério do que o da ópera. Porém, em Fortaleza ela teve muita utilidade para as elites intelectuais, que criavam peças divertidas e dançantes com

---

96 GIRÃO, Raimundo. 1979. *Op. cit.*, p. 139-140.
97 VERÍSSIMO, Pedro. "A Música na Terra de Iracema: Sinopse histórica do movimento musical no Ceará de 1900 a 1950". In.: *Revista do Instituto do Ceará*. Fortaleza: Editora do Instituto do Ceará Ltda., 1954.

conteúdo educativo para moralizar, sobretudo as práticas de cortejo. Nogueira comenta que as operetas burlescas favoritas eram *De Baturité à Lua, Madame Angot na Monguba, Sinos de Corneville em Arroches* de Frederico Severo. Ainda, segundo Nogueira, essas representações eram pontilhadas de incidentes verdadeiramente desastrosos, mas que, em vez de provocarem "pateadas", eram, pelo contrário, recebidas com grossas e sufocantes gargalhadas.

Um desses episódios aconteceu com a Banda do 15º Batalhão do Exército, na comemoração improvisada "pela gente culta da cidade" em comemoração à vinda do compositor Carlos Gomes. Segundo João Nogueira, a banda mal ensaiada "torceu, ofendeu e assassinou" a Ouverture (Abertura) do Guarani, "com aquela crueldade inconsciente com que as crianças matam os inocentes passarinhos".[98] No entanto, esses imprevistos não afetaram o aumento de bandas na cidade. Surgiram, além da Banda Musical da Polícia[99] e da Banda do 15º Batalhão do Exército, algumas bandas de iniciativa particular, como Club Filarmônico de Amadores, Filarmônica Caixeiral,[100] Banda da Rêde de Viação Cearense e Circuito de Operários Trabalhadores Católicos São José.

---

98 NOGUEIRA, João. 1980. *Op. cit.*, p. 142.

99 No volume para o ano de 1910 do *Almanaque do Ceará*, encontraram-se algumas informações sobre a banda de música do Batalhão de Segurança do Estado do Ceará – que em alguns momentos é chamada apenas de "Banda da Polícia". Essa banda contava com 60 músicos, duas bandas com 30 figuras cada uma, um mestre e um contra-mestre (corneteiro-mor). Nesse ano, em 1910, a banda era comandada pelo 2º tenente, Mário César de Sousa, (mestre de música) e em situações especiais, como a inauguração do Theatro José de Alencar, em que os ensaios foram coordenados pelo maestro Luigi Maria Smido, a banda era ensaiada por outros maestros. A banda do Batalhão de Segurança era composta por "corneteiros e tambores" (metais e percussão) e contou com o trabalho de vários musicistas, entre eles podemos citar João da Costa Cirino, Pedro Gomes do Carmo (Pedro Piston), Pedro Alves Feitosa (Pedro Cotó), Joaquim Pacífico de Sousa, João Francisco Gomes, Raimundo Nonato de Sousa, Mário César de Sousa (que se tornou mestre da banda com a morte do maestro Zacarias Gondim em 1903), Raimundo Ferreira do Nascimento, Raimundo Egídio de Lima, Júlio Marinho da Silva (que em 1910 se tornou 2º tenente e inspetor da música do Batalhão de Segurança), José Augusto dos Prazeres, Martiniano José Monteiro (Naninho), Luís Saldanha Madeiro, João Batista de Sousa Brandão, Pedro Domingues da Silva, José Carneiro e Anísio dos Santos. A partir de 1914 essa banda passou a contar com um inspetor de música (Carlos Meseano), um mestre (José Gomes), um contra-mestre (Antonio Moreira) e passou a ter duas formações: uma banda com 22 figuras e uma banda de corneteiros. Em 1915, mestre José Gomes se aposentou e as notícias sobre a banda de música do Batalhão de Segurança passaram a ser ainda mais escassas.

100 No *Almanaque do Estado do Ceará* para o ano de 1914, encontram-se notícias sobre a Filarmônica Caixeiral, dirigida por Aurélio de Menezes. Não restaram muitos vestígios sobre essa banda, exceto que, conforme o próprio nome já aponta, pertencia à sociedade Phenix Caixeiral e que grande parte dos seus músicos fizeram parte do "Club Filarmônico de Amadores", organizado e ensaiado pelo maestro Manuel Magalhães. O memorialista Edigar de Alencar, que foi aluno da Escola de Comércio da Phenix Caixeiral e um dos fundadores do Clube Caixeiral (juntamente com Clóvis Mendes e José Waldizar Jucá), quando escreveu no seu livro Fortaleza de Ontem e Anteontem sobre o Clube Caixeiral apontou a realização de festas dançantes organizadas pelo Clube, mas apenas citou a presença da banda.

Algumas dessas bandas cumpriam tabelas de contratos a preços altos como a do 49º Batalhão. O baile com recepção custava 150$000, os bailes carnavalescos 200$000, a passeata carnavalesca 150$000 e passeata ou recepção 100$000. A Banda do 49º Batalhão possuía um repertório variado desde marchas a valsas e polcas. No entanto, os altos preços cobrados por passeatas e recepções não era sinônimo de "boa música", pois a maioria dos instrumentistas era amadora.[101] O número de pessoas interessadas em aprender a tocar instrumentos era bem maior do que a quantia de professores para ensiná-los, além do que alguns não possuíam dinheiro para pagar por essas aulas. Esse cenário foi propício para uma cultura do autodidatismo em nossa cidade, sobretudo na composição, que predomina até os dias atuais.

A precariedade na formação de músicos de orquestras era semelhante aos de bandas marciais. Mas isso não foi empecilho para o surgimento de grupos orquestrais nos principais estabelecimentos que envolviam entretenimento na cidade como grêmios, clubes, cinemas, cassinos e teatros. Segundo Pedro Veríssimo, as principais orquestras que atuavam em Fortaleza foram: Grêmio Musical Pantera, Clube Taliense de Amadores, Clube de Diversões Artísticas, Violon Club, Orquestra Fênix Caixeiral e Clube Iracema, esta regida pelo maestro Henrique Jorge, um dos fundadores do Conservatório Alberto Nepomuceno. A orquestra do Clube Iracema se apresentava gratuitamente, fazendo um repertório de peças teatrais e concertos sinfônicos. Esse razoável número de orquestras intensificou a quantidade de apresentações orquestrais na cidade e a variação do repertório como aponta o jornal *A República*, em 12 de fevereiro de 1895.

> No dia 17 do mez (sic) que corre se realizará no palacete em que vai funcionar o Correio, à praça do Martyres, um magnífico e suprehendente concerto, organisado (sic) e dirigido pelo ilustre maestro Jorge Victor, com o auxílio de suas interessantes e gentis disputas e algumas declamadoras. O programa elaborado incluía de J. Rossino, a ouvertura do "Guilherme Tell", a três pianos e doze mãos; de S. Gastadon, "Musica Proibida", melodia para canto; acompanhamento de flauta, violino, violoncelo e piano; de Fréres-Billena, "Rigoletto", fantasia para piano a 4 mãos; de R. Wurst, "Ninon dich in Acht", em desempenho de canto e piano, e mais outros números de flauta, clarineta, piston, violino, vio-

---

101 CAMPOS, Eduardo. *O inventário do cotidiano: Breve memória da cidade de Fortaleza*. Fortaleza: Edições Fundação Cultural de Fortaleza, 1996. p. 41-42.

loncelo e contrabaixo de cordas. Eram os executores: Caetano Porto, Minna Peters, de Hamburgo, e M. Amélia Ferreira Lopes, canto; Julieta Motta, mandolina; Beatriz Simões, M. Adélia, Emília Mamede, Diva Montenegro e outras, piano; Maria Georgina Ferreira Lopes, mandolina, violoncelo, orquestrina e piano. Além das senhoras e senhorinhas, participavam do concerto Aarão Amaral (piston), João Bonifácio (flauta), José Moreira (clarineta) e Alfredo Victor, (contrabaixo).[102]

Percebe-se, pela lista de músicos, um dado peculiar em nossa capital, os modelos de orquestras que figuravam aqui não eram os mesmos daqueles vindos do continente europeu. Enquanto o modelo clássico de orquestra "abrigava" a família das cordas: violinos, violoncelos, violas, contrabaixo; a família das madeiras: as flautas, oboés, clarinetes e fagotes; os metais: trompas, trompetes, trombones e tuba; e percussão: tímpanos, bombo e adereços; maestros fortalezenses como Henrique Jorge, Luigi Smido e Donizetti Gondim formavam grupos sem seguir um critério de quantificação e disposição dos instrumentos em seus respectivos naipes. Algumas mais amadoras, as chamadas por Veríssimo de "orquestras de pau e corda", faziam uma verdadeira mistura, adicionando instrumentos de caráter popular como o violão e o cavaquinho.

A dinâmica estabelecida entre os mais diferentes gêneros formou-se a partir de muitas contradições. Elas ocorreram em um momento de disputa por legitimação das práticas musicais novas sobre as práticas velhas e de interesse sobre a construção de cantares que os singularizassem dos demais. Embora trocas culturais existissem, sobretudo por causa do contato de alguns boêmios com migrantes e negros moradores em zonas suburbanas na capital, um grande número de outros artistas forjava uma relação pacífica e multilateral entre as partes. Essas situações influenciaram os mais diversos cantares com sotaques que expressam múltiplas formas de ver/sentir/falar do cearense.

Músicos e músicas na terra de Iracema

Quem produzia música em Fortaleza na passagem do século XIX para o XX? Do que falavam e quais era as suas motivações e influências? Essas questões já foram suscitadas por vários interessados na música local. Veríssimo, por exemplo, ajudou a entender um pouco mais sobre esse assunto em seu artigo

---

102 *A República*. Fortaleza: 12 fev. 1895, p. 3.

"A música na terra Iracema", para o Instituto do Ceará. O autor aponta que o número de compositores e instrumentistas, profissionais e amadores, envolvidos com criações artístico-musicais no fim do século XIX e início do XX foi grande, mas poucos tiveram projeção nacional, pois "a maioria se perdeu no denso véu do obscurantismo".[103] No entanto, as fontes nos revelaram que os sujeitos "anônimos" também ajudaram a entender a dinâmica estabelecida entre os diferentes instrumentos e gêneros.

Debruçando-se sobre as fontes, é possível notar a dificuldade de encontrar esses personagens quase anônimos que se empenharam para um viver musical mais democrático na cidade. Otacílio de Azevedo e Edigar de Alencar foram uns dos poucos que escreveram abertamente sobre esses sujeitos, pois, nos livros dos outros cronistas pesquisados, encontramos apenas pequenos fragmentos de sua existência. Entende-se que a ênfase na temática dada por Azevedo e Alencar tem a ver com o envolvimento deles com o meio, participando de serenatas, noites dançantes em bairros periféricos, entre outros. Esses escritores teceram comentários a respeito disso no decorrer de seus textos, sem deixar, é claro, de fazer apontamentos sobre os musicistas e compositores empenhados em fortalecer uma identidade musical relacionada à Europa.

Otacílio de Azevedo aponta personagens interessantes em sua narrativa. O primeiro deles é Pedro Dantas, um violonista amador que possuía um ponto de encontro inusitado no sítio localizado no logradouro "Mata Galinha". Nesse ambiente, existia uma troca de experiências enriquecedoras de pintores, músicos e poetas dos mais variados estratos sociais. Encontraram-se nesse sítio nomes conhecidos que figuraram na vida musical desse período, como o do violinista Artur Fernandes, o violonista Edigar Nunes, o pistonista Aristides Rocha, os flautistas Antônio Moreira e Júlio Azevedo (irmão de Otacílio de Azevedo), o exímio violonista Rossini Silva e o contrabaixista da orquestra do Cine Majestic, Boanerges Gomes. Outros, já não tão conhecidos assim, não deixaram de ser lembrados pelo cronista como Joaquina Dantas, Maria Júlia, Fransquinha, Maria do Carmo, Manoel Dantas, Zuzu, Ester e Tereza, sendo esta última esposa de Azevedo, que se divertiam cantando, tocando e recitando poesias.[104]

No entanto, a figura mais emblemática do sítio localizado no logradouro "Mata Galinha", segundo Azevedo, foi o compositor e violonista Joaquim Nogueira Dantas, conhecido pela alcunha de Chico Caroba. Nogueira Dantas

---

103 VERÍSSIMO, Pedro. 1954. *Op. cit.*, p. 151.
104 AZEVEDO, Otacílio. 1992. *Op. cit.*, p. 42.

foi autodidata de dezenas de modinhas, quase sempre com poema e melodia de sua própria lavra. *Sonhos de Inês* e *Como a flor* foram as modinhas desse compositor que tiveram maior projeção. Nogueira Dantas foi uma figura bastante inusitada, pois, embora Azevedo o tenha apresentado como um homem humilde e modesto sem educação formal, seu talento autodidata era extraordinário. As letras de *Sonhos de Inês* e *Como a flor* são uma prova disso, pois possuíam métrica, além do que o compasso ternário da valsa de ambas também foi respeitado.

Nesse período, os métodos, sobretudo para o violão, eram fundamentais no processo de aprendizagem dos compositores que não frequentavam conservatórios e aulas particulares. Acredita-se que o contato de Nogueira com outros músicos e poetas no sítio do "Mata Galinha" foi muito profícuo.

A circularidade de músicos de diferentes formações nesses ambientes era intensa, ocorrendo uma troca menos discrepante, surgindo, inclusive, a incorporação do violão à valsa, um gênero europeu que antes só era tocado por orquestras e pianistas.

A trajetória de vida de Otacílio de Azevedo foi cruzada por muitos artistas de talento. Não era para menos, já que o escritor comentou que, na cidade, havia uma verdadeira "colmeia de músicos" de todos os estilos e formações. Seu vizinho e amigo Hemérito Cabrinha também foi um dos destaques de sua escrita. Cabrinha era um mulato marceneiro que adorava dar serestas, participar dos sambas de areia, fazer versos e tocar violão. Segundo Azevedo, Cabrinha tinha uma criatividade nata para as artes, apesar de não ter se educado formalmente. A valsa intitulada *Chorar Sozinho*, com parceria de José Albano, foi muito tocada pelos seresteiros locais até os idos de 1915.

Esses músicos e compositores, que quase ficaram no anonimato se não fosse pela ousadia de Alencar e Azevedo, tinham, muitas vezes, que deixar as artes em segundo plano para se manter e sustentar a família em profissões ligadas ao comércio. José Sales, por exemplo, considerado um dos tipos populares mais *sui generis* por Alencar, dividia o tempo fazendo a barba dos seus clientes durante o dia e, à noite, tocando o seu bandolim em serestas à luz do luar. O excêntrico José Sales escreveu uma única valsa para a sua esposa, em companhia de seus amigos Manoel Cândido e Ramos Cotôco. José Sales e Ramos Cotôco gostavam de ditar moda naquele período, pois, enquanto o segundo usava um terno de lapa e incrementava ao figurino enormes girassóis, o primeiro aparecia com jaquetão vermelho, gravata e lenço roxo, chapéu de madeira e sapatos desiguais, sendo um de lona e o outro de couro.[105]

Alguns desses artistas "anônimos" contribuíram para a mediação musical, revezando-se em bailes elitistas, caracterizado, sobretudo, pela música de concerto, e manifestações populares como os sambas de areia das zonas periféricas. Além de Nogueira Dantas e Hemérito Cabrinha, Gervásio, R. Garcia, Pedro Eugênio e Lucas Nascimento foram protagonistas dessa dinâmica estabelecida entre os diferentes gêneros. Este último foi citado por Azevedo como um homem "milionário de talento, mas falto de cultura", ou seja, sem educação formal. Essas críticas levavam Lucas Nascimento a se afastar, em determinados períodos, dos grandes bailes por temer a rejeição; e a se aproximar dos sambas, por se sentir mais à vontade nesses ambientes.[106]

Porém, nem todos os músicos citados passavam por necessidades financeiras. Azevedo comenta que alguns ficaram no amadorismo por colocarem a música em segundo plano e não terem muito tempo para praticar, acreditando que esta era uma atividade ligada ao entretenimento e não para tê-la como ofício. José de Paula Barros, por exemplo, além de compositor, era pintor, fotógrafo e arquiteto. Junto com Ramos Cotôco, realizou a decoração do Theatro José de Alencar, destacando-se a pintura das *Três Graças*, que representam as três artes: poesia, música e pintura. No *foyer* do Theatro, também pintou retratos, sendo um de Carlos Gomes e o outro de José de Alencar. A recepção de suas modinhas alcançou vários extratos sociais, sobretudo os saraus de "gente muito pobre". Se não fosse pelo empenho de Antônio Sales em escrevê-las em seu livro de lembrança, as suas modinhas *O sonho de criancinha* e *Meu anjo do mar* teriam caído no total esquecimento.

Meu Anjo do mar
Era noite e a lua serena
Vagamente no seu caminhava,
E, em praia de límpida areia,
Eu sentado, sozinho, cismava.

Já da vida me tinha esquecido,
Vendo aquelas espumas do mar

---

105 *Ibidem*, p. 164.
106 *Idem, Ibidem*.

E ouvindo o gemido das ondas
Que se iam perdendo no ar.

E meus olhos, outrora tão cheios
Dessa luz, dessa chama divina
Pouco a pouco se iam fechando
Como fecha-se a flor da bonina.

Desde então quando a lua prateia
Estas brancas espumas do mar,
Eu, sentado na límpida areia,
Só procuro meu anjo encontrar.[107]

 A letra de *Meu anjo do mar* apresenta elementos da estética romântica que foi empregada pela maioria dos compositores da época. José de Paula Barros fez parte daqueles que compunham sobre o amor perdido ou inalcançável. A primeira geração do Romantismo se destaca pelo lirismo, subjetivismo, sonho de um lado, exagero e busca pelo exótico e pelo inóspito de outro. A mulher era uma musa, amada e desejada, mas não era tocada. Encontramos também algumas modinhas que possuem características da chamada segunda geração do Romantismo, como o pessimismo, gosto pela morte, religiosidade e naturalismo. A mulher, nesse caso, era alcançada, mas a felicidade não era atingida.
 Entre as mais conhecidas está a de Paulo de Castro Laranjeira e Raimundo Nonato, que levaram esse estilo às últimas proporções. Paulo Laranjeira escreveu uma das modinhas mais populares de sua época, que foi intitulada *Teu Desprezo*. A melodia nostálgica e arrastada no tom dó maior feita pelo pai ao violão, Raimundo Nonato, dramatizou ainda mais os versos do filho, que falava sobre um amor não correspondido de uma moça de família tradicional cearense. Segundo Edigar de Alencar, a fama dessa modinha se deu, sobretudo, pela morte precoce de Paulo de Castro Laranjeira, que cometeu suicídio ao saber da recusa da moça ao namoro.

---

107 SALES, Antônio. *Novos Retratos e Lembranças* Fortaleza: Casa de José de Alencar, 1995. p. 206.

IMAGEM 7 – Partitura Teu Desprezo – Cópia de Gilberto Petronillo.

Teu Desprezo

Eu te consagro oh! Mulher os meus afetos
Meu viver só consiste em te adorar
Para que foges, assim de quem te ama?
Eu fui um louco, oh! Mulher em te amar. (bis)

Teu desprêzo me arrasta lentamente
Para a campa solitária vou partir,
A morte será minha vingança
Para que serve oh! Mulher eu existir?

São tantos males que torturam minha vida
O meu pranto não cessa um só instante
Sofro tudo, por ti, mulher querida
Mas por Deus, eu te juro ser constante. (bis)

Quando ouvires os dobres de um sino
São sinas por um pobre que morreu
Deita ao menos uma lágrima em lembrança
Por aquêle que por ti tanto sofreu. (bis)

Quando fôres um dia ao cemitério
Uma campa bem triste lá verás
Não perturbes oh! Mulher, por piedade
O sono mortuário de um rapaz. (bis)

Se fitares meu sepulcro esquecido
Ó tu, a quem tanto idolatrei,
Deita sôbre o meu túmulo uma saudade
Em troca do amor que te jurei. (bis)[108]

---

[108] ALENCAR, Edigar. 1967. *Op. cit.*, p. 86.

A letra traz a influência do escritor inglês Lord Byron no que diz respeito à ligação do amor com a morte, o pessimismo e a angústia. Laranjeira fala de túmulo e de sepulcro, pedindo para que a sua amada não perturbe "o sono eterno de um rapaz". O egocentrismo, ultrarromantismo com traços de sentimentos exagerados em relação ao amor e a morte, byronismo e o cultivo do estilo de vida voltado à boemia, à noite, aos vícios e prazeres da bebida, ao fim e sexo ficaram evidentes na produção de compositores e poetas que se inspiraram na segunda geração. Os intelectuais ligados à corrente de pensamento de Lord Byron viam o mundo com egocentrismo, narcisismo e pessimismo. O poeta Barbosa de Freitas também escreveu modinhas como *Borboleta*, cheias de lirismo e aspectos byronianos. A vida regada a álcool, noite e boemia fazia com que alguns desses sujeitos percebessem o mundo a sua volta com descontentamento, exprimindo toda essa melancolia em suas músicas.

A parceria de poetas e músicos era comum naquele período. Antônio Sales, por exemplo, teve algumas das suas poesias musicadas, entre as quais o soneto *Epitalâmio*, por Alberto Nepomuceno. Outras produções de Antônio Sales foram musicadas, como o *Hymno a Padaria Espiritual*, por Antônio Rayol, e a revista teatral *A política é a mesma*, de Antônio Sales com parceria do escritor Alfredo Peixoto, pelas mãos do flautista Oscar Feital e o cantor e violinista Antônio Rayol. No entanto, segundo Edigar de Alencar, na apresentação do Theatro São Luís, o público se afeiçoou por uma parte musicada específica da revista, intitulada por Oscar Feital e Antônio Rayol de *Todos nós somos Queiroz*.

IMAGEM 8 – Partitura de Todos Nós Somos Queiroz – Cópia de Gilberto Petronillo.

Entre o piano e o violão

Todos nós somos queiroz
Todos nós somos Queiroz
Família que não tem conta
Quem quiser dar um saltinho
Para a ponta
É só chegar-se um pouquinho
Para nós.
Boa gente somos nós
Fazendinha de bom pano.
Só anda ufano
Qualquer sicrano
Qualquer beltrano
Que tem Queiroz
(Est.)

É uma asneira
Que não se exprime
É mesmo um crime
Se acaso alguém
Ao velho nome
Já tão usado
Não tem juntado
"Queiroz" também.

Não vem lá de meus avós
Meu atual sobrenome,
Pois, acompanhando a moda
Junto ao meu nome,
Como faz a gente tôda,
- De Queiroz.
É uma tolice atroz
A pessoa que ao presente
Não é parente,

> Nem aderente
> De boa gente
> Que tem Queiroz.[109]

A letra era uma sátira ao governo do General José Clarindo de Queiroz, que foi um militar e político de família muito tradicional do Ceará. Já a melodia era uma marcha, gênero muito tocado pelas bandas militares. Naquele período, as disputas de nichos políticos faziam com que os indivíduos ligados à tradição das antigas oligarquias tentassem sobressair, exercendo o poder sobre os outros em nossa capital através do prestígio de alguns sobrenomes. Segundo Edigar de Alencar, a seguinte estrofe ficou popularizada na boca do povo: "Todos nós somos Queiróz, Família que não tem conta, Quem quiser dar um saltinho, Para a ponta, É só chegar-se um pouquinho, Para nós". Antônio Sales foi inovador na medida em que expôs o nome da família Queiroz à crítica dos populares através da letra e da música de seus parceiros.

Após a apresentação de *Todos nós somos Queiroz*, o quarteto de Oscar Feital e Antônio Rayol ficou muito conhecido em Fortaleza. Segundo Alencar, Feital era um músico virtuose, ou seja, que dominava os princípios do instrumento, que se dividia em compor música artística, como árias, valsas e estudos de flauta, e popular urbana como a modinha *A Sogra* e serenatas. Já Antônio Rayol, que estudou somente violino no Conservatório de Milão, o mesmo do compositor Giuseppe Verdi, tornou-se, pela falta de profissionais na área, regente de orquestra e tenor. Rayol foi um dos propagadores em Fortaleza do estilo musical italiano, fazendo parte, sobretudo, as árias operísticas que possuíam como principal característica a impostação vocal. Esse estilo de canto foi incorporado pela maioria dos compositores, sobretudo no gênero modinha.

Outros membros da Padaria Espiritual participaram ativamente do viver musical de seu tempo. Além de Antônio Sales (Moacir Jurema), figuravam na lista de "padeiros músicos" Henrique Jorge (Sarasate Mirim), Jorge Victor (Alcino Bandolim), Augusto Xavier de Castro (Bento Pesqueiro) e Sabino Batista (Sátiro Alegrete). Um dos "lemas" da Padaria Espiritual era se distanciar do estrangeirismo propagado pela "burguesia", termo utilizado por eles para designar as camadas abastadas da sociedade. No entanto, alguns músicos, como Henrique Jorge e Jorge Victor, faziam exatamente o contrário.

---

109 *Ibidem*, p. 92.

Jorge Victor se dividia nas tarefas de maestro de orquestras e promotor de justiça. Participava dos concertos nos bailes mais suntuosos da cidade. O violinista Henrique Jorge criou o apelido de Sarasate Mirim para si mesmo em homenagem ao exímio violinista e compositor espanhol chamado Pablo Sarasate.[110] Henrique Jorge era tão amante da música europeia que criou um conservatório para instruir os indivíduos nos moldes da cultura francesa. Não foi à toa que intitulou a escola de música de Conservatório de Música Alberto Nepomuceno, nome de um pianista e compositor erudito de grande projeção nacional. O ensino de piano perpetuou até a atualidade. Além de violinista, Henrique Jorge regeu orquestras e compôs músicas sacras e de câmara, que foram interpretadas pela pianista Ester Salgado Studart. Abaixo, uma foto de Henrique Jorge cedida por Miguel Ângelo de Azevedo ao lado do seu violino:

IMAGEM 9 - Foto de Henrique Jorge – Arquivo Nirez.

---

110 Pablo Sarasate foi um importante compositor espanhol do século XIX e um dos maiores violinistas do mundo, imortalizando-se pela *zigeunerweisen* (árias ciganas). Tamanha era a admiração de Henrique Jorge por esse personagem da música que batizou o seu filho por Paulo Sarasate, que, posteriormente deu nome ao Ginásio Paulo Sarasate.

Henrique Jorge teve uma trajetória singular segundo Damasceno Pantaleão, jornalista do *Unitário*. Nasceu numa família pobre e cresceu com seus próprios esforços. Construiu, em meados de 1919, o Conservatório de Música Alberto Nepomuceno sem a ajuda financeira de ninguém. Não temos notícias se Henrique Jorge teve educação formal, mas é possível perceber que era amante da música artística e desprezava instrumentos ligados, naquele período, às práticas musicais negras e rurais.[111] Sobre isso, Menezes escreveu comentário em seu livro de memórias.

> Em 1914 abriu-se o Teatro-cinema Majestic, o qual teve a honra altíssima de ser inaugurado por Fátima Miris, obscura transformista no Rio, mas que aqui transformaram em artista de súbito valor. Trazia consigo o pai e uma irmã, que tocava rabeca e por cujos méritos se travaram azedas discussões entre os seus adoradores e o nosso Henrique Jorge, que, mestre no assunto, dava pouco à rabequista.[112]

Essas especificidades na vida de Henrique Jorge nos levaram a deduzir que a inserção de um sujeito em determinado segmento social não dita, necessariamente, seus gostos, aspirações e, no caso de Henrique Jorge, inclinações musicais. Porém, enquanto que Henrique Jorge e Jorge Victor se dedicavam aos saberes da música artística, os "padeiros" Sabino Batista e Augusto Xavier de Castro defendiam os saberes musicais ligados às zonas rurais, revelando traços da estética romântica, na qual houve a busca pelos saberes do campo na tentativa de criar algo nosso e diferente do que estava sendo produzido na Europa, como vamos ver no capítulo a seguir. Sabino Batista se dizia ter aversão à música estrangeira e principalmente ao piano. Em uma de suas crônicas no periódico *O Pão*, de 1º de agosto de 1895, p. 7, Batista comenta sobre uma vizinha que o irritava tocando insistentemente o instrumento.[113] No entanto, na *Symphonia de abertura*, de 1895, a influência é a da música europeia. Já a música intitulada *Canção*, "passeia" por elementos que se distanciam do ultrarromantismo, mostrando uma mulher mais acessível que era marca da terceira geração:

---

111 *Unitário*, Fortaleza: 16 mar. 1958, p. 1-2.
112 MENEZES, Raimundo de. 2000. *Op. cit.*, p. 96.
113 *O Pão*. Fortaleza: 1 ago. 1895, p. 7.

Canção

Desperta, minha amiga,
A noite é bella como as virgens puras...
Deixa que o mundo malfasejo diga
Que nós andamos a fazer loucuras.

A nós que nos importa,
A humanidade hypocrita e falsaria?
Solta os cabelos e abre a tua porta...
A rua está silente e solitária...[114]

Já Augusto Xavier de Castro, poeta do "Cromos" da Padaria Espiritual, escreveu modinhas que se popularizaram na capital. Uma delas, dedicada a Fernando Weyne, teve seu título perdido no tempo, porém, a mais conhecida e polêmica delas se intitulava *Recordação*. Existia uma confusão em torno da autoria desta modinha, porque ela foi gravada por Mário Pinheiro, pela *Odeon Record*, sob o n. 40 471, com o título *Acorda que a noite é bela*, sem a menção do autor. Esses problemas de autoria da obra eram comuns. Além disso, os grupos receptores costumavam fazer versões diferentes da letra por falta de registro.[115]

O filho e sobrinho de Augusto Xavier de Castro, Amadeu e Roberto, também enveredaram para as composições de modinhas. Amadeu Xavier de Castro era poeta, mas sabia dedilhar o violão e a arte do repente. Desde moço começou a frequentar as rodas da boemia, das serenatas bulhentas e alegres. Como poeta era lírico, além de perpetuar alguns versos humorísticos. Porém, como compositor de modinhas, seguia uma linha melancólica, dolorida, dos apaixonados que cantavam as suas frustrações sentimentais e seus amores contrariados. Julieta, umas das modinhas mais cantadas por moças da capital:

---

114 *O Pão*. Fortaleza: 6 nov. 1892, p. 5.
115 ALENCAR, Edigar. 1967. *Op. cit.*, p. 30.

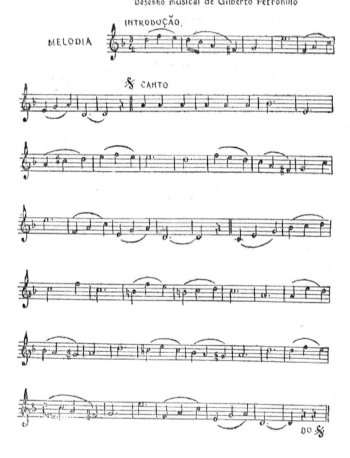

IMAGEM 10 – Partitura de Julieta – Cópia de Gilberto Petronillo.

Julieta

Dormes, talvez, Julieta,
Nesse teu leito de arminho
Se sonhas formoso anjinho
Com as estrêlas do céu,
Desperta, ouvindo meu canto,
Etérea visão que adoro,
Pelos teus olhos imploro (bis)
Ouve o cantor de Romeu.

Julieta, Julieta,
Virgem formosa que anelo,
Dá-me teu negro cabelo
Vê bem, vê bem que sou teu!
Deixa eu viver do perfume
Sagrado da tua trança,
Enche meu peito de esp'erança (bis)
Tem compaixão de Romeu.

Ah, se eu visse Julieta
Teu rosto divino, agora
Eu diria que era a aurora
Do empíreo, rompendo o véu;
Então em lúcido idílio
A passarada cantava
De amor, por ti, palpitava (bis)
O coração de Romeu.

Adeus! Adeus! Julieta
É tarde... Adeus, querida,
Eu busco a triste guarida
Que a desventura me deu,
Adeus! Adeus, Julieta

> Ai! Não oprimas o peito!
> Bem sabes que tens um leito (bis)
> Dentro d'alma de Romeu.[116]

 Esse estereótipo, segundo Alencar, não correspondia com a vida que levava, pois era um homem "com pinta de galã", que quando solteiro, foi muito requisitado pelas jovens moças de Fortaleza. Quase todos os títulos de suas modinhas são onomásticos femininos, pois além de *Julieta*, foram compostas *Maria*, *Edméa* e *Palmira*. Quem não gostava nada do jeito de Amadeu eram os pais de moças de família, que desprezavam a vida boêmia que ele levava em "arruaças" com seus íntimos amigos Quintino Cunha, Ramos Cotôco, Virgílio Brandão, Antônio Sales e Carlos Teixeira Mendes. Amadeu Xavier, além de músico e poeta, foi funcionário da Secretaria do Interior e Justiça do Estado, emprego este que dava o seu sustento.

 Amadeu não tinha muito domínio sobre o violão e, por isso, empenhava-se mais na escrita das letras. Era Roberto Xavier de Castro, conhecido pela alcunha de Fetinga, quem elaborava a maioria das melodias para as letras do primo. Apesar de se dedicar diariamente à música, Roberto não deixava de lado o emprego formal como funcionário postal. Roberto Xavier de Castro também criou melodia para a letra *Loucuras*, do poeta Fernando Weyne, que protagonizou um dos grandes episódios relacionados a problemas de autoria musical, segundo Edigar de Alencar. A modinha *Loucuras*, que foi intitulada posteriormente pelo próprio Weyne de *A pequenina cruz do teu rosário*, foi gravada com o mesmo título na Casa Édison[117] e cantada por Roque Ricciardi. Até hoje os problemas em torno dessa modinha não foram solucionados.

 Poetas que tiveram repercussão com suas obras também escreveram letras, sobretudo para modinhas. Quintino Cunha foi um dos que mais produziram para esse gênero. Ele nasceu em Itapajé no ano de 1875. Bacharelou-se pela Faculdade de Direito do Ceará em 1909, onde começou a exercer a profissão de advogado criminalista. Foi deputado estadual entre 1913 e 1914. No momento em que se desencadeava o ciclo da borracha na Amazônia, o poeta migrou para o Norte, onde escreveu algumas letras de modinhas, como *Pelo Solimões*. Elaborou

---

[116] *Ibidem*, 220-222.
[117] Fundada por Fred Figner em 1900, situada à Rua do Ouvidor n. 107, a Casa Edison (nome-homenagem a Edison, o inventor do fonógrafo) foi um estabelecimento comercial destinado inicialmente à venda de equipamentos de som, máquinas de escrever, geladeiras etc. Após dois anos de funcionamento, tornou-se a primeira firma de gravação de discos no Brasil.

poemas e letras de modinhas que apresentavam características da primeira geração dos românticos. O campo e os seus habitantes são tratados em alguns momentos como válvula de escapismo e da fuga da urbanidade. Com parceria do irmão João Quintino, que era violonista e musicava suas letras, criou e cantou, com sua voz de barítono, à maneira das árias operísticas, a valsa *A mulher do Norte* e a modinha *Comunhão da Serra*.

IMAGEM 11 – Partitura de Comunhã da Serra – Cópia de Gilberto Petronillo.

Entre o piano e o violão

Comunhão da serra
Ontem, à noite, eu vi a minha serra,
Como uma virgem, trêmula, contrita,
Recebendo de Deus daqui da terra,
Uma hóstia do céu, hóstia bendita.

Como foi para vê-la assim? De neves
Era o véu transparente, que a cobria,
Vendo-se aqui e ali negros tons leves
Do negro que do verde aparecia.

Tons negros, talvez restos, que os comparo,
De alguma nuvem tôrva esfacelada
Por Deus, que só queria o céu bem claro,
Porque ia dar a hóstia consagrada!

O cafeeiral, que rebentava em flôres,
A grinalda na fronte lhe brotava;
E o frio, rebento dos temores,
No seu íntimo o frio rebentava!

Assim a natureza era o sacrário,
De onde Deus dava a comunhão radiosa
A serra! E era o Céu o grande hostiário
E era a lua, a hóstia luminosa.

E digam que eu não vi a minha serra,
Como uma virgem, de grinalda e véu,
Recebendo de Deus, daqui da terra,
A hóstia luminosa lá do céu![118]

---
118 *Ibidem*, p. 198-9.

Edigar de Alencar chegou a apontar que Quintino Cunha recebeu por essa e outras letras o título de "artista do povo". Mas como e por quem esta alcunha lhe foi dada? Teria Quintino Cunha intenção de recebê-la? Essas e outras questões formam um debate intrigante que vão culminar novamente em torno das apropriações forçadas que alguns intelectuais e artistas fizeram do que eles denominavam por popular. Ao nomear suas poesias e modinhas como populares, Quintino Cunha mostra que usava o seu poder de triagem, separação, na tentativa de "extrair" um conteúdo rico, mas feito rusticamente, concebendo em seguida uma nova "roupagem" mais elaborada. Alencar e Azevedo mostram duas versões de Quintino Cunha: o primeiro mais ligado à boemia e seus amigos de farra, Raimundo Ramos, Virgílio Brandão e Amadeu Xavier de Castro; já o segundo aponta que Quintino Cunha não costumava "flertar" com o estilo de vida dos grupos empobrecidos, preferindo conviver com desembargadores e deputados nos cafés da cidade. Abaixo, uma foto de Quintino Cunha:

IMAGEM 12 - Foto de Quintino Cunha - Arquivo Nirez.

Acredita-se que tal popularidade de *Comunhão da serra* deu-se pela identificação do público receptor com o ambiente serrano. Muitos dos ouvintes dessa modinha tiveram que migrar do interior para a capital e a música, nesse caso, foi uma forma de recordar o passado. Quintino Cunha seguiu a mesma linha em outras composições musicadas pelos parceiros Mamede Cirino e Manuel Cândido. O primeiro criou a melodia para o *schottisch Encontro das águas*, enquanto o segundo musicou a modinha *Vais?*. Mamede Cirino de Lima dividia suas atividades como instrumentista amador, compositor e cirurgião dentista.

Formou-se na Faculdade de Medicina da Bahia, além de ter sido catedrático da Faculdade de Farmácia e Odontologia, de que foi um dos fundadores.

Diferente de João Quintino, que tocava música ao violão de forma amadora, Mamede Cirino se enveredou para a profissionalização, estudando instrumentos de cordas como o violino e o violoncelo. No entanto, em nenhum momento, mostrou aversão aos instrumentos que se tornaram populares em seguimentos sociais mais modestos, pois, segundo Alencar, chegou até a manejar o rabecão, o violão, o cavaquinho e o bandolim. O músico-médico chegou a participar de conjuntos orquestrais em Fortaleza como contrabaixista, ganhando em 1949 a cátedra do instrumento na Escola de Música Carlos Gomes.

Como compositor, Mamede Cirino foi autor de duzentas composições entre marchas, choros, sambas, gavotas, quadrilhas, serenatas, *schottisch*, polcas, prelúdios e valsas, sendo destaque neste último gênero. Quintino Cunha influenciou outros de seu tempo como Theodósio Freire, Diva Câmera e Joubert de Carvalho. No entanto, os mais próximos, como Virgílio Brandão, enveredaram por outros caminhos musicais ligados, sobretudo, às práticas musicais francesas. Virgílio Brandão foi um poeta e compositor inusitado, pois chegou a colocar no lugar de uma gravata, cadarços de amarrar sapatos. Embora mostrasse ousadia, não tinha o mesmo humor do seu amigo Quintino Cunha e isso aparecia em suas músicas. Otacílio aponta que Virgílio tinha mania por estrangeirismo, pois suas letras logo foram convertidas por ele mesmo ao francês, inglês e espanhol. Sua preferência por gêneros musicais europeus fica evidente na escolha da melodia e ritmo de suas músicas, como a modinha ao piano *Creusa* e esta quadrilha francesa: "Que vale a existência incerta, o sonho, no mundo alado, se quando a gente desperta, a vida já tem passado".[119]

Já o caso de Theodósio Freyre foi bem diferente. Seguiu a linha de Quintino Cunha ao abordar o retorno ao campo e as atividades ligadas a ele. Sua marcha, *A apanhadeira de café*, foi, segundo Alencar, muito benquista pelo público receptor a ponto de chamá-la pela popularidade da música de *canção folclórica*. Mais uma vez a trajetória de vida do compositor e letrista explica suas inclinações. Theodósio Freyre nasceu no interior baiano, mas veio morar na sua juventude em Fortaleza para exercer o cargo de tesoureiro na Delegacia Fiscal, cargo este que abandonou depois de dez anos para voltar "às origens", entregando-se completamente às atividades agricultoras. O escapismo das zonas urbanas para as rurais estava presente nessa marcha, gênero que foi logo atrelado ao patriotismo:

---

[119] AZEVEDO, Otacílio. 1992. *Op. cit.*, p. 125.

IMAGEM 13 – Partitura Apanhadeira de Café – Cópia de Gilberto Petronillo.

Apanhadeira de café

A – Menina tu me dizes
Onde é tua morada?
B – Eu moro muito longe,
Muito longe da estrada.
A – Então, demora um pouco,
Que desejo de falar.
B – Meu senhor, eu moro longe,
Eu não posso demorar.

A – Não vás, não vás, não vás!
Não vás, não vás agora!
B – Eu vou, eu vou, eu vou!
Meu senhor, eu vou embora!
A – Não vás! Não vás! Não vás!
Que desejo te falar!...
B – Meu senhor, eu vou embora!...
Eu não posso demorar!

A – Menina? Tu és esquiva
Como a juriti do mato!...
Mas vou me transformar
Num famoso e belo gato!
Vou espreitar tua passagem,
Para dar salto seguro!...
B – Meu senhor! Perde seu tempo...
Que na frente tem um muro!

A – Hoje, lá no cafezal,
Carreguei o teu balaio!...
Fui subir um alto grande,
Escorreguei... quase caio!...
O balaio estava cheio

De frutas mui saborosas!...
B – Meu senhor? Não era o meu!...
Era o da Nhá tia Rosa!

A – Ó Iara! Espera um pouco!...
Por que vais assim a andar?
Senão digo a tia Rosa
Que tu sabes namorar...
B – É mentira! Eu não namoro.
Se quiser, pode ir contar!...
Meu senhor! Eu vou embora!
Eu não posso demorar!...

A – Vou fazer uma promessa,
Com fervor e muita fé,
Ao meu santo padroeiro
Que está lá em Canindé!
Prá abrandar teu coração;
E mudar tanto rigor!...
B – Meu senhor? Perde seu tempo!
Eu não quero, não saber![120]

    A letra *Apanhadeira de café* traz consigo expressões como *balaio*, *juriti*, *Nhá* (diminutivo de sinhá), entre outros. Theodósio Freyre pensou no público alvo ao trabalhar com esses aspectos e os ligados à religiosidade popular, adicionando figuras que são consideradas por alguns, como o padroeiro de Canindé, verdadeiros heróis do sertão. A pianista Diva Câmara e o compositor carioca Joubert de Carvalho também se voltaram às temáticas ligadas ao universo rural, com a finalidade de lograr êxito de público em suas apresentações nos teatros da cidade. Chegaram a escrever um tango com elementos misturados da música artística e rural, que foi intitulado *Casinha do roseiral*. No entanto, o maior sucesso deles, segundo Alencar, foi a modinha *Praias do Ceará*, que até hoje é cantada no interior.

---

[120] ALENCAR, Edigar. 1967. *Op. cit.*, p. 201.

A divulgação do violão por grandes músicos de renome, como Quincas Laranjeira, Sátiro Bilhar, Agustín Barros, Mozart Bicalho, Américo Jacomino e o próprio Catulo da Paixão Cearense, que tentou popularizar o instrumento, facilitou a sua entrada nas salas de concerto. Branca Rangel, por exemplo, escreveu a valsa *Ao violão*, em homenagem a um dos mais importantes violonistas brasileiros, o modinheiro Sátiro Bilhar.[121] Aos poucos o violão passava a "traduzir" os gêneros trazidos de fora para uma "linguagem" mais "abrasileirada", virando mais tarde um instrumento representante do Brasil.

Paurillo Barroso, pianista profissional, também mostrava desde os primeiros momentos que passou a compor, preocupações em unir elementos da música de concerto com a rural e, sobretudo, a negra com a finalidade de explorar os diálogos entre a raça e a nação. Basile aponta que o que chama a atenção nos acalantos de Paurillo é justamente a simplicidade de sua estrutura melódica, pois a extensão das mesmas concorda com as canções folclóricas. Em *Mãe Preta*, expressa o carinho de uma mãe de leite que canta para seu filho dormir. No entanto, chama a atenção a forma como Paurillo escreveu a música, reproduzindo o modo de falar da ama de leite.[122]

---

[121] Essa informação se encontra no artigo "Música Popular no enfoque", de autoria de Miguel Ângelo Azevedo (Nirez), filho de Otacílio de Azevedo. Cf.: CHAVES, Gylmar; VELOSO, Patrícia; CAPELO, Peregrina (orgs.) *Ah, Fortaleza!* Fortaleza: Terra da Luz Editorial, 2009.

[122] BASILE, Lucila Pereira da Silva. *Paurillo Barroso e a Música no Ceará*; 2002; Dissertação (Mestrado em Música) - Universidade Federal da Bahia – UFBA.

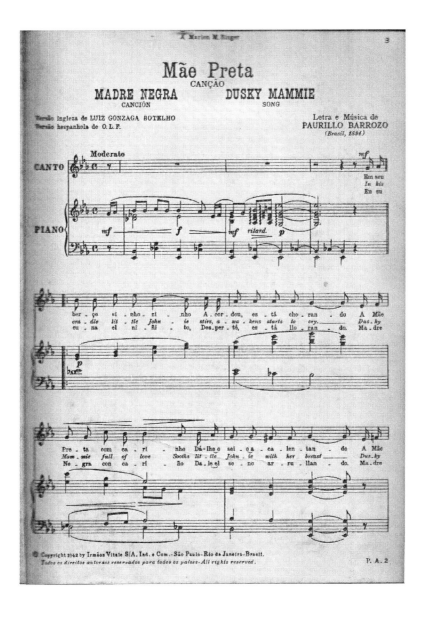

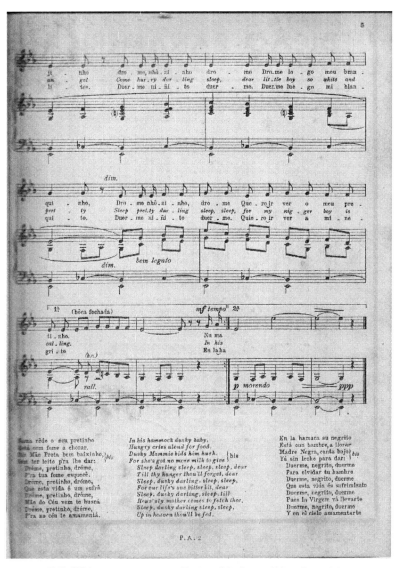

IMAGEM 14.1, 14.2, 14.3, 14.4 – Partitura Mãe Preta – Edição Panamérica.

Mãe Preta

Em seu berço sinhozinho,
Acordou está chorando,
A Mãe Preta com carinho
Dá-lhe o seio acalentando.

Drome sinhôzinho, drome,
Tão drumindo os passarinho.
Drome nhôzinho, drome,
Drome o sono dos anjinhos.
Drome logo meu branquinho
Quero ver o meu pretinho.
Numa rêde o seu pretinho
Está com fome a chorar.
Diz Mãe Preta bem baixinho
Sem ter leite pra lhe dar

Drome, pretinho, dróme,
Pra tua fome esquecê,
Que esta vida é um sofrê.
Drome, pretinho, drome,
Mãe do Céu vem te buscá
Drome, pretinho, drome,
Pra no céu te amamentá.[123]

Barão de Studart e Pedro Veríssimo, por exemplo, destacavam o viver musical ligado ao saber letrado. Músicos e compositores, muitos deles profissionais, com cargos em orquestras, bandas militares ou, até mesmo, exímias pianistas como Branca Bilhar, Nadir Parente e Ester Salgado, apareciam nas biografias escritas pelos dois, como figuras a serem seguidas.[124] Simplício Delfino

---

[123] BASILE, Lucila P. S. *Paurillo Barroso e a música em Fortaleza: traços de uma Belle Époque Musical*. Dissertação (Mestrado). Programa de Pós-graduação em Música - Universidade Federal da Bahia, Salvador: Salvador. 2002.

[124] VERÍSSIMO, Pedro. 1954. *Op. cit.*

Montezuma também foi um dos citados. Ocupava muitos cargos, pois possuía a função de maestro, exercia atividades de magistério no Colégio Imaculada Conceição e ainda tocava violoncelo no Colégio Santa Cecília. Zacarias Gondim foi organista da Catedral da Igreja Coração de Jesus, professor de piano do Colégio Nossa Senhora de Lourdes e deu aulas particulares de harmonia e piano. Além disso, publicou *Traços ligeiros sobre a evolução da música no Brasil, especialmente no Ceará*. Luigi Maria Smido, que foi regente da Banda de Música do Batalhão de Segurança. E, por fim, Raimundo Donizetti Gondim, que foi pianista e compositor formado pelo Conservatório de Milão.[125]

Foram encontrados, também nesses relatos, casos de figuras que não se encaixavam no modelo de instrumentista esperado para executar peças do repertório que ficou conhecido depois como erudito. O pianista Pilombeta foi um deles. Este músico estava longe dos ideais musicais aspirados por alguns intelectuais da cidade. Segundo Azevedo, Pilombeta era um pianista de méritos assaz discutíveis, pois, apesar de tocar numa sala de cinema onde o público era constituído, em sua maioria, de gente de posse, sabia apenas meia-dúzia de valsas e maxixes, que eram "furiosa e desafinadamente mal tocados, assassinando desapiedosamente as partituras".[126]

Apesar de existirem algumas pianistas profissionais em nossa capital, acreditamos que a maioria era proibida pelas suas famílias de ficar em empregos noturnos. Além disso, muitas delas passavam longos períodos estudando fora do país. Talvez, por isso, Pilombeta tenha conseguido a vaga no Cinema Júlio Pinto, fazendo a tarefa de dedilhar alguns sons no piano durante as exibições de fitas europeias mudas. Otacílio de Azevedo comenta que, ao cumprir essa tarefa, o público o olhava com estranhamento, por ele ter unhas e mãos cumpridas e um ar de boêmio inveterado. Depois daquele extravasar violento da sua "arte esquisita", saía para os cafés noturnos, em cujas mesas ficava horas perdidas a tomar aguardente. Dali se levantava cambaleante, rua afora, ziguezagueando, pelas calçadas, varando a noite, em serenatas românticas.

No entanto, o Cinema Júlio Pinto também recebeu figuras que passaram a ter renome na cidade, por causa do seu desempenho ao piano. A negra Ambrosina Teodorico foi uma delas. Era "muito espevitada" e tinha outras irmãs pianistas: Emília e Antônia, que executavam perfeitamente um repertório vas-

---

125 STUDART, Guilherme. *Diccionario Bio-Bibliográphico Cearense*. Volume primeiro, segundo e terceiro. Typ. Minerva, 1915(Edição Fac-similar). Fortaleza: UFC, 1980.
126 AZEVEDO, Otacílio. 1992. *Op. cit.*, p. 165.

to no piano. Ambrosina foi a última atração musical contratada nesse cinema. Otacílio de Azevedo relata em uma de suas crônicas que a viu pela primeira vez sentada ao piano executando uma música apressada para uma fita em quatro partes. No entanto, estranhou a sua cor de pele escura. Apesar disso, Azevedo aponta que Ambrosina Teodorico era muito benquista, sobretudo por saber dedilhar as valsas e as músicas em voga prediletas do público. "No final de cada apresentação Ambrosina recebia palmas de seus fãs, que não eram poucos".

O caso de Rossini Silva também foi emblemático. Rossini ganhou fama dedilhando o seu violão com genialidade. "Ninguém como ele sabia arrancar do pinho as mais sentidas notas, acompanhar as mais difíceis partituras".[127] Ficou conhecido e foi muito requisitado por famílias ilustres nos bailes mais suntuosos da cidade, apesar de alguns indivíduos mais conservadores olharem o violão ainda com certa desconfiança. Rossini Silva não teve educação formal no instrumento, pois seu talento era proveniente do autodidatismo. Quando menino, ganhou o instrumento do seu pai e começou a tentar imitar os sons dos discos de 78 rpm dos intérpretes Mário Pinheiro, Eduardo Neves e Bahiano. Na adolescência, já conseguia acompanhar modinhas, tangos e chulas de Ernesto Nazaré e Zequinha de Abreu, tocando-os em festas de aniversário e serenatas à luz do luar.

Enfim, nos relatos de cronistas como Edigar de Alencar e Otacílio de Azevedo e de pesquisadores como Barão de Studart e Pedro Veríssimo, fica evidente as transformações que ocorreram no viver musical da cidade, bem como na música que estava sendo feita no período. O limite entre o amadorismo e o profissionalismo, o piano e o violão, o mundo letrado e oral, foi transposto nesse período. Porém, as trocas culturais não eram feitas sempre de maneira harmoniosa e multilateral. Alguns letrados não saiam do seu gabinete, mas viam o saber transmitido oralmente como um rico elemento para compor um cantar que nos singularizasse dos demais, enquanto outros não se importavam em dividir experiências através do ambiente de serestas com indivíduos dos mais diferentes extratos sociais. Os métodos para violão, flauta, piano, cavaquinho, que surgiram no mercado carioca também ajudaram na profissionalização de muitos músicos que não tinham condições financeiras de pagar aulas particulares ou em conservatórios.

O processo de invenção e consagração dos cantares cearenses não se deu sem conflitos, contradições e mediações das mais diversas, que, em linhas gerais,

---

127 *Ibidem*, p. 133-134.

acompanham a própria formação da nossa identidade e como toda identidade historicamente construída, muitos elementos foram excluídos, muitos foram esquecidos, muitos projetos foram agregados, formando um mosaico complexo que dispõe lado a lado diversos fatores culturais: o local, o universal, o nacional, o estrangeiro, o oral, o letrado, a tradição e a modernidade.[128]

---

[128] NAPOLITANO, Marcos. *A síncope das ideias: a questão da tradição na música popular brasileira*. São Paulo: Editora Fundação Perseu Abramo, 2007.

CAPÍTULO 2

VOZ E PIANO: MODINHA DE SALÃO E CULTURA RURAL NOS CANTARES DE ALBERTO NEPOMUCENO, BRANCA RANGEL E JUVENAL GALENO

Com a expansão e concorrência da cultura urbana surge no meio intelectual a preocupação de proteger e divulgar a cultura rural. Dessa forma, a música produzida no "norte", vai ganhando destaque nacionalmente por agregar no universo das sonoridades um projeto de canto com um sotaque que busca refletir e digerir um jeito singular de ver/sentir/falar do mundo. Mas como o conceito de cultura popular pode ser pensado a partir do canto acompanhado do piano de Alberto Nepomuceno e Branca Rangel, com letras de Juvenal Galeno?[1] Os personagens representados nessas músicas são aqueles que viveram em um tempo que antecede a emergência da sociedade urbano-industrial. São enfocados personagens ingênuos, simplórios, subservientes, embora destemidos e trabalhadores, que ainda viviam na velha ordem social do sertão, lidando com o gado ou com atividades artesanais.

De acordo com Mário de Andrade a modinha se dedicava geralmente aos temas amorosos: fosse uma exaltação, uma declaração à amada, um amor idealizado, puro, casto e às vezes, descrição do amor maternal e, muitas vezes, ligado à ideia de sofrimento, de impossibilidade da própria realização do amor. O lundu, embora também se dedicasse aos temas amorosos em grande medida, possuía uma abordagem diferenciada da modinha: aparecia referência ao jogo amoroso e à sedução; a exaltação à amada se referia não raro a belezas físicas, e havia exal-

---

[1] O músico e pesquisador Dante Pignatari, que analisou em sua tese de doutorado as canções de Alberto Nepomuceno, aponta que essa apropriação do folclore, com uma melodia agridoce cantada em português também era uma das características da modinha brasileira.

tação às mulatas e às morenas. Encontramos também outros assuntos: críticas sociais, pilhérias e zombarias.[2]

Porém, a pesquisadora Uliana Dias apontou que apesar de no Rio de Janeiro se perceber uma distinção temática que opõe os gêneros modinha e lundu, é possível encontrar lundus que se referiam ao amor de forma mais romântica como descrevemos com relação à modinha. Da mesma forma, encontra-se algumas modinhas, ainda que poucas, que se referem, de forma mais jocosa e irreverente, ao amor. Isto provavelmente se deve ao fato de que, primordialmente, e também cronologicamente, as canções são definidas como moda. Esse fenômeno ocorria não só com modinhas e lundus cariocas, mas também nas baianas, mineiras e cearenses.[3]

Em sua pesquisa feita nos fonogramas da Casa Edison, modinha, em finais do século XIX e início do XX, era praticamente sinônimo de qualquer canção, ou seja, uma poesia que ganhou uma linha melódica e acompanhamento harmônico através de variados instrumentos. Os recitativos, denominada uma poesia simplesmente declamada, acompanhada por canto ao piano, também era comumente chamada de modinha. Tinhorão também chega a conclusão por meio de pesquisas que a modinha podia significar qualquer um desses outros substantivos, inclusive, modinha, no sentido de canção que tem por tema o amor romântico. No próximo item é analisada a formação da modinha no Brasil, que foi bem mais do que um simples gênero musical.[4]

A Modinha brasileira e a busca de uma identidade sonora para a nação

A maior parte da historiografia sobre o gênero modinha surgiu no fim do século XIX e início do século XX, quando os estudiosos sobre o tema começaram a procurar na música luso-brasileira do século XVIII e XIX gêneros que sintetizassem a identidade sonora da nação a partir de uma música genuinamente brasileira, encontrada nos costumes de cada região e que fosse símbolo da confluência das diferentes etnias. Parte-se do pressuposto de que este discurso

---

2   ANDRADE, Mário de. *Ensaio sobre música brasileira*. São Paulo: Livraria Martins, 1972.

3   FERLIM, Uliana Dias Campos. *A polifonia das modinhas: Diversidade e tensões musicais no Rio de Janeiro na passagem do século XIX ao XX*. Campinas: Unicamp, 2006, 211p. Dissertação (Mestrado) – Programa de Pós Graduação em História Social, Instituto de Filosofia e Ciências Humanas, Universidade Estadual de Campinas, Campinas – SP, 2006.

4   TINHORÃO, José Ramos. 2011. Op. cit., p. 186.

sobre convergência racial foi construído e utilizado em momentos e contextos históricos diversos. No século XIX a ideia da contribuição das três raças no processo sociocultural do nosso país formou-se partir do surgimento do Instituto Histórico e Geográfico Brasileiro. O IHGB, que foi fundando em 1838, tinha como objetivo construir a História do Brasil. No entanto, essa escrita tinha uma maior apropriação da tradição europeia. Por esse motivo, a maioria das teses mostrava a influência do meio natural sobre o contato do branco com as duas outras matrizes brasileiras, o índio e o negro.

Na dissertação publicada pelo o IHGB em 1845, intitulada *Como se deve escrever a história do Brasil*,[5] Carl Friedrich von Martius (1794-1868) apresentou as primeiras discussões sobre a contribuição dessas três matrizes, sendo que os portugueses levavam vantagem sobre as outras duas por ter a energia necessária para fazer com que todos interagissem. Francisco Adolpho de Varnhagen (1816-1878) retomou essas ideias em sua tese intitulada *História Geral do Brasil*,[6] de 1855. Silvio Romero (1851-1914) também contribuiu com o seu livro *História da Literatura Brasileira*,[7] publicado em 1888.

Nos anos que antecederam e sucederam à proclamação da República, as discussões relacionadas com a unidade identitária para o Brasil estavam em alta. Para a construção de uma nação, deveria existir uma música que o povo se sentisse representado nela. Segundo Renato Ortiz, Silvio Romero foi um dos primeiros a articular em seus estudos sobre literatura, a noção de meio e a categoria de raça. Em sua visão, o Brasil ainda estava por ser inventado, ou seja, nosso passado ainda não havia produzido uma amálgama cultural suficientemente consistente para dar rosto a uma nação coesa, possuidora de uma unidade identitária. O cruzamento do branco europeu com o negro do litoral resultaria num processo de braqueamento racial e cultural, consolidando o verdadeiro brasileiro que propagaria o jeito de viver europeu nos trópicos.

Em relação ao meio, a vida provinciana do "norte", sobretudo do litoral, seria o lugar que resguardava a tradição e os costumes nacionais para Silvio Romero. Suas pesquisas relacionadas ao folclore imputavam à modinha do século XIX a música que representava a nascente nação brasileira. E não somen-

---

[5] MARTIUS, Karl Friedrich Philipp Von. *Como se deve escrever a historia do Brazil*. Revista do IHGB. 6:381-403, 1844; 2. ed. 389-411p.

[6] VARNHAGEN, Francisco Adolpho. *Historia Geral do Brazil, isto é, do descobrimento, colonisação, legislação e desenvolvimento deste Estado*. Rio de Janeiro: Laemmert; Madrid: Imprensa da V. de Dominguez, 1854.

[7] ROMERO, Silvio. 1953. *Op. cit*.

te isto, pois a modinha, devidamente folclorizada, retrataria uma absorção que acusava sua aceitação por parte das camadas populares, ou seja, sua porta de entrada no seio do povo, como dito acima, a síntese da nação.

Seguindo o caminho de Silvio Romero, Alexandre José de Mello Morais Filho (1844-1919), filho do deputado membro do IHGB Alexandre José de Mello Morais, também deu importância a miscigenação nos estudos sobre festas e tradições populares. Em seu livro publicado em 1901 pela editora Garnier, intitulado *Serenatas e Saraus*,[8] destacava a importância da modinha como gênero que trazia a marca da tradição folclórica do Brasil. Algumas dessas modinhas eram do mulato Domingos Caldas Barbosa, mas ele também fez questão de compilar as anônimas, que eram, segundo o autor, "fruto da criação popular".

Para Mello Morais Filho, a modinha e o lundu foram forças aglutinadoras entre brancos e negros necessárias para o desenvolvimento da identidade sonora da nação. No entanto, o autor acreditava que a verdadeira música nascia no "norte", especialmente na Bahia, fruto das tradições orais do povo, mas na cidade do Rio de Janeiro ela era deturpada. Nesse período, o Romantismo estava em alta e seus seguidores apontavam que a identidade nacional estava longe dos centros urbanos.[9]

Serenatas e saraus foi expansão da obra de Joaquim Noberto de Sousa Silva intitulada *A cantora brasileira*,[10] cuja coletânea apresentava variadas modinhas, lundus, valsas, choros e etc., foi publicada em 1871 também pela editora Ganier. Joaquim Noberto foi poeta, historiador membro do IHGB e autor da primeira geração de românticos. Trinta anos antes da publicação de *Serenatas e Saraus*, *A cantora brasileira* já apresentava a preocupação em se pensar a construção do nacionalismo na música. Na descrição das modinhas coletadas, ficou evidente o traço do Romantismo. O tema do amor é dominante, geralmente acompanhado de sofrimentos, um amor impossível ou platônico. Também é comum a referência à natureza, seja para enaltecer a beleza feminina, seja para dizer da nação.

Na introdução do livro *A cantora brasileira*, Joaquim Noberto afirma que o brasileiro é um povo talentoso musicalmente, apesar das simplicidades de suas

---

8   MORAES FILHO, Mello (Org.) *Serenatas e saraus*. Coleção de autos populares, lundus, recitativos, modinhas, duetos, serenatas, barcarolas e outras produções brasileiras antigas e modernas. Rio de Janeiro: H. Garnier Livreiro-Editor, 1901, 3 volumes.
9   FERLIM, Uliana Dias Campos. 2006. *Op. cit.*
10 SILVA, Joaquim Norberto Souza (Org.) *A cantora brasileira*. Nova colleção de hymnos, canções e lundus – tanto amorosos como sentimentais precedidos de algumas reflexões sobre a música no Brazil, Rio de Janeiro: Garnier, 1878.

expressões. Através dos relatos de viajantes e estudiosos do tema, ele imputou a origem popular e portuguesa da modinha, que teriam sabiamente sido conservadas pelos brasileiros, elevadas posteriormente a verdadeiras árias operísticas. Para Joaquim Norberto, ideias como conservação da pureza e tradição estão ligadas ao universo "primitivo" dos "negociantes e colonos" portugueses no Brasil. Sua hipótese era a de que havia um caráter específico que define a produção nacional, que seria "simples", porque advém do "povo" e "nobre", porque se elevou a patamares de desenvolvimento estético passíveis de competição com as árias italianas. Conforme as palavras de Stafford destacadas por Joaquim Noberto:

> O povo português possui um grande número de árias lindíssimas e de uma grande antiguidade. Estas árias nacionais são os *lundus e as modinhas*. Estas em nada se parecem com as árias das outras nações, a modulação é absolutamente original. As melodias portuguesas simples [sic], nobres e muito expressivas. (grifos no original).[11]

Ainda no século XIX, Pedro da Silva Quaresma[12] organizou e publicou em sua Livraria do Povo, que, diferente da Garnier e Laemmert possuía livros a preços populares, coletâneas das modinhas de compositores famosos. Eduardo das Neves (1874-1919) e Catulo da Paixão Cearense (1863-1946) tiveram algumas obras publicadas. O último editou suas modinhas ao violão, tendo a intenção que elas estivessem na boca do povo. A preocupação de Catulo era a de projetar o caboclo, o mesmo eleito por Euclides da Cunha, e trazer a cultura popular dos sertões para os centros urbanos, enfatizando que essas tradições eram a verdadeira identidade da nação. A maioria dos cancioneiros que tinham suas obras editadas por Quaresma era bem diferente de Silvio Romero, Mello Morais e Joaquim Noberto, pois eram negros e pobres.

Já no século XX, esse pensamento foi se modulando nas teses sobre mestiçagem de escritores como Caio Prado Júnior (1907-1990),[13] Sérgio Buarque de

---

[11] Stafford, História da Música. apud *A cantora brasileira. Op. cit.*, volume II, prefácio de Joaquim Norberto de Sousa Silva, p. III.

[12] Em 1879, Pedro da Silva Quaresma comprou de Serafim José Alves a Livraria do Povo, que por algum tempo ficou com o antigo nome, mas acabou mudando para Livraria Quaresma. Quaresma conquistou a população comum, pouco letrada, ignorada pelas demais editoras, oferecendo-lhes livros de leitura fácil, de formato reduzido (o atual *pocket book*), com preço acessível, caracterizando as Edições Quaresma. Estas edições formavam várias coleções, que eram acessíveis a todos os cantos do Brasil.

[13] JÚNIOR, Caio Prado. *História econômica do Brasil*. São Paulo: Brasiliense, 1961.

Holanda (1902-1982)[14] e Gilberto Freyre (1900-1987), cujas ideias, sobretudo em *Casa Grande & Senzala*,[15] influenciaram as pesquisas sobre música brasileira de Mário de Andrade (1893-1945), Baptista Siqueira (1906-1992), Mozart de Araújo (1904-1988) e Edilson de Lima. Gilberto Freyre foi responsável pela valorização do brasileiro, sobretudo em terras estrangeiras, pois passava a mostrar para o mundo a força e criatividade do homem mestiço. No entanto, essa confluência democrática racial não ocorreu de forma passiva, mas estimulou esses escritores a procurarem gêneros musicais que simbolizassem a união das raças que dava o tom "genuinamente brasileiro".

Nessa busca pelas matrizes da música popular brasileira, imputou-se à modinha, uma canção que tem como tema primordial o amor romântico, uma origem branca, nobre e europeia; sendo a sua maior contribuição o primado da melodia. E ao lundu uma origem negra e popular, um batuque de escravos e libertos que teria evoluído e se transformado em canção, chegando ao gosto das elites no final do século XIX; tendo no primado do ritmo sincopado quando misturado com a modinha, algo que singularizou e diferenciou a nossa música das demais. Essa mistura entre gêneros revelaria um processo cultural convergente, onde o mestiço representaria o caráter nacional e popular da música produzida no Brasil.[16]

A maioria das teses explicativas sobre os gêneros modinha e lundu se baseia em registros de viajantes, em partituras encontradas na Biblioteca Nacional Brasileira e na Biblioteca da Ajuda de Lisboa e nos relatos orais que foram catalogados ao longo do tempo. Mário de Andrade, por exemplo, apresenta em seu livro *Modinhas Imperiais*,[17] publicado em 1930, a proveniência "erudita europeia da modinha". Aponta também que o gênero passou a ser logo em seguida apreciado nas camadas populares e por ter adentrado no universo da oralidade e ter vinculado algumas de suas letras com temas relacionados ao meio, à unidade racial e à cultura, acabou se folclorizando e definindo a "alma do povo", sendo marca da "expressão nacional".

---

14 HOLANDA, Sérgio Buarque de. *Raízes do Brasil*. 26ª ed. São Paulo: Companhia das Letras, 1995.
15 FREYRE, Gilberto. *Casa grande & senzala: formação da família brasileira sob o regime da economia patriarcal*. 50ª ed. revista. São Paulo: Global, 2005.
16 Os estudos que tomam como base esse argumento são os de Mário de Andrade, Baptista Siqueira, Mozart de Araújo, Bruno Kiefer, Edilson de Lima e Tinhorão.
17 ANDRADE, Mário de. *Modinhas imperiais*. Belo Horizonte: Itatiaia, 1980.

Baptista Siqueira no livro *Modinhas do Passado: cultura, folclore, música*,[18] editado em 1956, traçou um caminho semelhante ao de Mário de Andrade quando buscou capturar o gênero modinha na tradição oral e o analisou sob a influência do clima, do meio e da raça. No entanto, as modinhas imperiais a voz e piano que foram coletadas e apontadas como símbolos da nacionalidade por Mário de Andrade, eram, para Siqueira, uma cópia da ária da ópera portuguesa e nada tinham de originais. A contribuição do ritmo sincopado do negro, junto com as improvisações violinísticas é que teria dado o tom singular da modinha brasileira.

Em sua tese sobre a gênese da modinha, Siqueira, assim como Mário de Andrade, apontou a diferença entre moda portuguesa, canção derivada do repertório de xácaras, romances, seguidilhas e serranilhas; e modinha brasileira, fruto das escolas baiana e mineira, que teve o mulato carioca Domingos Caldas Barboza como o maior expoente, levando o gênero mestiço em pleno século XVIII para Portugal e encantando-os com tamanha inovação. Porém, alguns intelectuais desse período desprezaram Caldas Barbosa e suas composições, acusando-as de imorais e inadequadas. O seu maior rival foi o escritor Bocage.

O livro de Siqueira também era rico em detalhes sobre os diferentes tipos de modinhas que surgiram ao longo do tempo. Para ele, existiam modinhas bárdicas, árcades, estróficas e de salão. A forma estrutural das modinhas bárdicas era mais simples do que as demais, composta de 1ª estrofe, interlúdio, 2ª estrofe, interlúdio e 3ª estrofe. Silvio Romero a classificou como poesia popular, que se alastrou Brasil adentro, principalmente no período inicial da colonização. Estaria ligada a maneira de apresentar a contextura dos versos que se orientava pela lírica dos trovadores portugueses do século XVI.

O nome das modinhas árcades, por sua vez, estava ligado aos versos da Arcádia Ultramarina, que se constituiu no Brasil no fim do século XVIII, na escola mineira. Porém, as modinhas árcades não eram feitas exclusivamente por poetas mineiros. Elas se caracterizavam pela forma, e possuíam ligações estreitas com o Romantismo. Melo Morais Filho defendia que a modinha árcade era fruto da melodia italiana, pois elas apresentavam instabilidade formal, com flutuações morfológicas, comum nas árias operísticas. Na escola baiana a modinha árcade teria tomado um rumo diferente, adotando uma terceira seção de compasso ternário, deixando-a mais requintada.

---

18 SIQUEIRA, Baptista. 1979. *Op. cit.*

Já as modinhas estróficas constituíam-se como formas estáveis. Encontramos nas modinhas imperiais coletadas por Mário de Andrade exemplos dessa armadura estrófica que se caracterizavam por duas estrofes simples, quando não, seguidas de refrão ou trio. E, por último, a modinha de salão, que surgiu no século XVIII por meio de trovadores e bardos que musicavam versos de autores eruditos para em seguida, já na Arcádia Ultramarina, adentrar salões. É exemplo desse tipo de modinha as do padre José Maurício Nunes Garcia (1767-1830).

Dessas divisões surgiram outras que parecem estar ligadas mais a uma tentativa de separação de classes do que necessariamente qualidade da obra. Para Siqueira existiam modinhas eruditas, semieruditas e populares. Segundo ele, as modinhas nacionalistas nasciam semieruditas e viravam populares através dos trovadores de rua. Na verdade, por nacionalismo musical, Siqueira entendia que era uma espécie de remanejamento do material que veio da "arte popular" o qual, inserindo-se no "erudito", constituiria a verdadeira linguagem musical.

> Arrancar temas musicais semi-apagados e pô-los em evidência é, pelo menos, um fato que nos contenta intimamente. Plêiades de músicos focalizam os aspectos artísticos e os especialistas do folclore orientam as pesquisas científicas. O povo sem poder tomar parte salienta, oferece os mananciais de suas tradições seculares; as tendências artísticas mais antigas que as escolas científicas do folclore, se aproveitam das ideias surgidas para construir obras fundamentais do nacionalismo essencial.[19]

Em 1963, Mozart de Araújo publicou o livro *A modinha e o lundu no século XVIII*,[20] divulgando modinhas no estilo clássico[21] e não românticas, como as compiladas por Mário de Andrade, contribuindo na identificação de modinhas consideradas anônimas, mas que eram na verdade do brasileiro Domingos Caldas Barbosa. Segundo José Ramos Tinhorão, pesquisador do gênero, Araújo foi um dos primeiros a associar Domingos Caldas Barbosa a criação do gênero modinha e sua introdução na sociedade portuguesa. Em sua tese, Caldas

---

19 SIQUEIRA, Baptista. 1979. Op., cit., p.28.
20 ARAÚJO, Mozart. *A modinha e o lundu no século XVIII*. São Paulo: Ricordi, 1963.
21 Os últimos anos do século XVIII, denominado século das luzes, foram marcados na música pelo advento do classicismo. No centro das realizações do Iluminismo estava o homem, do qual a arte emanava e se dirigia. Essa estética tinha como características a busca pela racionalidade, claridade, simetria e equilíbrio. Era uma reação ao obscurantismo e a densidade polifônica do barroco. A acessibilidade também passa a ser um dos pontos chaves da música desse século e foi por isso que a simplicidade dos gêneros modinha e lundu conquistaram o público nesse período.

Barbosa teria levado o gênero à corte imperial de Portugal no final do século XVIII, donde ela teria inspirado compositores eruditos que teriam se apropriado dela, compositores estes que teriam mesmo chegado a "deturpá-la".

A "deturpação" que ele se referia era, na verdade, a descaracterização do gênero, que era tocando em ritmo sincopado na viola e passou a ser dedilhado no cravo e transformado em música instrumental de câmara. Para Araújo, esse tipo de modinha era artificial e prejudicial, pois descaracterizava os elementos sonoros identificadores da nação brasileira. Sua definição de modinha e lundu é confusa, compartilhado também pelo escritor Silvio Romero, que dizia que existiam modinhas de duas espécies: a dos lundus e as leves produções dos nossos melhores líricos, postas em solfa por músicos de talento. Araújo afirma que o termo moda surgiu relacionado à tendência de se tocar lundu. Quando retornou ao Brasil, o costume herdado pelos africanos de colocar nomes no diminutivo a renomearam *modinha*.

Segundo Araújo, o lundu só foi aceito nos salões "quando o perfumaram com cravo de tecla". Em sua tese, aponta que, no século XVIII, o lundu não poderia ser considerado nacional, pois ainda trazia consigo a dança lasciva africana. Teria sido a mestiçagem musical, ou seja, sua mistura com elementos da música europeia, transformando-o em "modinha", que o caracterizou como nacional. Em Portugal, os "compositores eruditos" não gostavam do termo "modinha" e preferiam se distinguir, nomeado de moda as suas canções de câmara. Ainda sobre a diversidade do gênero modinha, Araújo aponta que existia uma variação grande na estrutura rítmica e estrófica delas. Longe de se fixar em uma forma definitiva, a modinha adquiriu o caráter de canção sentimental, mas sem esquema formal definitivo.

Em 1968, Gerard Béhague publicou os manuscritos *Modinhas* (1595) e *Modinhas do Brasil* (1596).[22] Na primeira coletânea Béhague descreveu o que seria a modinha tipicamente portuguesa: dois sopranos em terça e, às vezes, sextas paralelas, acompanhamento de cravo, neste caso, quase sempre dobrando as vozes. Descreveu ainda como seriam as modinhas e lundus tipicamente brasileiros: também efetuados para dois sopranos, com acompanhamento disposto em uma única linha, à guisa de baixo contínuo, presença da síncope em muitas das peças e poemas da tradição oral. Além disso, o autor identifica dois poemas de Domingos Caldas Barbosa que serviram de texto para um lundu e uma modinha.

---

22 BÉHAGUE, Gerard. *Biblioteca da Ajuda* (Lisbon) Mss. 1595/1596: Two Eighteenth-Century Anonymous Collections of Modinhas. In: Anuario, v. 4, 1968.

Em 1977, Bruno Kiefer publicou *A modinha e o lundu: Duas raízes da música popular brasileira*,[23] refazendo em sua tese o caminho trilhado por Araújo para a fundamentação da importância história dos dois gêneros. Para Kiefer, a modinha e o lundu só eram símbolos da nação quando ligados à cultura da tradição oral, sobretudo a do campo. Diferente de Kiefer, Tinhorão apresenta a modinha como uma música popular urbana, que surgiu nas grandes cidades, sendo uma das expressões artísticas da classe média e do proletariado. Tinhorão dedicou várias obras ao estudo do gênero. Entre elas estão a *Música Popular: Um Tema em Debate*,[24] *História social da música popular brasileira* (1998),[25] *Domingos Caladas Barbosa: o poeta da viola, da modinha e do lundu* (2004)[26] e *As origens da Canção Urbana* (2011).[27]

Mário de Andrade, portanto, ao destacar a origem aristocrática e burguesa da modinha, somente a aceita por ter absorvido, ao longo de sua história, certa brasilidade advinda do clima, da geografia e da alimentação e também por adentrar a história da expressividade musical brasileira. Ramos Tinhorão, ao contrário, ao interpretar a modinha, e também o lundu, como autênticas expressões de uma nascente classe popular urbana em fins do século XVIII, atribui a estes gêneros verdadeiras posições de destaque na história da música popular, na vida social da época, justificando, inclusive, nossa musicalidade atual com base nessa tradição. No entanto, as pesquisas recentes apontam que a modinha e o lundu são gêneros que nascem da complexidade sociocultural da sociedade luso-brasileira na segunda metade do século XVIII, sendo associados ao processo de formação do Brasil como estado-nação, constituindo uma fase do estilo de canção praticado nessa época. No século XIX, a estética classicista deu lugar ao romantismo e a modinha se modificou com as necessidades requeridas pelo contexto histórico do período.

---

[23] KIEFER, Bruno. *A modinha e o lundu: duas raízes da música popular brasileira*. Porto Alegre: Editora Movimento, 1977.

[24] TINHORÃO, José Ramos. *Música popular: um tema em debate*. Rio de Janeiro: Editora Saga, 1966.

[25] Idem. *História social da música popular brasileira*. São Paulo: Editora 34, 1998.

[26] Idem. *Domingos Caldas Barbosa: o poeta da viola, da modinha e do lundu (1740-1800)*. São Paulo: Editora 34, 2004.

[27] Idem. 2011. Op. cit.

As influências do Romantismo na Modinha de Salão

A modinha de salão tem sua história intrinsecamente ligada à canção para piano e voz. A opereta e o *lied* alemão foram os dois gêneros que inspiraram a modinha de salão ao longo do século XVIII e XIX. De acordo com Grout, a ópera é um gênero artístico teatral que consiste em um drama encenado acompanhada de música, ou seja, composição dramática em que se combinam música instrumental e canto, com presença ou não de diálogo falado. Os cantores são acompanhados por um grupo musical, que em algumas óperas pode ser uma orquestra sinfônica completa. A ária é um trecho cantado da ópera por um solista ao piano que foi recortada dessa grande encenação por ser resumida e facilmente executada nos ambientes domésticos. As árias italianas leves, também chamadas de operetas, foram as mais comumente chamadas no Ceará de "modinhas de salão".

Já a canção é apontada por Grout como um gênero simples de execução doméstica, que surgiu nas ruas e foram compostas e publicadas em vários países. Cada vez mais o acompanhamento era escrito para instrumento de tecla, embora a guitarra fosse também usada. Muitas canções eram relativamente simples, usualmente silábicas, diatônicas e estróficas, com acompanhamento fácil o bastante para ser tocado pela própria cantora. Na França essas canções ficaram conhecidas como *romance*, na Inglaterra *ballad*, na Itália *arietta* e *canzoneta*. Na Espanha, também na passagem do setecentos para o oitocentos, surgiu a *seguidilla*, uma canção já valorizando tendências locais e que foi o ancestral do bolero. Na Alemanha, foram conhecidas como *lied*, e deviam ser "simples e expressivas", enquanto que no Brasil elas eram chamadas simplesmente de canções ou modinhas.[28]

Mário Vieira de Carvalho[29] aponta que o gosto pela ópera foi fomentado em pleno período de formação das nações, sendo um gênero que também despontou como elemento civilizador. Na Europa e depois no Brasil, buscou-se criar uma identidade sonora através de composições na língua pátria com formas musicais específicas. Na França, existia a *ópera-comique* e a grand ópera, na Itália a ópera-séria, ópera bufa e o bel canto e, na Alemanha do século XIX, predominou a ópera romântica ou drama-musical. Richard Wagner foi

---

28 GROUT, D. J & PALISCA, C. V. *História da Música Ocidental*. Lisboa: Gradiva, 2001.
29 CARVALHO, Mário Vieira de. *Razão e sentimento na comunicação musical: Estudos sobre a Dialéctica do Iluminismo*. Lisboa: Relógio d'Agua, 1999.

um dos compositores de ópera que mais se preocuparam com a questão do nacionalismo na música. Os temas de suas óperas refletiam os ideais do nacionalismo e da Escola Romântica. A ópera *O anel dos nibelungos*, por exemplo, trazia elementos das lendas alemãs e do folclore. Era também de costume dos compositores românticos e nacionalistas agregarem elementos da música tradicional do seu próprio país.

De acordo com Renato Ortiz, o Romantismo foi um movimento artístico, político e filosófico surgido nas últimas décadas do século XVIII na Europa, que perdurou por grande parte do século XIX. Caracterizou-se como uma visão de mundo contrária ao racionalismo e ao Iluminismo e buscou um nacionalismo que viria a consolidar os estados nacionais na Europa. Inicialmente apenas uma atitude, um estado de espírito, mas, em seguida o Romantismo tomou a forma de um movimento, e o espírito romântico passou a designar toda uma visão de mundo centrada no indivíduo.

Os autores românticos voltaram-se cada vez mais para si mesmos, retratando o drama humano, amores trágicos, ideais utópicos e desejos de escapismo. Se o século XVIII foi marcado pela objetividade, pelo Iluminismo e pela razão, o início do século XIX foi marcado pelo lirismo, pela subjetividade, pela emoção e pelo eu. No entanto, quando o Romantismo é somado à cultura popular a regra muda. Segundo Ortiz o impacto promovido pelo romantismo em relação à maior aceitação das manifestações populares foi de grande valia:

> Isto, paradoxalmente, vai afastá-lo inclusive dos próprios ideais românticos, valorizados pela consciência científica. O popular romantizado retoma inclinações como sensibilidade, espontaneidade, mas enquanto qualidades diluídas no anonimato da criação. Não é pois o indivíduo o ponto nodal, mas o coletivo. Por isso, para evitar possíveis dúvidas e associações impróprias, sublinho que na compreensão da problemática da cultura popular, nos deparamos com um determinado tipo de romantismo. Esta é a matriz, que será posteriormente reelaborada pelos estudiosos. [30]

Na estética artística, o Romantismo valorizou as forças criativas do indivíduo e da imaginação popular. Na música, desapareceram as relações de mecenato e o compositor tornou-se independente. No Romantismo existia uma oposição à arte equilibrada dos clássicos e se baseavam na inspiração fugaz

---

30   ORTIZ, Renato. 1992. *Op. cit.*, p. 18.

dos momentos fortes da vida subjetiva: na fé, no sonho, na paixão, na intuição, na saudade, no sentimento da natureza e na força das lendas nacionais. O Romantismo europeu foi dividido em três gerações. As características centrais da primeira geração foram o lirismo, o subjetivismo, o sonho de um lado, o exagero, a busca pelo exótico e pelo inóspito de outro. Também se destacavam o nacionalismo, fatos atribuídos à época medieval, a idealização do mundo e da mulher e a depressão por essa mesma idealização não se materializar, assim como a fuga da realidade e o escapismo. A mulher era uma musa, ela era amada e desejada, mas não era tocada.

Na segunda geração as características marcantes eram o pessimismo e gosto pela morte, religiosidade e naturalismo. A mulher era alcançada, mas a felicidade não era atingida. O naturalismo ficou evidente nos trabalhos de compositores europeus e brasileiros que estimavam a fuga das grandes cidades para o campo. O homem que habitava nesses lugares mais isolados era considerado ingênuo e por isso muito estimado. A terceira geração foi a fase de transição para outra corrente literária, o realismo, a qual denunciava os vícios e males da sociedade. Nele a mulher era idealizada e acessível.

O Brasil agregou algumas características do Romantismo europeu, mas outros elementos foram modificados. Em sua primeira fase, um grupo de jovens estudantes brasileiros em Paris, sob a orientação de Gonçalves Magalhães e de Manuel de Araújo Porto Alegre, iniciou um processo de renovação das letras, influenciados por Almeida Garrett e pela leitura dos românticos franceses. Nesse movimento, valorizavam o nacionalismo e a liberdade, sentimentos que se ajustavam ao espírito de um país que acabava de se tornar uma nação rompendo com o domínio colonial.

Destacou-se também a tentativa de diferenciar o movimento das origens europeias e adaptá-lo, de maneira nacionalista, à natureza exótica e ao passado histórico brasileiros. Os primeiros românticos eram utópicos. Para criar "uma nova identidade nacional", buscavam suas bases no nativismo do período literário anterior, no elogio a terra e ao homem primitivo. Inspirados em Montaigne e Rousseau, idealizavam os índios como bons selvagens, cujos valores heroicos tomavam como modelo da "formação do povo brasileiro".

A segunda geração foi marcada pelo egocentrismo, ultrarromantismo com traços de sentimentos exagerados em relação ao amor e à morte, byronismo e o cultivo do estilo de vida voltado à boemia, a noite, aos vícios e prazeres da bebida, ao fim e sexo. Os intelectuais ligados à corrente de pensamento de Lord

Byron viam o mundo com egocentrismo, narcisismo e pessimismo. Também eram marcas dessa geração o desencanto, o tédio e a insatisfação perante a vida e, por isso, alguns tentavam fugir da realidade com ideias de morte. A mulher era idealizada e distante, vista como um "anjo inacessível", com quem o amor não se concretizava. Os intelectuais ligados à terceira geração tinham ideias abolicionistas, sendo muitos republicanos. Além disso, discutiam sobre a liberdade e o progresso do país. A mulher não era mais idealizada como na segunda geração.[31]

O grande nome do Romantismo da Literatura Brasileira foi Joé de Alencar. Autor de obras clássicos do indianismo como *O Guarani*, *Iracema* e *Ubirajara*, além de romances urbanos, como *A pata da gazela*, *Cinco minutos*, *Lucíola*. José de Alencar acreditava que sua obra indianista que afirmava se basear nas tradições orais recolhidas em sua terra, o Ceará, tinha mais valor histórico que as pesquisas de historiadores. Assim, a ficção era entendida como mais verdadeira que os cronistas, visão que se aproximava da formulação do Romantismo europeu, quais o documento escrito era a verdade absoluta.

Os movimentos atrelados à questão nacionalista e ao Romantismo marcaram a história da música decisivamente. Inicialmente, o germanismo passou a predominar entre os compositores europeus. Tal influência era marcada pela técnica e estética alemãs herdadas de Ludwig van Beethoven (1770-1827), Robert Schumann (1810-1856) e Johannes Brahms (1833-1897). O delineamento do nacionalismo, segundo Hans Kohn, é traçado em conjunto com a pretensão da superioridade cultural frente a outras culturas, bem como uma forma de demarcar o espaço territorial e respaldar os interesses econômicos. Assim, o sentimento nacional já nasceu sob a égide da rivalidade. Por outro lado, o nacionalismo convoca os indivíduos a ingressar na história e tomar conhecimento dos assuntos que interessam ao destino da nação. É neste momento que as representações de superioridade são despertadas, podendo se afirmar em convicções de ordem religiosa, política, econômica, cultural e mesmo musical.

Havia duas concepções de nação que eram debatidas na Europa do século XIX. De um lado, a voluntarista e ilustrada, mais política, apoiada na tradição revolucionária francesa e nas ideias de "contrato social" e "soberania popular" de Jean-Jacques Rousseau, mais identificada com os ideais democráticos. De outro, uma concepção cultural, naturalista e conservadora, apoiada no romantismo alemão e na ideia de *Volksgeist* de Johann Gottfried Herder (1744-1803). O "voluntarismo" serviu ao movimento de unificação política italiana, por exemplo,

---

31 CITELLI, Adilson. *Romantismo*. São Paulo: Ática, 1986.

baseando-se na realização de plebiscitos, nos quais a "vontade popular" de construir uma unidade nacional se manifestava. Já os "naturalistas" se baseavam em características como "raça" e "solo", somando-se a isso elementos culturais como a língua e os costumes. Esse determinismo geográfico e biológico desse tipo de representação da "nação" negava a liberdade de escolha e traduzia-se em práticas políticas autoritárias.

Essa última corrente de pensamento influenciou a produção musical de compositores que se autodenominavam nacionalistas. Em meados do século XIX, compositores de outros países, particularmente da Rússia, da Boêmia (futura província da Tchecoslováquia) e da Noruega, começaram a sentir a necessidade de se libertar dessas influências e descobrir um estilo musical que lhes fosse próprio. Um compositor é considerado "nacionalista" quando visa deliberadamente expressar, em sua música, fortes sentimentos por seu país, ou quando, de certo modo, nela imprime um caráter distintivo através do qual sua nacionalidade se torna facilmente identificável. Os principais meios por ele utilizados para atingir tais objetivos são o uso de melodias e ritmos do folclore de seu país e o emprego de cenas tiradas do dia a dia, das lendas e histórias de sua terra, como base para suas obras.

Na Rússia, um grupo de compositores se destacou. Era o Grupo dos Cinco, formado por Mily Balakirev (1837-1910), Aleksandr Borodin (1833-1887), Cesar Cui (1835-1918), Modest Mussorgsky (1839-1881) e Nikolai Rimsky-Korsakov (1844-1908). Na Boêmia, Bedřich Smetana (1824-1884) também foi atingido pela febre nacionalista, manifestada, sobretudo em sua ópera *A Noiva Vendida*, inspirada na vida campestre tcheca. Já na Noruega, destacava-se um compositor de educação musical alemã, mas que logo aderiu à causa nacionalista, tratava-se de Edvard Grieg.

Edvard Hagerup Grieg nasceu em Bergen, Noruega, no dia 15 de junho de 1843 e faleceu na mesma cidade em 4 de setembro de 1907. Entre 1858 e 1862 Grieg estudou piano, teoria musical e composição no Conservatório de Música em Leipzig, Alemanha. Morou de 1863 a 1865 em Copenhagen, onde, em 1867, casou-se com sua prima Nina Hagerup (1845-1935), cantora excepcionalmente talentosa, que se tornou a inspiração e intérprete ideal para suas canções. Grieg residiu de 1866 a 1874 na capital norueguesa, Oslo, onde foi um dos co-fundadores da Academia de Música. Em 1871, após uma temporada em Roma entre 1869-70, com apoio de Franz Liszt (1811-1886), fundou uma sociedade de concerto, Musikforeningen, e tornou-se o primeiro maestro dessa instituição. Em 1874 ganhou uma bolsa anual para artistas do Stortinget (a assembleia nacional norueguesa) e, três anos depois, mudou-se para Lofthus no fiorde de Hardanger, onde morou por alguns anos. Foi maestro da Harmonien Music Society em Bergen, de 1880-82. Passou seus últimos anos de vida entre seu país e o exterior.

Em 1864, após conhecer o nacionalista norueguês Rikard Nordraak, compositor do atual hino nacional da Noruega, seguiu uma nova corrente estilística de inspiração folclórica. As fontes folclóricas norueguesas passaram a ser parte essencial de sua obra, tornando-se Grieg um dos grandes expoentes da música nacionalista. Apesar de ter sido educado musicalmente na Alemanha, tornou-se ferrenho crítico do domínio musical que este país exercera em toda Europa, defendendo a libertação e o desenvolvimento das escolas nacionais na Europa e, até mesmo, fora dela. Apesar da influência alemã, que não deixou de contribuir em sua obra, sua principal fonte, que marca toda a sua música, são as danças populares norueguesas, manifestando-se principalmente nas inflexões modais da melodia e da harmonia como, por exemplo, o modo lídio, o modo eólio e a alternância entre a terça maior e menor, além dos baixos de bordão frequentes, sugeridos pelos antigos instrumentos de cordas noruegueses.[32]

No Brasil, a ópera também estava ligada ao movimento nacionalista musical. Um dos maiores expoentes do gênero operístico foi Carlos Gomes, com a ópera adaptada do romance de José de Alencar *O Guarani*. Apesar das marcas do indianismo na obra, Carlos Gomes usava ainda a língua italiana por acreditar que o português seria estranhado pelo público. O primeiro manuscrito encontrado no Ceará pela equipe liderada pela Professora de música Inez Beatriz Martins, foi do compositor Carlos Gomes, intitulada *Ao Ceará Livre*,[33] peça pertencente ao acervo da Banda de Música da Polícia Militar do Ceará composta em 1884 e encomendada quatro dias antes da abolição da escravidão no Ceará pelo próprio imperador Dom Pedro II. Carlos Gomes fez tanto sucesso no Ceará que em 1938 Edgar Nunes abriu um conservatório que levou o nome do compositor em homenagem.

No entanto, um dos primeiros compositores que ficou conhecido por utilizar o idioma português em suas músicas foi Alberto Nepomuceno, que teve grande influência de Grieg. Para Nepomuceno, uma nação em construção merecia uma música que unisse os elementos da raça, do meio e dos costumes

---

32 GROUT, D. J & PALISCA, C. V. 2001. *Op. cit.*

33 GOMES, Carlos. *Ao Ceará Livre*. Marcha Popular. Fortaleza: Cópia de Pedro Domingos, 1884.

para identificá-la entre as demais. Por esse motivo Nepomuceno, juntamente com Brasílio Itiberê e Alexandre Levy incorporaram motivos populares sobre a música denominada ainda naquela época como "artística". Segundo José D'Assunção Barros, temas e ritmos indígenas e africanos estavam sempre presentes na produção desses compositores. Brasílio Itiberê compôs a *Suíte Litúrgica Negra*, que possuía três movimentos: *Xangô*, *Ogum* e *Protetor Exu*, sendo um dos pioneiros na utilização de materiais provenientes da Umbanda e Candomblé. Alexandre Levy apresentou sua *Suíte Brasileira* com um movimento denominado *Samba*. E finalmente Alberto Nepomuceno criou a *Série Brasileira*, apresentando movimentos como *O Batuque* e *O Garatuja*, esta escrita a partir do texto de José de Alencar.[34]

No Brasil, após sua independência política, intensos esforços foram feitos no sentido de favorecer sua autoafirmação como nação emancipada. Dessa forma, o país assistiu à construção de um projeto *civilizador*, favorecido pelo Imperador Pedro II, em busca de uma identidade propriamente nacional. A fundação do Instituto Histórico e Geográfico Brasileiro, em 1838, sinaliza esse projeto. O IHGB, constituído por intelectuais e homens de letras, sob o apoio financeiro e pessoal do Imperador, propõe-se a investigar e a traçar a gênese da nacionalidade através da produção de uma historiografia e de uma literatura feitas por brasileiros.

Essa produção, na verdade, tratava-se de uma visão elitizada do país, ressaltando a continuidade europeia no Brasil. Segundo Manoel Luis Salgado Guimarães, tratava-se de um paradoxo que permeava o século XIX, pois a independência política brasileira em relação a Portugal se misturava a sua admissão como contribuição civilizadora na formação do Brasil. Em relação aos índios e negros, estes eram abordados com reservas pelo IHGB e pela literatura que então se anunciavam inauguradoras da recente nação independente. Índios e negros eram consideradas "raças" degradadas, porém não tiveram o mesmo tratamento. O índio, por meio de sua qualidade de habitante original do país, e sob a interpretação romântica característica, ganha estatuto de símbolo nacional. Já o negro, sob condição de escravo, é minimizado a uma "raça" bestializada, estrangeira, vinculada ao regime escravocrata.[35]

---

[34] BARROS, José D'Assunção. *Raízes da música brasileira*. São Paulo: Hucitec, 2011.
[35] GUIMARÃES, Manoel Luiz Salgado (Org). *Estudos sobre a escrita da história*. Rio de Janeiro. Ed. 7Letras, 2006.

O indianismo romântico, antes mesmo da repercussão do ideário cientificista em torno do folclore e sua importância para a identidade nacional, esboçou o despertar das atenções para uma associação entre o sentimento nativista e as tradições culturais transmitidas oralmente. Na segunda metade do século XIX evidencia-se um relevante movimento sobre as raízes da nacionalidade, na tentativa de definição e estudo da *cultura popular*. Apoiados no Romantismo alemão, preocupados com a urgência de encontrar elementos que representassem a nação, contrapondo-se à influência política e cultural portuguesa, os intelectuais da época criaram uma ideia de popular como algo ingênuo e anônimo que chamavam de *alma nacional*. Com o advento da república e a difusão do positivismo, muitos pensadores brasileiros aderiram às ideias cientificistas, apresentando-se como cientistas e iniciando um movimento de antagonismo ao projeto cultural vigente de identidade nacional.

Já o caso da apropriação da opereta no Brasil foi motivo de muitas discussões de intelectuais das grandes cidades. A opereta surgiu da *ópera-comique* francesa e se popularizou em pleno século XIX. Esse gênero leve foi tocado em várias línguas e, no Brasil, as operetas italianas eram mais consumidas. A historiografia especializada do período indica que os músicos de lugares como o Rio de Janeiro, Bahia e Ceará interpretavam frequentemente em reuniões familiares as operetas italianas mais conhecidas. Essa frequência na execução de operetas era vista por alguns, sobretudo alguns membros da Padaria Espiritual, como um estrangeirismo exacerbado, num momento em que o Brasil deveria mostrar uma música própria.

O Nacionalismo musical estava intrinsecamente ligado ao Romantismo e o *lied* alemão, assim como a ópera, representou essas duas tendências. No entanto, o *lied* alemão cruzou um caminho diferente ao da ópera e ao da opereta, pois era um gênero de canção folclórica popular que nasceu da prosperidade urbana do século XVI e era usada para expressar geralmente sentimentos românticos. Entre os séculos XVIII e XIX, compositores vinculados ao Romantismo e preocupados com as questões nacionais incorporaram melodias rebuscadas nos poemas folclóricos tradicionais. Franz Schubert foi um dos maiores propagadores dessa corrente. Ele dava em suas composições uma maior importância ao acompanhamento pianístico e, por causa disso, o *lied* alemão ganhou lugar como gênero e se difundiu por grande parte da Europa.

Franz Peter Schubert (1797-1828) era austríaco e um dos mais fecundos e inovadores compositores do Romantismo. De família bem humilde, passou a vida lutando contra doença e pobreza, dedicou sua vida à composição, que consagrou o gênero. Durante seu pouco tempo de vida, compôs mais de 600 canções, abordando todas as possíveis emoções e estados de alma. No *lied* de Schubert a relação do piano, da voz e da poesia se tornou mais complexa. Com o *lied*, a canção se transformou num gênero quase cênico em que a voz era personagem de uma sequência narrativa encenada em uma paisagem pianística. Guardadas as características culturais peculiares às respectivas nações, esse processo de sofisticação crescente que paulatinamente transformou gêneros estróficos mais populares em canção de arte se repetiu tanto na França como no Brasil.

O *lied* romântico reflete diretamente o renascimento da poesia lírica alemã, combinando os estilos e temas de outros gêneros, como a cantata e a ópera, com os da canção folclórica ou tradicional, para então reduzi-los em termos de voz e teclado. No mundo afro-luso-brasileiro, essas "singelas" canções foram denominadas genericamente de modinhas num primeiro momento; e lundu, assim que reconhecida a autonomia da canção com elementos tanto poéticos quanto musicais afro-brasileiros. O surgimento do *lied* também está ligado a Goethe e ao processo de reapropriação da poesia folclórica. Johann Gottfried von Herder cunhou o termo *Volkslied*, que significa canção popular. A fomentação do *lied* também ocorre no momento em que o piano passava por um processo de aperfeiçoamento e superava o cravo e a o clavicórdio em vendas. Isso ocorreu porque as possibilidades expressivas desse novo instrumento eram superiores.[36]

Segundo o pesquisador Jairo Severiano, o piano foi inventado em 1711 por Bartolomeu Cristofori, italiano de Pádua, que o chamou de "gravecembalo col piano e forte", nome depois simplificado para pianoforte ou simplesmente piano. A estranha denominação inicial, que significa "cravo com a faculdade de produzir sonoridades fracas e intensas", mostra que Cristofori não tinha a intenção de criar um novo instrumento e, sim, a de aperfeiçoar o cravo, que já fabricava. Acontece que os tais melhoramentos, que era a substituição das lamelas por martelos e a criação de abafadores, resultaram em vantagens tão evidentes, que o pianoforte logo despertaria o interesse de vários fabricantes, inclusive nos Estados Unidos. Assim, com seus aprimoramentos, ele chegaria ao século XIX como o mais completo dos instrumentos.

Foi Alfredo d'Escragnolle Taunay, o Visconde de Taunay, escritor consagrado e compositor, quem registrou a chegada dos primeiros pianos ao Brasil, na bagagem da Família Real. Segundo ele, esses instrumentos eram ingleses,

---

36 GROUT, D. J & PALISCA, C. V. 2001. *Op. cit.*

fabricados pela empresa Broadwood. Provavelmente, seriam exemplares de um modelo de seis oitavas, muito comum na época. Os modernos têm, geralmente, sete oitavas e um terço, 88 teclas. Os pianos foram os instrumentos mais utilizados na composição de modinhas de salão. Antes dele, o cravo e a *vihuela* tinham lugar reservado. Gerhard Dodeler aponta que as raízes da canção brasileira com acompanhamento de piano estão na modinha.

> Desligadas de qualquer esquema predeterminado, as modinhas, formadas usualmente por versos de oito ou de cinco sílabas, aparecem em várias formas literárias intituladas como Romance, Ária, Arietta, Lira, Hino etc.; como é lógico, os esquemas literários variam consoante a forma a que pertencem. Sob o ponto de vista formal, não há um critério único: encontramos canções com várias estrofes e estribilho, canções bipartidas, canções contínuas e até canções com a forma dacapo. Entretanto, há um aspecto característico no que se refere ao conteúdo, que apresenta constantemente desgostos de amor, saudades e cuidados à volta da pessoa amada.[37]

Segundo Mário de Andrade as modinhas de salão tiveram, desde a segunda metade do século XVIII, aceitação tamanha que dominariam a musicalidade burguesa de Brasil e Portugal. Encantou compositores, festas e impressores, "morrendo aos nossos pés republicanos com os últimos dias do Segundo Império". A modinha de salão foi influenciada, segundo Andrade, por vários outros gêneros e apelos raciais, sendo compostas no século XVIII para cravo ou *vilhuela* e, já no XIX, para piano e voz. Para Baptista Siqueira, a trajetória da modinha de salão foi diferente. Esse estilo de modinha teria surgido entre os trovadores e bardos que musicavam versos de autores eruditos, para em seguida, já na Arcádia Ultramarina entrar no espaço dos salões.[38]

No entanto, ambos concordavam que as modinhas de salão eram ininterruptos suspiros de amor, queixume inofensivo, denunciando raramente sentimentos de dor. Siqueira comenta que as modinhas de salão eram tocadas nos opulentos salões cariocas, em teatros e clubes. Exerciam uma intensa influência sobre o gosto do povo em virtude de seu prestígio social. Eram também chamadas de modinhas cultas e, para Siqueira, estavam longe das características

---

37 SEVERIANO, Jairo. *Uma história da música popular brasileira: Das origens à modernidade.* São Paulo: Editora 34, 2008, p. 231.

38 SIQUEIRA, Baptista. 1979. *Op. cit.*

próprias do nosso povo, sendo consideradas por ele como verdadeiras árias operísticas, escritas, muitas vezes, por autores estrangeiros que visitavam o Rio de Janeiro. Mário de Andrade também concordou que uma confusão foi feita entre a modinha de salão e as árias operísticas, mas, para ele, a influência europeia dava a qualidade e diferenciação da obra. No comentário abaixo, fica evidente essa confusão entre os dois gêneros:

> A coincidência da modinha de salão com os autores europeus melodramáticos do fim do século XVIII e início do seguinte, era mesmo excessivamente íntima. Nada mais natural porquê houve nesses tempos uma dulcificação, um modinhismo universal, de que Mendelssohn foi o clímax talentoso. Mesmo em terras longes a gente ás vezes dá de encontro com peças dêsse tempo que se diria Modinhas legítimas. A coincidência foi mesmo tão íntima que permitiu à transformação em Modinha duma infinidade de árias operísticas.[39]

Alguns artistas mais conservadores só concordavam em tocar modinhas de salão por causa dessa semelhança com as árias operísticas. As composições de José Maurício Nunes Garcia, Marcos Portugal, Francisco Manoel, Carlos Gomes, Ernesto Nazaré e Chiquinha Gonzaga eram mais aceitas e segundo Soriano o gênero dominou a corte de D. Maria I. Mas, apesar dessas semelhanças com outros gêneros, sobretudo com as árias operísticas, Mario de Andrade percebia uma particularidade na modinha de salão brasileira em relação às outras, apesar de tanta influência europeia.

> Por tudo isso a gente percebe o quanto a nossa modinha de sação se ageitava (sic) á melódica europea e se nacionalisava (sic) nela e apesar dela. Só mesmo um sonho de mocidade excessiva permitiria a Oliveira Lima afirmar que os ameríndios imprimiram á modinha "boa parte do lascivo encanto e sedução irresistível que encerram essas árias". Embora ele tome o cuidado de especificar que isso veio por cruzamento de raças "muito mais do que por influência direta" não já por onde se aceite essa opinião. A modinha se originou só do formulário melódico europeu. A sensualidade mole, a doçura, a banalidade que lhe é própria (e que também coincidia com um estado de espírito e de arte universal no tempo, como já indiquei) só lhe poude provir da geografia, do clima, da alimen-

---

39 ANDRADE, Mário de. 1980. *Op. cit.*, p. 6.

tação. É prova disso que a ela se adaptavam muito bem os estrangeiros parando aqui.[40]

Mário de Andrade acreditava que a naturalização da modinha em gênero brasileiro se deu com elementos europeus que, apesar de externos, definiam a nossa gente. No entanto, outros especialistas no tema, como José Ramos Tinhorão, apontam que os elementos que diferenciavam as modinhas brasileiras das demais era a influência da música negra, sobretudo do ritmo, apesar de não negar a predominância dos elementos da música europeia na formação delas. Na verdade, foi o compositor Alberto Nepomuceno um dos primeiros responsáveis pela utilização do ritmo negro nessas canções genericamente denominadas modinhas de salão.

Após o Segundo Império, as modinhas de salão não "morreram", como assim imaginou Mário de Andrade. Elas apenas se transformaram nas mãos de compositores que se influenciaram pelo *lied* alemão. No entanto, não se deve pensar que as modinhas semelhantes às árias operísticas pararam de ser executadas. Na verdade, existiu uma diminuição na produção delas, mas elas conviveram com as "novas" até o início do século XX. Luiz Heitor Correia de Azevedo aponta que o grande responsável pelo surgimento da modinha de salão ligado ao *lied* alemão foi o compositor Alberto Nepomuceno.

As "canções de arte" se caracterizavam pela simplicidade das letras, retiradas muitas das vezes dos costumes locais e acompanhamento pianístico mais complexo, deixando de ser uma simples moldura harmônica do canto para intervir diretamente na formação do ambiente sonoro sugerido pela poesia. Alberto Nepomuceno também foi o primeiro a compor canções camerísticas a partir de textos em português. Já em seu primeiro concerto, em 1895, ele apresentou quatro canções em vernáculo. Continuou levando para a música textos de grandes poetas brasileiros.

---

40 *Ibidem*, p. 7.

Alberto Nepomuceno, Branca Rangel e Juvenal Galeno: trajetórias cruzadas nas salas de concerto de Fortaleza

Os percursos realizados nas salas de concerto por esses artistas se cruzam com as mudanças ocorridas na modinha cearense ao longo do tempo. De acordo com Barão de Studart, Alberto Nepomuceno nasceu em Fortaleza no dia 6 de julho de 1864. Seus pais chamavam-se Victor Augusto Nepomuceno e Maria Virginia Nepomuceno. Foi o pai de Nepomuceno, que era professor, compositor, regente, violinista e organista da catedral de Fortaleza, o responsável pela iniciação do filho no mundo musical. Suas primeiras aulas foram de solfejo e piano, mas pelo medo do filho estagnar nos estudos de música, levou-o aos 8 anos de idade para o Recife, lugar considerado um grande polo musical e centro intelectual do período devido à Faculdade de Direito, para completar a sua formação.

IMAGEM 15: Retrato do compositor Alberto Nepomuceno ao piano - Óleo sobre tela de 1895.

Quando Alberto Nepomuceno cresceu, relacionou-se com os intelectuais dessa faculdade, que pensavam os problemas sociais do Brasil, sobretudo os nordestinos, a partir dos modelos de pensamento trazidos da Europa. A Escola do Recife foi um movimento de caráter sociológico e cultural que tomou lugar nas dependências da Faculdade de Direito do Recife. Indivíduos como Tobias Barreto, Silvio Romero, Capistrano de Abreu, Graça Aranha, Farias Brito, Clóvis Beviláqua e Araripe Júnior discutiam sobre questões relacionadas à Abolição da Escravidão e Proclamação da República. Esses jovens, que tinham uma esperança de um bom emprego burocrático ou político no final do curso, também apontavam o atraso e a decadência econômica, a miséria das populações rurais agravada com o fenômeno da seca, principalmente na região cearense, mandonismo político e social dos grandes proprietários de terras e escravos e as oligarquias rurais que faziam e desfaziam a política local.[41]

Por causa da morte precoce do pai no Recife, Nepomuceno não teve oportunidade de entrar no ensino superior, tendo terminado apenas o secundário em humanidades. Mas, nesse ambiente acadêmico, conheceu esses pensadores e compartilhou de suas ideias, tentando solucionar os problemas do Brasil através da música. No lugar da faculdade, o compositor, com apenas 16 anos, teve que sentir o peso da responsabilidade de sustentar a família, arrumando um emprego como professor de música para garantir a sobrevivência da mãe e da irmã. Felizmente, o professor pernambucano Euclides d'Aquino Fonseca, que foi pianista, regente, mestre de harmonia, contraponto e fuga, auxiliou Nepomuceno a dar continuidade aos estudos de música. Fonseca se preocupava com as questões nacionais e com o problema da escravidão e isso influenciou a forma de escrita musical do seu aluno, que o viu escrever uma das primeiras óperas em português intitulada *Leonor*, o que não era muito comum num período em que o idioma mais utilizado era o italiano; e um *Te Deum* em comemoração à Abolição dos Escravos.[42]

Em Pernambuco, Nepomuceno recebeu um diploma de sócio honorário da Sociedade Nova Emancipadora pelos seus serviços prestados às questões abolicionistas. No Ceará, por volta do ano de 1884, filiou-se ao grupo abolicionista *Centro 25 de março*, através de suas ligações com João Brígido e João

---

41 PIGNATARI, Dante. *Canto da Língua: Alberto Nepomuceno e a invenção da canção brasileira*. 2009. 151p. Dissertação. Faculdade de Filosofia, Letras e Ciências Humanas, Pós Graduação em Literatura Brasileira, São Paulo, USP, 2009

42 STUDART, Guilherme [Bão de Studart]. *Diccionario Bio-Biblioghafico Cearense*. Fortaleza: Typo--Lithographia a vapor, 1910. Volume primeiro, p. 17.

Cordeiro. No entanto, por muito tempo, especulou-se qual teria sido a verdadeira atuação de Alberto Nepomuceno nas questões relacionadas à República e ao abolicionismo em Recife e no Ceará. Uma atuação mais direta não foi encontrada nas fontes, apenas uma simpatia aos dois temas expressados por intermédio da música. Nas vésperas dos festejos para a libertação dos escravos, o jornal *O Libertador*, do dia 14 de março de 1884 anunciou a volta de Nepomuceno à capital cearense integrando a comissão executiva do evento, sendo encarregado da função de diretor do concerto. Após a execução do hino da Sociedade Libertadora Cearense, pela banda de música do Corpo de Polícia, intitulado *25 de março*, de sua autoria, o jornal publicou a seguinte nota:

> Aos grandes homens.
>
> Senhores!
>
> O acontecimento que hoje recebe a sua ultimação deve ser encarado com um fenômeno sociológico de primeira ordem, havendo vista a proverbial inconstância dos brasileiros. Ele denuncia que o caráter nacional começa a diferenciar-se.
>
> Começou pelo Ceará, terra profundamente democrática. Deve acabar na legítima democracia.
>
> Eu presto o meu humilde culto aos grandes homens desta pacífica revolução.[43]

A publicação no jornal foi escrita pelo republicano Manuel de Oliveira Paiva (1861-1892), tio de Nepomuceno. Oliveira Paiva foi um líder abolicionista e republicano do Ceará, tendo ocupado o posto de secretário do primeiro governador do estado, alçado ao poder por consequência do golpe de 15 de novembro de 1889, desfechado no capital do país. Oliveira Paiva também foi crítico, poeta e romancista, tendo publicado boa parte de sua obra em vários jornais cearenses. Na solenidade de 25 de março de 1884, tomou parte como orador da Sociedade Propagadora do Ensino Popular, o que revelou a crença no valor e no poder da educação das massas para a formação do "caráter nacional". Paiva também "flertava" com as correntes de pensamento europeias, que se apoiavam nas teorias raciais do evolucionismo, das quais Silvio Romero foi um dos expoentes no Brasil. A "legítima democracia" só poderia ser alcançada através da busca pela

---

43   *O Libertador*. Fortaleza, 25 de março de 1883.

identidade nacional diferenciada das demais e que seriam construídas mediante a fusão de várias raças que formavam o nosso povo.[44]

Em 1888, Nepomuceno passou outra temporada em Fortaleza, atuando como professor de piano e teoria musical. Foram realizados, nesse período, muitos concertos dele na Assembleia Provincial e no Reform Club, local em que se reuniam muitos abolicionistas. Nesse período, ele também se dedicou à composição, apresentando, pela primeira vez, no Clube Iracema, ao lado dos amigos Oliveira Paiva e Antônio Sales, sua *Dança de negros*, música para piano que foi integrada à *Série Brasileira* já com o título de *Batuque*. Em seu livro *Novos retratos e lembranças*, Antônio Sales comentou sobre a sua aproximação e afeição a Nepomuceno. Em uma homenagem feita no Theatro José de Alencar, em comemoração a exposição do retrato de Nepomuceno na sala de visitas, Antônio Sales foi selecionado como orador pelos organizadores do evento. Sobre essa escolha ele escreveu:

> Mas os promotores desta bela festa conhecem a minha velha amizade por Alberto Nepomuceno, sabem da intimidade de nossas relações no Rio, onde vivemos ambos num convívio quase fraternal de pensamento e afeito, e entenderam que devia ser eu e não outro orador desta noite. Minha razão, fazendo-me sentir a convicção de minha incapacidade, me aconselha a não aceitar esta incumbência; mas, conforme diz Pascal, o coração tem razões que a razão não compreende, e foi o coração que me forçou a vir à vossa presença para dizer-vos algumas palavras breves e insignificantes sobre o nosso grande maestro, que é uma das mais puras glórias de nossa terra.[45]

No discurso proferido nesse dia, Antônio Sales apontou Nepomuceno como um "gênio da alma nacional", que se dedicava a compor sobre os aspectos da raça, do clima e do folclore, utilizando também elementos da cultura local. A "terra da luz" que abrigava o homem forte e capaz de vencer a seca e a fome estava presente nas letras. Antônio Sales também era ciente das influências de outras escolas artísticas das quais seu amigo fazia parte, chegando a citar o emprego de elementos do nacionalismo de Richard Wagner nas composições. Mas

---

44 PIGNATARI, Dante. *Canto da Língua: Alberto Nepomuceno e a invenção da canção brasileira*. Dissertação. FFLCH-USP, Pós-Graduação em Literatura Brasileira, São Paulo, 2009.
45 SALES, Antônio. 1995. *Op. cit.*, p. 67.

Sales também aponta que Nepomuceno tinha um nacionalismo peculiar. Isso fica evidente nessa citação:

> Nas suas composições dramáticas ficou patente o conflito entre a alma de sua raça e a Escola a que se filiou no decurso de sua educação artística. E nisto se desdobra ao nosso senso crítico uma relevante questão de filosofia da Arte: conforme os preceitos de Taine, a arte de cada povo deve ser o produto genuíno do meio físico, que, atuando na sua formação étnica, se espiritualiza em obras características da sua psique. [...] Pouco a pouco, porém, e felizmente, conquanto conservando a técnica wagnerista, nossos compositores se foram influenciando pela ação do meio, e sua inspiração se foi esmaltando de melodias em que transparecia a princípio vagamente, depois, nitidamente, a alma do Brasil.[46]

Através da narrativa de Alencar, percebemos que a admiração entre eles foi recíproca, pois Alberto Nepomuceno também homenageou Antônio Sales musicando dois de seus sonetos. O primeiro deles se chamava *Morta (Trovas do Norte)* de 1896; e o segundo, de 1897, *Epitalâmio*. As preocupações de ambos em criar obras artísticas que sintetizassem as especificidades do nacionalismo brasileiro fizeram com que eles se apropriassem de motivos populares. De acordo com o Catálogo Geral, a peça *Morta (Trovas do Norte)* não foi publicada, e a única cópia a que se teve acesso foi na tese de Dante Pignatari. Segundo esse musicólogo, a ausência de indicações de dinâmica e ligaduras leva a crer que Nepomuceno abandonou a peça nesse estágio de acabamento. O texto de Antonio Salles descreve uma cena noturna, em que uma jovem agonizante, cercada pelos seus, finalmente expira. A parte vocal é uma recitação sobre uma mesma nota repetida como se fosse uma ladainha: imaginaram-se as pessoas rezando ao redor do leito da menina moribunda.[47]

Apesar do forte elo sentimental de Nepomuceno pelo Ceará, o compositor ansiava por aperfeiçoar os seus estudos de música na Europa. Pedro Veríssimo, que escreveu um artigo sobre a sinopse histórica do movimento social no Ceará de 1900 a 1950, apontou que ainda em 1888, Nepomuceno enviou uma petição à Assembleia Provincial do Ceará, requerendo uma pensão para financiar sua viagem. No entanto, a maioria dos membros da Assembleia votou contra e, se não fosse a ajuda do escultor Rodolfo Bernadelli, Nepomuceno

---

46 *Ibidem*, p. 71.
47 PIGNATARI, Dante. 2009. Op. cit.

não teria conseguido se manter na Europa. Mas, antes de ir embora, o compositor realizou três concertos na cidade. A crítica da *Gazeta do Norte* apontou Alberto Nepomuceno como um liberal e reformador que vislumbrava a futura construção de uma "arte nossa".[48]

Na viagem, Nepomuceno empenhou-se na composição sobre romance do seu conterrâneo Juvenal Galeno, intitulada *Porangaba*, que se baseava na mesma lenda cearense que deu origem à Iracema de José de Alencar. Apesar de *Porangaba* ter ficado inacabada, Avelino Romero comenta que as marcas do indianismo e germanismo de Liszt e Wagner estavam presentes nessa ópera. Além disso, cabe salientar ainda que a aproximação de Nepomuceno com as correntes culturais germânicas não se restringe à música. Os pontos de contato entre o pensamento do compositor e o de Silvio Romero revelam ainda a influência daquela concepção naturalista de nação, típica do Romantismo germânico, discutida na Introdução. Daí, as referências à "raça" e ao "meio" que aparecem no plano da *Porangaba*.

Em sua primeira visita à Europa, Nepomuceno foi influenciado pela música italiana por causa de sua estadia em Roma. Nesse período, compôs quatro peças, sendo a mais conhecida delas a *Ave Maria*. Em pouco tempo, o compositor retornou ao Brasil solicitando, dessa vez à princesa Isabel, custeio para uma nova temporada de estudos na Europa. No entanto, o pedido lhe foi negado, mas, logo em seguida, a República o concedeu de bom grado. A terceira colocação no concurso para escolha do hino republicano valeu ao compositor uma pensão de 200 mil réis mensais por um período de quatro anos.

Nessa nova estadia na Europa, Nepomuceno intercalou o gosto pela música alemã, norueguesa e francesa. Seu interesse pela música germânica ocorreu quando Nepomuceno estudou em Berlim, conhecendo as composições de Johannes Brahms (1833-1897) e Schubert. A marca dos *lieder* (plural de *lied*) de ambos os compositores foi a apropriação do folclore local alemão. Inspirando posteriormente Nepomuceno este passou a utilizar em suas próprias canções elementos das manifestações tradicionais da cultura local. A música do norueguês Edvard Grieg (1843-1907), um dos representantes do nacionalismo romântico, também influenciou a obra de Alberto Nepomuceno. Ele o conheceu aos 27 anos de idade em uma das viagens feitas para Viena, onde buscou o aperfeiçoamento dos seus estudos de piano com Theodor Lechetitzki. Lá conheceu não só o compositor Grieg, mas uma de suas alunas chamada Walborg Bang, com quem se casou em 1893.

---

48 VERÍSSIMO, Pedro. 1954. *Op. cit.*, p. 149-150.

A amizade com Grieg foi fundamental para que Nepomuceno elaborasse um ideal nacionalista e, sobretudo, se definisse por uma obra atenta à riqueza da cultura popular brasileira, sobretudo a nordestina. No tempo em que Nepomuceno passou na Noruega, morou com o compositor Grieg e discutiu noites a fio sobre a riqueza folclórica de seus países e de como elas poderiam ser empregadas na música erudita. A utilização de alguns instrumentos tidos na época como "vulgares" também foi pensado. Usar o idioma português era outra de suas preocupações, mas ele sabia que iria encontrar adversários, pois era de costume o emprego do italiano.

Já a influência da música francesa de Claude Debussy (1862-1918) ocorreu quando Nepomuceno foi de passagem à Paris estudar órgão com o professor Alexandre Guilmant. Nessa época, conheceu Camille Saint-Saëns (1835-1921), Charles Bordes (1863-1909), Vincent D'Indy (1851-1931) e outros. Assistiu à estreia mundial de *Prélude à l'après-midi d'un faune*, de Claude Debussy, obra que Nepomuceno foi o primeiro a apresentar no Brasil, em 1908, nas festas do Centenário da Abertura dos Portos. Foram seis as peças em francês produzidas nesse período que chegaram a nós, quatro sobre textos de Henri Piazza (1861-1929) e duas ambientações de poemas de Maeterlinck. Por causa da Primeira Guerra Mundial, os franceses competiam contra a música europeia, sobretudo a música antissemita de Wagner em que posteriormente Hitler se inspirou. Buscavam uma música antirromântica e antialemã, tipicamente francesa, definida pela sua preocupação de clareza e seu puder expressivo.

Em 1895, prestes a completar 31 anos, Nepomuceno voltou para o Brasil e foi selecionado para ensinar no Instituto Nacional de Música do Rio de Janeiro. O pesquisador Avelino Romero, em sua dissertação de mestrado, empenhou-se em trabalhar a influência de Alberto Nepomuceno no que ele chamou de República Musical, problematizando as afirmativas que colocavam Nepomuceno como o precursor da música nacional. Segundo Romero, para uma nação em construção existiria também uma identidade musical em construção e não totalmente definida, como muitos imaginavam. O trabalho de Romero expõe que essa música nacional em construção sofreu muitos embates, sobretudo do crítico Guanabarino, que fez uma verdadeira guerra nos jornais cariocas contra a música de Alberto Nepomuceno.

De acordo com Avelino, em seu primeiro concerto após chegar da Europa, Nepomuceno estreou algumas de duas peças na língua pátria, causando muito rebuliço entre as pessoas. O programa do longo concerto, que teve lugar no salão do Instituto Nacional de Música em 4 de agosto de 1895, era muito variado. Nepomuceno apresentou-se ao piano e ao órgão, como solista e também acompanhando cantores em uma amostra de sua produção para canto e piano até o momento. Foram apresentadas três canções sobre poemas de Lenau e Drömd Licka, cantadas por sua esposa, Walborg Bang Nepomuceno. Carlos Alves de Carvalho cantou *Il flotte dans l'air* e duas peças em português, *Ora dize-me a verdade* e *Amo-te muito* (esta última canção foi bisada a pedido do público). Mais adiante, a soprano Camila da Conceição apresentou mais duas canções em português, reforçando um programa de valorização da nossa língua: *Mater dolorosa* e *Tu és o sol*.[49]

Uma grande parte do público que estava presente, apesar de ter estranhado o uso do português, elogiou as composições. No entanto, o crítico Oscar Guanabarino, que era adorador da música italiana, ficou em oposição ao nacionalismo de Nepomuceno, que incorporava elementos do que ele entendia por popular na construção de suas composições como, por exemplo, o ritmo, instrumentos e poemas das zonas rurais, dos negros e mestiços. Em uma das apresentações no Teatro Lírico Nacional, Nepomuceno executou sua *Série Brasileira*, composta de quatro movimentos: *Alvorada na serra*, *Intermédio*, *A sesta na rede* e *Batuque*. Também foram apresentadas duas peças sinfônicas: *Suíte antiga* e *Sinfonia em sol menor*, além de *As uiaras*, composição para voz solista, coro feminino e orquestra, que trazia texto do escritor Melo Morais Filho.

Em 1900, Alberto Nepomuceno retornou novamente à Europa, conhecendo o compositor Gustav Mahler (1860-1911). No entanto, uma doença o afetou e ele pediu auxílio na Noruega para Grieg. Já em 1901, Nepomuceno voltou para o Rio de Janeiro e compôs uma série de seis canções de câmara, musicando versos de Osório Duque Estrada, Hermes Fontes, Coelho Neto, Gonçalves Dias, Carlos Magalhães de Azevedo e Luis Guimarães Filho. Um ano depois, com a morte do compositor Leopoldo Miguez, foi convidado para assumir o cargo de diretor do Instituto Nacional de Música. Administrar o Instituto foi muito difícil para ele, pois encontrava sempre oposição de alguns intelectuais que estavam ainda muito dependentes da música europeia. Esses embates refletiram no seu cargo como diretor do Instituto, sendo demitido no ano de 1916 dessa instituição.

---

49 PEREIRA, Avelino Romero. *Música, Sociedade e Política: Alberto Nepomuceno e a República Musical*. Rio de Janeiro: Editora UFRJ, 2007.

No entanto, o compositor não se abateu e foi apresentando suas peças com um tom brasileiro no Rio de Janeiro e algumas vezes na sua terra natal, o Ceará. Só aos 40 anos de idade, conseguiu reger a obra *O Garatuja*, comédia lírica em três atos baseada em romance homônimo de José de Alencar, considerada umas das primeiras óperas no idioma português. Segundo Avelino Romero, apesar de Nepomuceno ter concluído apenas o primeiro ato, percebe-se a influência de ritmos populares como o tango, a haberena, o lundu e o maxixe mesclados nessa composição. Essa vinculação a temas regionais esteve presente até os últimos dias de sua vida. Em sua terceira e última viagem para a Europa, escreveu algumas canções sobre temas nordestinos e em 1920 compôs sua última música chamada *A jangada*, sobre tema do escritor conterrâneo Juvenal Galeno. Alberto Nepomuceno morreu nesse mesmo ano com uma crise renal e um grande desgosto por não ter visto sua obra tão bem recebida pelos brasileiros.[50]

A trajetória de vida da compositora Branca Rangel não foi semelhante à de Alberto Nepomuceno. No entanto, a influenciada exercida pelo trabalho desse compositor é rapidamente identificada em suas obras. Essa admiração se reflete na composição, no processo da escolha de temas, ritmos, harmonias e melodias. De acordo com Edigar de Alencar, Branca Rangel nasceu no Ipu em 3 de julho de 1892. Foi uma pianista de notáveis recursos e fundou com as professoras Ester Salgado Studart da Fonseca e Nadir Morais Parente, em 1919, o Conservatório de Música Alberto Nepomuceno. A escolha do nome foi feita por essas professoras de piano na intenção de homenagear o compositor, que recebeu a notícia com um misto de surpresa e alegria.[51]

Branca Rangel também comprou um piano americano da marca *Steinway & Sons* que pertenceu ao compositor Nepomuceno quando este ainda morava em Fortaleza. O piano foi levado para a sua residência em Sobral, onde morava quando jovem após a saída do município de Ipu. O piano permaneceu na família até o momento que a compositora, já idosa, pediu que sua sobrinha Madalena Rangel o doasse ao Museu Dom José, localizado na cidade de Sobral. Esse museu acumula um grande número de objetos de indivíduos de posse que os doavam para se manterem vivos na memória da cidade. Supõe-se que Branca Rangel o tenha doado para que fosse lembrada a importância de Nepomuceno na memória sonora cearense. Ao lado do piano, encontramos uma placa com a seguinte identificação:

---

50 *Idem, Ibidem*, p. 225
51 ALENCAR, Edigar. 1967. *op. cit.*, p. 43.

O Piano Steinway & Sons (New York) Pertenceu ao musicista cearense Alberto Nepomuceno. Segundo a Sra. Madalena Rangel, este piano foi doado ao Museu Dom José por sua tia Sra. Branca Rangel, pianista natural de Ipu que morou em Sobral por muito tempo. Esta comprou o referido piano em uma casa especializada em Fortaleza, que havia adquirido do bisneto do pianista e compositor Alberto Nepomuceno.

IMAGEM 16: Piano de Branca Rangel - Museu Dom José, que está localizado em Sobral, CE.

No piano *Steinway & Sons*, Rangel teve aulas particulares com uma professora particular, atividade típica entre as mulheres no fim do século XIX e início do XX, também muito bem vista como dote por noivos interessados em casamento. Não foi possível identificar se a família de Rangel era possuidora de grandes posses. No entanto, supomos que sim, já que tinha condições de comprar um objeto de tão alto valor como o piano nova-iorquino de 1859. Rangel estudou piano em Sobral até sua maior idade. Não foram encontradas fontes que indicassem o local exato que Rangel aprendeu a compor para esse instrumento, mas as suspeitas recaem para o professor Galdino José Gondim, que era um dos únicos compositores para piano e regente de orquestra em Sobral no período. Foram encontrados no Museu Dom José alguns instrumentos doados por ele.

Já adulta, Branca Rangel veio para Fortaleza e se dedicou ao ensino do piano, primeiro lecionando aulas particulares em residências e depois no conservatório que ajudou a abrir. Rangel também se apresentava em clubes, teatros e festas particulares. Nesses anos em que atuou como professora de piano, apresentou suas composições para os fortalezenses. Nas partituras localizadas no Acervo de Música da Biblioteca Nacional, na Casa Juvenal Galeno, no livro *A modinha cearense*, de Edigar de Alencar, e no livro *Ao redor de Juvenal Galeno* de Wilson Boia, não encontramos datas precisas de quando foram compostas. As partituras transcritas por Gilberto Petronillo datam do ano de 1955. No entanto, pelo período em que foram apresentadas, devem ter sido criadas entre os anos de 1900 a 1920.

IMAGEM 17: Foto de Branca Rangel tirada no Conservatório de Música Alberto Nepomuceno.

Assim como Alberto Nepomuceno, Branca Rangel apropriou-se das poesias de Juvenal Galeno para compor a maioria de suas canções. De início foi encontrada apenas a modinha *A cabôcla* na coletânea de músicas do memorialista Edigar de Alencar, mas os esforços empreendidos na busca por outros registros foram recompensados. Com o neto de Juvenal Galeno foi encontrada a modinha *A viola* e no livro de Wilson Boia a modinha *Mistérios do Mar*. O registro em partitura mais importante foi encontrado por último. Trata-se da modinha *Minha Terra*, presente no livro *Modinhas do Passado* como uma música anônima recolhida na tradição oral do folclore cearense. Ela ainda compôs *A flor anunciada* e *Castigo de Natal* para uma coletânea natalina de 1918.

Branca Rangel morreu no dia 6 de abril de 1963, em Fortaleza, aos 71 anos de idade. No Conservatório de Música Alberto Nepomuceno lecionou aulas de piano até o último dia de sua vida. No conservatório foi encontrada uma fotografia com uma placa em sua homenagem pela contribuição dada a música cearense. Infelizmente, não foram localizados os parentes da compositora, apenas as professoras que conviveram com ela contribuíram com a pesquisa.

Como a obra literária de Juvenal Galeno foi cruzada com o universo sonoro de Branca Rangel e Juvenal Galeno? De acordo com Barão de Studart, Juvenal Galeno da Costa e Silva nasceu em Fortaleza no dia 27 de setembro de 1836. Era filho de José Antônio da Costa e Silva, proeminente agricultor, e de Maria do Carmo Teófilo. Pelo lado paterno, era primo do Barão de Aratanha e Capistrano de Abreu e, pelo lado materno, era sobrinho do político Manuel Teófilo Gaspar de Oliveira, primo do igualmente poeta Rodolfo Teófilo e primo de Clóvis Beviláqua, sendo este último um dos melhores amigos do compositor Alberto Nepomuceno.[52]

Fez seus primeiros estudos em Pacatuba e Aracati. Cursou Humanidades no Liceu do Ceará, em Fortaleza. O pai desejava que ele trabalhasse na área agrícola e, por isso, mandou-o para o Rio de Janeiro estudar "assuntos de lavoura". Ao se tornar amigo de Paula Brito, proprietário de uma famosa tipografia na época, Juvenal chegou a conhecer Machado de Assis, Melo Morais, Quintino Bocaiuva e Joaquim Manuel de Macedo. Foi nesta altura que iniciou sua colaboração literária na revista *Marmota Fluminense*, a mesma em que Machado de Assis escrevia. Em seu retorno ao Ceará, Juvenal Galeno trouxe o seu primeiro livro de poemas, impresso às suas custas na Tipografia Americana, intitulado *Prelúdios*.

---

52 STUDART, Guilherme [Bão de Studart]. 1910. Volume Segundo. *Op. cit.*, p. 230-231.

Francisco Alves de Andrade, membro da Comissão Cearense de Folclore apontou que a influência poética de Juvenal Galeno teve relação com os movimentos sociais que o mesmo participou. Ele era considerado pelos outros letrados como um receptor e transmissor dos sentimentos do povo, postado entre as populações humildes e as elites, vibrando emocionalmente com a cidade e o campo, fazendo repercutir as vozes do litoral, dos sertões, das serras, as dores da terra e os cânticos do mar. Galeno teve grande influência do Romantismo de Gonçalves Dias. Silvio Romero aponta que o Romantismo teve, entre as múltiplas faces que mostrou no correr de sua existência, a de ser nas letras a repercussão do famoso princípio das nacionalidades. Erguiam-se as nações, antes abatidas ou subjugadas pelo despotismo já não apenas num movimento de simples reação contra as formas e ideais clássicos, mas numa tentativa de retorno as tradições populares, lendárias ou imaginosas, características e diferenciadoras, que pareciam melhor conter os princípios restaurados de sua vida.[53]

Gonçalves Dias, com a sua poesia naturalista, escreveu sobre selvas e índios, sendo um dos primeiros da literatura a se preocupar com uma identidade para a nação. Com a Comissão Científica dirigida por Freire Alemão, veio para Fortaleza no ano de 1859 com a finalidade de catalogar elementos da terra. Essa viagem foi feita também em várias regiões do nordeste, num momento em que se acreditava que a grande riqueza cultural da nação se encontrava nessa região. Por causa de Gonçalves Dias, que pediu para Galeno que este deixasse a poesia acadêmica e se especializasse na análise do povo, ele passou a se preocupar com essas questões e percorreu o litoral, o sertão e as serras ouvindo o que os trabalhadores tinham a dizer, sobretudo aqueles que trabalhavam para o seu pai na serra de Aratanha. Dessas descobertas, surgiu o livro *Lendas e Canções Populares*, no qual Galeno abordava questões sociais pertinentes no período. Juvenal Galeno passou a representar o ponto de partida do viver literário de sua terra. Também foi considerado o "fundador", o "patriarca", o "pioneiro" da pesquisa sobre a poesia popular e o folclore do Nordeste brasileiro.

---

[53] GALENO, Juvenal. *Lendas e Canções Populares*. Fortaleza, julho de 1978. 4ª edição. s/e.

IMAGEM 18: Foto de Juvenal Galeno - Arquivo Familiar.

Gonçalves Dias, estabelecendo conversação com o poeta Juvenal Galeno, convidou-o para participar de um banquete com todos os membros da Comissão Científica de Exploração, do Senador Tomás Pompeu e de Silva Coutinho em Fortaleza. Juvenal Galeno atendeu de pronto ao convite do amigo e, em função do evento, deixou de comparecer a uma revista do Batalhão da Reserva do Exército a que pertencia, o que irritou o Comandante da Guarda Nacional de Fortaleza, João Antônio Machado, que, em seguida, determinou o recolhimento do subalterno à prisão. A penalidade lançada a Juvenal Galeno trouxe como resultado a confecção de um livro severíssimo e duro contra o tal Machado, publicado num volume ao qual deu o título de *A machadada*,[54] aproveitando o simbolismo do sobrenome de João Antônio Machado. Esse livro foi a primeira obra literária impressa no Ceará.

54 GALENO, Juvenal. *A Machadada*. Fortaleza: Editora Henriqueta Galeno, 1860.

Em 1861, Juvenal Galeno apareceu em público também como teatrólogo e levou à cena, pela primeira vez, no Teatro Taliense, no dia 3 de novembro de 1861, a comédia de sua autoria, intitulada *Quem com ferro fere com ferro será ferido*. Esse drama sociológico foi a primeira peça teatral produzida e encenada no Ceará. Nesse mesmo ano, presenteou o público com o poemeto indianista denominado *A porangaba*,[55] descrição em versos de uma lenda que Juvenal Galeno disse ter ouvido de um velho caboclo que escutara dos seus pais, e estes a seus maiores.

Juvenal Galeno também desempenhou as funções de Inspetor Escolar, numa época em que os transportes eram difíceis. Só havia acesso a certos lugares por meio de animais, fazendo-se o percurso de léguas, debaixo de uma soalheira causticante de uma escola para outra, tal a distância em que ficavam localizadas. Estradas inteiramente desertas. Contudo ele trabalhava com prazer e não sentia fadigas, gostava do convívio das crianças, orientava as professoras e tanto se fez a esse meio que chegou a compor singelas e tocantes *Canções da Escola*,[56] que foram impressas e distribuídas nas escolas para serem cantadas. Esse livro que se esgotou em poucos dias, consagrou-o, também, como Poeta da Juventude. Essa obra foi adotada pelo Conselho de Instrução Pública do Ceará para uso das aulas primárias. Nesse mesmo ano também publicou o livro *Cenas Populares*,[57] prosa que descrevia lugares, pessoas, costumes típicos e aspectos do folclore.

Em 1887, quando da fundação a 4 de março do Instituto do Ceará, foi considerado Sócio Fundador daquela entidade. Dois anos depois, em 1889, foi nomeado pelo presidente da Província do Ceará, Caio Prado, para a função de Diretor da Biblioteca Pública, então localizada na Rua Sena Madureira, cargo que ocupou por longos dezenove anos. Nesta função, divertia-se em policiar a leitura dos estudantes tirando-lhes das mãos as obras de Júlio Verne e substituindo-as pela *História de um Bocadinho de Pão*. Juvenal Galeno costumava dizer que amava aquela repartição como se fosse um de seus próprios filhos.

Juvenal Galeno escreveu por algum tempo no Jornal *A Constituição*, um dos mais lidos no século XIX em Fortaleza. Suas crônicas eram verdadeiras caricaturas dos costumes então em uso, e assim, ora em versos vibrantes, ora em prosa causticante, ele combatia a torto e a direito os vícios e abusos daquela época. Essas publicações fizeram tanto sucesso que Galeno produziu em 1891

---

55 *Idem. A Porangaba*. Fortaleza: Editora Henriqueta Galeno, 1861.
56 *Idem. Canções de Escola*. Fortaleza: Editora Henriqueta Galeno, 1871.
57 *Idem. Cenas Populares*. Fortaleza: Editora Henriqueta Galeno, 1871.

a compilação dos melhores num livro chamado *Folhetins de Silvanus*.[58] A maior parte do livro foi escrita em verso, em que estigmatizava o luxo, o pedantismo provinciano, a falsa ciência dos diletantes, em plena Fortaleza do século XIX.

Aos setenta e três anos de idade, atacado de glaucoma, acabou por se aposentar do serviço público, já irremediavelmente cego, em 1908, passando a viver da aposentadoria, dos rendimentos próprios auferidos não só da produção de seu sítio como dos aluguéis de suas vinte casas. Em 1897, Juvenal Galeno ditou à sua filha Henriqueta os seus versos de *Medicina Caseira*,[59] livro somente impresso em 1969, no cinquentenário de fundação da Casa de Juvenal Galeno. Continuou a produzir ditando poemas para sua filha, Henriqueta Galeno, que o assistiu, juntamente com sua esposa, até o fim da vida.

Do Ceará para o Brasil: A raça, o meio e o folclore na música que nasce no "Norte"

A discussão sobre cultura popular foi um tema recorrente nas obras de Alberto Nepomuceno, Branca Rangel e Juvenal Galeno. Renato Ortiz, por exemplo, aponta que, no século XIX, existia um interesse estratégico pela cultura popular, pois ele tinha sido inventado e lapidado por diferentes grupos intelectuais que possuíam interesses políticos. Dois deles foram fundamentais para a compreensão dos avatares posteriores: os românticos e os folcloristas. Os românticos foram responsáveis pela fabricação do popular ingênuo, anônimo, espelho da alma nacional; enquanto os folcloristas foram os seus continuadores, buscando no positivismo emergente um modelo para interpretá-lo. Contrários às transformações impostas pela modernidade, eles se insurgem contra o presente industrialista das sociedades europeias e ilusoriamente tentam preservar a veracidade de uma cultura ameaçada.

Para Ortiz, o Romantismo foi um movimento amplo, uma consciência nova que emergiu com o processo de mudança do final do século XVIII. Muitos autores o interpretaram como uma sensibilidade que procurava dar conta da dupla transformação que penetrou o mundo Europeu: A Revolução Francesa e a Industrial. Romantismo e revolta seriam assim disposições homólogas. Seu advento trouxe também rupturas profundas no mundo das artes. Regidas pelas normas rígidas das academias, elas começaram a se libertar

---

58 GALENO, Juvenal. *Folhetins de Silvanus*. Fortaleza: Editora Henriqueta Galeno, 1969.
59 Idem. *Medicina Caseira*. Fortaleza: Editora Henriqueta Galeno, julho de 1969. 4ª edição.

da tradição enrijecedora. O artista romântico, ao valorizar a força do Eu, introduziu a noção de individualidade livre no domínio artístico. No entanto, o maior impacto do Romantismo foi o de transformar a predisposição negativa que havia anteriormente em relação às manifestações populares, em elemento dinâmico para a sua apreensão. Isto, paradoxalmente, afastou-o dos próprios ideais românticos, valorizados pela consciência artística. Não é o indivíduo o ponto nodal, mas o coletivo.[60]

Na virada do século, as manifestações tradicionais de regiões distantes dos grandes centros urbanos foram descobertas pelo mundo letrado; daí o número crescente de publicações versando sobre as baladas ou canções sobre o mundo rural. Ocorreu de fato uma transformação do pensamento, ao ponto de um autor como Peter Burke considerar ser este o instante em que o conceito de cultura popular foi inventado. Dentro deste contexto, o filósofo alemão Johann Gottfried Herder teve um papel predominante. Filósofo que viveu entre 1744-1803 e que muito influenciou o movimento romântico alemão, Herder procurou estabelecer uma relação entre natureza e homem, defendendo "uma cultura organicamente enraizada na topografia, nos costumes e nas comunidades de tradição nativa local". Herder também observava uma diferença entre povo e classes populares. Os pobres seriam aqueles despossuídos de cidadania política e cultural enquanto o povo, sinônimo de nação, seria a essência da identidade brasileira.

Renato Ortiz comenta que, somente na segunda metade do século XIX, os estudiosos da cultura popular se consideraram folcloristas. A criação do folclore foi realizada sob a égide do pensamento gestado pelas Ciências Sociais. O Positivismo de Auguste Comte e de Spencer teve uma influência determinante na compreensão dos fenômenos sociais. A crença na possibilidade de se fundar uma ciência positiva em todos os domínios do conhecimento, animou o clima intelectual da época. Os folcloristas acreditavam ser apenas um desses grupos, que aplicadamente levavam o esclarecimento científico ao domínio popular. Eles se encontravam no meio do caminho entre o universo das ciências e a popularização do saber.

Porém, a aceitação do ideal científico não deixou de trazer alguns dilemas. Face às exigências de um novo paradigma, necessitou-se ver o substrato das correntes que alimentavam as reflexões anteriores. Se, por um lado, o Romantismo dava um impulso para a compreensão das curiosidades populares, por outro,

---

60   ORTIZ, Renato. 1985. *Op. cit.*, p. 17-18.

ele destoou da atmosfera reinante no final do século. Para se consolidar como "ciência", o folclore teve de reinterpretar seu passado, procurando desenhar, de maneira inequívoca, suas novas fronteiras. Para isso, foi crucial que se estabelecesse uma distinção entre os folcloristas e os românticos que os antecederam.

Bollème também faz uma releitura sobre o conceito de cultura popular através da literatura e chegou a conclusões semelhantes à de Renato Ortiz. Ela aponta que a utilização desse termo foi é uma rejeição a tudo aquilo que não é erudito. Ao nomear algo como popular, o intelectual do século XIX usava o seu poder de triagem, de separação. Porém, mais ou menos consciente de sua arrogância, ele se esforçava por se tranquilizar amando e apoiando o povo. O popular não seria uma categoria pertencente ao povo, pois ela foi criada e dissimulada. Além disso, segundo Bollème, no século XIX o popular estava ligado ao ingênuo, mostrado de início entre os eruditos um sentido de superioridade, arrastando-os cada vez mais para uma nostalgia, para a persuasão de que esse popular inacessível e inefável deveria ser um objeto de desejo, pois aí se encontrava a inocência, as origens, um paraíso anterior e perdido.

Ainda, segundo Bollème, todas as abordagens sobre popular não dissociam esta palavra da cultura. Isso também começou no século XIX, quando se erigiu povo como entidade e se construiu todo um sistema de pensamento sobre ele. Foi a primeira operação política que consistia e reconhecer no povo a existência própria que ele não tinha antes. Nessa perspectiva, a ideia de cultura se articula sobre uma ciência do povo, objeto de uma ciência que descreve e inventa. Também pode designar um conjunto de relações sócioeconômicas que são analisadas no ambiente que eles estão. Falar do povo em nome da cultura é ser ambíguo e contraditório. Se a palavra "cultura" indica uma referência a um nível de saber, empregá-la é julgar como um enunciador autoritário e todo poderoso. Instalar-se um saber e outorgar-se de tal poder é formar partido politicamente, comum no cientificismo. Dessa forma, diz-se popular aquele que nomeia uma cultura dominante. Discurso esse que pertence às camadas cultas, que fizeram a divisão entre erudito e popular para traçar uma diferenciação. Esse discurso era político, pois, ao mesmo tempo em que separavam, tentavam acolher o popular o defendendo pela causa do nacionalismo.[61]

A incorporação da ideia de cultura popular na obra de Alberto Nepomuceno, Branca Rangel e Juvenal Galeno possui traços semelhantes aos comentados aqui. No entanto, cada um guarda suas especificidades. Alberto

---

61   BOLLÈME, Geneviéve. *O povo por escrito*. São Paulo: Martins Fontes, 1988.

Nepomuceno, por exemplo, teve todo um envolvimento com esse tema como já foi exposto no subitem acima. Preocupado com a urgência de encontrar e expor elementos que representassem a nação, ele incorporou a ideia de popular, sobretudo apoiada na do Romantismo alemão, que trazia uma acepção de "espontaneidade ingênua" e anonimato, característicos de uma coletividade homogênea e una que se poderia considerar a alma nacional. Com a difusão do Romantismo no período, simpatizando com a Escola de Recife e, em seguida, com o próprio positivismo, aderiu decisivamente a esses ideários com a tentativa de criar uma identidade musical para a nação brasileira.

A partir de uma ótica de caráter naturalista e preocupado com o registro documental da cultura nacional, as especificidades raciais de um povo ainda indefinido se tornaram mote de suas discussões. A doutrina naturalista se baseava em caracteres físicos como o solo e a raça, a língua e os costumes. O determinismo geográfico e biológico dessa forma de representar a nação negava a liberdade de escolha e era traduzido em práticas políticas autoritárias. Ao buscar o caráter da "música popular brasileira" nas origens étnicas, Nepomuceno se colocou no mesmo plano das análises de Silvio Romero e Guilherme de Melo. Esses dois autores atribuíam aos estudos folclóricos à representação da nação brasileira, sempre vinculados a um contexto cultural europeu marcado pelo Romantismo.

Segundo Avelino Romero, intelectualmente, o desenvolvimento desses estudos na Europa respondia à agitação trazida pela ilustração e pelo Romantismo, que levaram Herder a estabelecer a distinção entre "cultura do povo" e a "cultura dos letrados". Politicamente atendia as necessidades das elites conservadoras, que se sentiam ameaçadas após o ímpeto revolucionário de 1789. Na raiz das investigações, desenvolvia-se uma "concepção de povo... construída num duplo contraste com as camadas cultas e, ao mesmo tempo, a plebe ou ralé", idealizando-se o camponês como "depositário da autêntica cultura popular".[62]

O compositor também valorizava o meio rural e buscava o povo brasileiro no sertão cearense por acreditar que nesse ambiente era produzida uma cultura singular não corrompida pelo estrangeirismo. Nepomuceno disse em uma entrevista à revista *A época teatral*, datada de 1917, que lamentava o fato de os elementos característicos do folclore musical do país ainda não estarem incorporados ao patrimônio artístico dos nossos compositores, possivelmente por ainda não ter surgido um "gênio musical sertanejo, imbuído de sentimentos

---

62 PEREIRA, Avelino Romero. 2007. *Op. cit.*

regionalistas, que, segregando-se de toda influência estrangeira, consiga criar a música brasileira por excelência, sincera, simples, mística, violenta, tenaz e humanamente sofredora, como são a alma e o povo do sertão.".[63] E culpa ainda a influência da educação musical europeia, que impedia a aproximação do artista com a alma simples do sertanejo. Na modinha *Tu és o sol!*, composta em 1894, fica evidente a incorporação dos elementos de sua terra:

---

63   *A época teatral*. Rio de Janeiro, 1917.

IMAGEM 19: Partitura de Tu és o Sol – Cópia de Gilberto Petronillo.

Tu és o sol!

Tu és o sol! Das regiões etéreas

A terra envias a tua luz benéfica

E seu calor

E teu amor...

Seus lindos raios – teus olhares vividos;

O teu sorrir

É teu fugir,

De vernais alvas, entre a densa névoa;

E eu no páramo,

Planta gelada,

Triste misérrima,

Abandonada!

Quando raiaste

Tu me salvaste,

A vida deste-me

Afortunada.

E, pois, em êxtases,

Qual girassol,

P'ra ver-te volvo-me

Desde o arrebol:

Qu'és o meu dia,

Minha alegria...

Sou planta gélida, Tu és o sol![64]

No texto do conterrâneo de Nepomuceno, Juvenal Galeno, o que de imediato chama a atenção nesta canção são os extremos de virtuosismo pianístico a que o compositor recorreu para recriar musicalmente a luminosidade e o calor da sua terra. O acompanhamento da modinha foi feito com grandes exigências técnicas ao intérprete. Tanto isso é assim que o próprio autor providenciou uma

---

64 GALENO, Juvenal; NEPOMUCENO, Alberto. *Tu és o sol: canção*. Fortaleza: Melografia Petronillo, 1955.

versão facilitada da parte do piano, já que a versão original estaria ao alcance de apenas uns poucos profissionais que tivessem o domínio técnico exigido pela peça. Romero aponta que no manuscrito autógrafo, *Tu és o sol!* está em sol bemol maior. No entanto, ao ser publicada, a canção foi transposta para sol maior, tonalidade de leitura mais "fácil" para pianistas amadores.

Assim também aconteceu com o poema *Porangaba* de Juvenal Galeno, que foi musicado por Alberto Nepomuceno. Nessa ópera inacabada, o compositor recorreu aos elementos de sua terra e adicionou questões sobre raça. Avelino Romero, que se empenhou em analisar a obra completa de Nepomuceno, destrinchou essa ópera. Ele aponta que Nepomuceno deixou um documento precioso, hoje em poder da família, em que traça o plano geral da obra. *O Prelúdio* destaca a floresta onde existe a raça conquistada e o eterno feminino, em que aparece o tema do amor. Tanto no primeiro quanto no segundo tema, a natureza é valorizada e sempre associada a um elemento humano correspondente. Assim, no primeiro tema, são valorizados, além do mar, a luz tropical e os ventos. A "luz", a que se refere é também uma referência ao Ceará, a "terra do sol", como se costuma dizer. A estes se juntava a jangada, através da qual chega o intrépido nauta, trazendo a luz da civilização.[65]

No segundo tema Avelino Romero aponta que novamente a natureza desempenha papel central, numa relação de equivalência entre a flora, a floresta e a paisagem sertaneja, a fauna, o gorteio dos pássaros e o rugido do jaguar, e o elemento humano, a vida selvagem. Ele continua dizendo que o que compositor faz, casando meio e raça, é descrever os dois elementos da lenda, o conquistador e o conquistado, separadamente, para, no terceiro tema, apresentar a união dos dois, a "alienação das raças", através dos seguintes aspectos: A conquista da raça vermelha inferior realizada pela raça branca através da mulher – Iracema – Tema do amor - O elemento varonil, Martim, sucumbindo, pela lei inversa, diante do feminino.

Mais uma vez, fica evidente sua relação com as ideias de Silvio Romero, que acreditava que o brasileiro era fruto da mestiçagem das três raças. No livro *História da literatura brasileira*, o sergipano sistematiza suas ideias, ressaltando os três fatores explicativos do atraso do povo brasileiro, sendo os primários ou naturais o meio; os secundários ou éticos, a raça; e os terciários ou morais, a história. O determinismo em que se baseia Sivio Romero leva-o a uma tensão: por um lado, opera como raças consideradas inferiores: a negra e a vermelha, e

---

[65] PEREIRA, Avelino Romero, 2007. *op. cit.*

com a formação de um híbrido, ou seja, o mestiço, igualmente inferior, segundo as correntes raciais mais tradicionais, contra as quais se afirma; por outro lado, precisa salvar o Brasil do eterno atraso, a que as mesmas teorias o destinavam. Para isso, já num texto de 1870, supera o pessimismo das teorias, supervalorizando, no mestiço, o elemento branco.

Renato Ortiz já havia analisado esse dilema e aponta que a afirmação da identidade nacional pressupõe a negação simultânea de qualquer possibilidade de interpretação do processo histórico do Brasil, como gerador de uma situação de inferioridade. Se há, de fato, algum atraso, este é encarado como transitório, na formação do branqueamento como solução histórica. O cuidado em negar a formação de uma nação de mulatos transparece, novamente, na caracterização do processo como uma vitória conjunto das "três raças", afastando igualmente uma possível alusão à quebra da unidade nacional numa eventual luta racial. Na modinha *Medroso de Amor*, composta em 1894, Nepomuceno aborda o mestiço na figura feminina:

IMAGEM 20: Partitura Medroso de Amor pertencente ao acervo Música Brasilis.

Medroso de Amor

Moreninha, não sorrias

Com meiguice...

Com ternura;

Este riso de candura

Não desfolhes...

Não sorrias!

Que eu tenho medo d'amores,

Que só trazem desventuras!

Moreninha! Não me fites,

Como agora apaixonada;

Este olhar - toda enlevada

Não desprendas...

Não me fites!

Pois assim derramas fogo

Em minh'alma regelada!

Moreninha! vai-te embora...

Com teus encantos maltratas;

Eu fui mártir das ingratas

Quando amei...

Oh, vai-te embora!

Hoje fujo das mulheres,

Pois fui mártir das ingratas.[66]

Em *Medroso de amor*, sobre texto de Juvenal Galeno, encontra-se pela primeira vez um elemento retirado do nascente universo musical citadino, um ritmo sincopado característico presente em gêneros como o maxixe, o tango brasileiro e o choro. O uso frequente de contratempos[67] e síncopes[68] cria, desde o

---

66 NEPOMUCENO. *Medroso de amor*, 1894. Catálogo geral de obras de Alberto Nepomuceno da FUNARTE.

67 Compasso apoiado nos tempos fracos.

68 Prolongamento sobre um tempo forte de uma nota emitida em tempo fraco ou na parte fraca de um tempo.

início, um ambiente de indecisão, traduzindo, na música, o espírito evocado pelo título da peça. A tonalidade menor (ré menor), juntamente com o ritmo característico do lundu, também contribui ao entendimento da obra, dando um caráter dançante e, por conta do tom menor, melancólico, representando o prazer do flerte e o medo do envolvimento com uma mulher visivelmente miscigenada.

Nepomuceno certamente tinha familiaridade com essa música feita de sacolejos e requebros, que, aos poucos, ia invadindo os salões e fazia dançar todas as classes sociais da Capital Federal, e, por ela, nutria no mínimo, alguma simpatia, como demonstram os convites feitos justamente a Catulo da Paixão Cearense e a Ernesto Nazareth para que participassem das apresentações musicais da Exposição Nacional realizada em 1908. Não somente a imprensa, mas também inúmeros compositores foram desfavoráveis a atitude de Nepomuceno de convidar Catulo para o ambiente dos salões, considerando-o inconsequente, uma vez que o violão era um instrumento inadequado para aquele ambiente.

A união da modinha, nascida no ambiente branco, com o lundu, que cresceu com os negros, era o símbolo da "união das raças". O branqueamento do povo brasileiro valia-se dessa mestiçagem, para amalgamar as diferenças étnicas encontradas no país e forjar a ideia da "raça brasileira", sinônimo de "povo" e de "nação". O branqueamento como projeto de formação de uma raça brasileira era a própria metáfora da nação em construção. Nepomuceno também trouxe a "selvageria" para a sala de concertos em suas "danças de negros", rompendo com a visão preconceituosa e aristocrática que condenava o batuque ao exílio da senzala. Observa-se que essas ideias foram vinculadas na composição do *Hino do Ceará* em 1903, sobre versos de Tomás Lopes, encomenda do Barão de Studart (1856-1939) para comemorar os trezentos anos da chegada dos primeiros portugueses àquela região. A composição tinha reflexos do nacionalismo e era apoiada na etnologia e num projeto de educação artística do povo. Sobre isso, disse Nepomuceno:

> [...] um canto comemorativo de fastos históricos ou que simbolize aspirações de raças ou regionais [...] será aceito [...] quando a educação artística do povo for outra que não a do nosso quando a etnologia tenha fornecido ao artista-compositor os elementos de tal ordem, que o povo aceite o canto como um produto seu.[69]

---

69   Carta de Alberto Nepomuceno escrita para Barão de Studart.

Em suas correspondências com Barão de Studart, Alberto Nepomuceno acabou se revelando um folclorista, descrevendo o seu trabalho de composição como um apanhado de melodias e harmonias aperfeiçoadas da música nordestina. Nepomuceno apresentava uma visão intolerante sobre a cultura musical urbana, transparecendo em alguns de seus comentários sobre a opereta, o maxixe e o tango brasileiro. Considerava que a nascente música urbana sofria de falta de autonomia artística e por esse motivo era a favor da separação de espaços mais nobres para a música de concerto. Por sua vez, às matrizes "étnicas" e "folclóricas" restaria apenas a condição passiva de elementos exóticos, peças de museu extraídas da própria natureza do país, preciosidades da coleta diletante de Nepomuceno e fontes adormecidas e inertes à espera do toque mágico e revelador da genialidade de um artista-compositor.

> [...] Em primeiro logar é minha opinião que a aceitação por um povo de um canto commemorativo de fatos históricos ou que symbolise aspirações de raças e regimes, depende de um dado momento histórico. Tive de desprezar o ritmo, e aproveitei então uma modificação da escala musical que encontrei em três melodias de origem cearense, e que consiste no abaixamento do 7º grau da escala sempre que o motivo melódico tende a repousar no 4º, 6º ou 2º grau.[70]

Foi assim que Alberto Nepomuceno incorporou inúmeras cantigas que absolviam esse "universo nortista" no seu repertório e um ano depois compôs *O Garatuja*, reafirmando o seu projeto de música nacional. Avelino Romero, mais uma vez, destrinchou os elementos de obra, que não eram necessariamente modinhas, mas nos ajudaram a entender sua relação com a cultura popular. Trata-se da adaptação à cena do romance de costumes urbanos de mesmo nome do cearense José de Alencar, um olhar sobre o passado nacional, ambientado no Rio de Janeiro do século XVII e publicado em 1873. *O Garatuja* era o personagem título, desenhista e caricaturista debochado, empregado no cartório de um tabelião, seu futuro sogro "adolescente e enamorado, [...] exerce, como prática crítica, a garatuja, a pena a serviço do humor, que investe contra o ridículo da sociedade para exorcizar-lhe os vícios, purificando-a".

O compositor supracitado comenta também, que na orquestração, uma escala cromática descendente confiada à clarineta descreve a gargalhada debochada de *O Garatuja*. E, para acentuar o tom cômico que o texto pedia,

---

70 *A República*. Fortaleza "O Hymmo do Tricentenário", 29 de julho de 1903.

Nepomuceno valeu-se de fragmentos de um lundu muito em voga no Rio de Janeiro, naqueles tempos. Quando estreou o prelúdio, um concerto realizado em 28 de outubro de 1904, Rodrigues Barbosa o saudou como "o fundador da escola de música brasileira", repetindo a metáfora da frase musical "apanhada pelo lapidário compositor no cascalho das cantigas do sertão [sic] e tratado com carinho e amor na orquestra".

O Garatuja apresenta elementos étnicos com características semelhantes às encontradas no *Hino do Ceará*. Nessa obra, também existe uma aproximação com a música nordestina, cuja influência se percebe nos aboiados, ou seja, cantos tristes que os vaqueiros entoam à frente do gado para reuni-lo, guiá-lo e pacificá-lo. Mais foi em 1920, no ano de sua morte, que Nepomuceno resgatou o maior número de elementos nordestinos em sua modinha intitulada *A jangada*. A peça foi harmonizada segundo as constâncias que o compositor identificara nos cantos populares que colecionava.

IMAGEM 21: Partitura de A jangada – Cópia de Gilberto Petronillo.

A jangada

Minha jangada de vela
Que vento queres levar?
Tu queres vento de terra
Ou queres vento do mar?
Aqui, no meio das ondas
Das verdes ondas do mar
És como que pensativa
Duvidosa a bordejar

Minha jangada de vela
Que vento queres levar?

Saudades tens lá das praias
Queres n'areia encalhar
Ou no meio do oceano
Apraz-te as ondas sulcar
Sobre as vagas, como a garça
Gosto de ver-te adejar
Ou qual donzela no prado
Resvalando a meditar

Minha jangada de vela
Que vento queres levar?

Se a fresca brisa da tarde
A vela vem te oscular
Estremeces como a noiva
Se vem-lhe o noivo beijar
Quer sossegada na praia
Quer nos abismos do mar
Tu és, ó minha jangada
A virgem do meu sonhar

Minha jangada de vela
Que vento queres levar?

A tua vela branquinha
Acabo de borrifar
Já peixe tenho de sobra
Vamos à terra aproar
Ai, vamos que as verde ondas
Fagueiras a te embalar
São falsas nestas alturas
Quais lá na beira do mar

Minha jangada de vela
É tempo de repousar.[71]

Nessa sua última canção, Nepomuceno retornou ao conterrâneo Juvenal Galeno e a um tema cearense por excelência, a jangada. O musicólogo Dante Pignatari, que analisou a obra de Nepomuceno, aponta que a jangada era uma metáfora tristemente adequada a quem se despede da vida, já que o questionamento feito pelo jangadeiro à jangada é seguir a labuta no mar ou retornar à praia para descansar. O baixo do acompanhamento pianístico é novamente uma variação do ritmo de habanera na mão esquerda, disfarçado pelos acordes em contratempo na mão direita. O resultado é um movimento ondulatório com balanço brasileiro, uma recriação musical do mar nordestino. Por sobre ele, paira a voz, representando jangada e jangadeiro, tensionada ritmicamente pelas tercinas sobrepostas à subdivisão quaternária do acompanhamento.[72]

Na melodia, Nepomuceno aplica os recursos de modalização da música brasileira. Um momento é a cadência final gregoriano-nordestina da primeira frase. No refrão, a parte da mão esquerda assume de maneira explícita o ritmo de habanera, e o elemento melódico modal, como no exemplo acima, é ainda mais nítido na utilização do mixolídio com sua quarta aumentada, ou, na terminologia de Nepomuceno, o sétimo modo gregoriano, onipresente na música

---

[71] GALENO, Juvenal; NEPOMUCENO, Alberto. *A jangada: canção*. Fortaleza: Melografia de Gilberto Petronillo, 9 de junho de 1944.
[72] PIGNATARI, Dante. 2009. *Op. cit.*, p. 100.

nordestina. As canções *Ave Maria* e *Cativeiro*, também com parceria do poeta Juvenal Galeno, ficaram inacabadas, sobrando apenas um manuscrito.

Existe uma semelhança na apropriação da ideia de cultura popular de Branca Rangel em relação à obra de Alberto Nepomuceno. Também poderia, já que ambos utilizaram o poeta Juvenal Galeno como letrista de suas composições. Modinhas com a presença de temáticas sociais, como a libertação dos escravos, eram comuns para os compositores que se empenhavam no projeto de agregar elementos étnicos e folclóricos na música produzida no Ceará. Branca Rangel, por exemplo, trabalhou com o tema da mestiçagem em uma de suas modinhas intitulada *A cabôcla*, com poema de Juvenal Galeno.

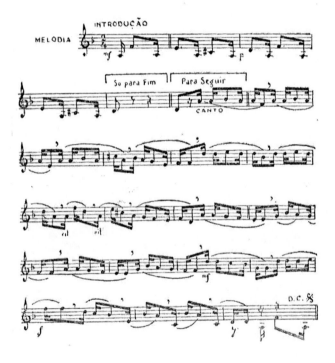

IMAGEM 22: Partitura de A cabôcla – Cópia de Gilberto Petronillo.

A Cabôcla

I

Cabocla faceira,

Requebros, encantos

Doou-te a natura!

Que porte garboso...

Tu és feiticeira!

Teu seio donoso,

Me enleva... me perde,

Cabocla faceira!

II

Teus olhos, teus cílios

Têm côres da noite,

Teu colo é veludo

Teu braço roliço...

Tu és feiticeira!

Me mata o feitiço,

Que bebo em teus olhos,

Cabocla faceira!

III

É um jambo teu rosto

Auroras, as faces...

Teus lábios são bagos

De fresca romã...

Tu és feiticeira!

Tu és tão louçã...

Me encantas... me perdes,

Cabocla faceira!

Teus longos cabelos

São negros, lustrosos;

Os pés, pequeninos

> As mãos, delicadas...
> Tu és feiticeira!
> Que gestos de fadas...
> Me encantas... me perdes,
> Cabocla faceira! [73]

A compositora Branca Rangel aborda sobre o encanto dos olhos e cabelos negros desse tipo miscigenado, das suas formas corporais convidativas para o sexo e também da sua fogosidade. Esse tipo de mulher era comum nas zonas periféricas da cidade de Fortaleza e fica evidente que a compositora não tinha uma aproximação com a mesmas. O ritmo da música é de um lundu transfigurado, muito comum em peças urbanas de Chiquinha Gonzaga e Ernesto Narazé. Essa abordagem feita por Rangel, era uma tentativa de instituir por meio do discurso uma diferenciação relativa a uma posição-situação que a de um enunciador todo poderoso, graças a um saber que ele afirma e conquista face ao ignorante pelo qual fala.

O folclore foi um tema caro para a compositora Branca Rangel, tanto que suas composições ficaram conhecidas como "pérolas da arte popular". Baptista Siqueira, que apontou ter coletado a modinha *Minha Terra*, da tradição oral e a registrou como de autor anônimo, apontava a obra como uma legítima "modinha do folclore nordestino", que não poderia ser esquecida pelos brasileiros por seu valor cultural. Essa falta de identificação do compositor e do letrista era muito comum no período e contribuía para os pesquisadores colocarem na cabeça dos leitores que aquela música era um produto do coletivo, de gente humilde e do sertão. *Minha Terra* era na verdade uma modinha feita para piano e voz, de autoria de Branca Rangel, com letra de Juvenal Galeno.

---

73 RANGEL, Branca. *Cabocla*, 1955. Fortaleza: Melografia Gilberto Petronillo.

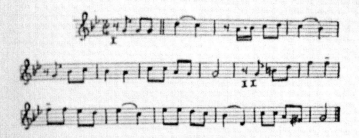

I

Ah! Minha terra! Tão querida e bela!...
Pra longe dela vou me ausentar
Na terra alheia só me fazem guerra
Na minha terra, meu amor é lá...

II

Pode ser que um dia, a existência finda
Pra que ainda eu possa lá voltar
Na minha terra até me fazem verso!...
Meu universo!... Meu amor é lá.

IMAGEM 23 – Partitura de Minha Terra – Acervo Passado Musical da Biblioteca Nacional.

Minha terra

I

Ah! Minha terra! Tão querida e bela!...
Pra longe dela vou me ausentar
Na terra alheia só me
fazem guerra
Na minha terra, meu amor é lá...

II

Pode ser que um dia, a existência finda
Pra que ainda eu possa lá voltar
Na minha terra te me fazem verso!...
Meu universo!... Meu amor é lá.

Nessa perspectiva, a música dita popular ou folclórica é quase sempre qualificada de ingênua, mas essa ingenuidade é como o signo do que lhe é reprovado, ou de que se gostaria de tomar-lhe de empréstimo. Essa apreciação da ingenuidade e a própria ingenuidade cristalizam ao mesmo tempo o desejo e a rejeição de uma inocência e de uma ignorância invejadas porque parecem ser uma garantia de autenticidade. A apreciação da ingenuidade obriga, pois, a transcrever ou a modificar um texto a fim de melhorá-lo ou atualizá-lo. O "ingênuo" é assim apreendido pela falta de jeito de uma forma que revela uma verdade de sentimentos que cabe remeter à honra, porque essa verdade é de todos os tempos. Os intelectuais estavam em busca de sempre melhorar o popular, acarretando a colonização letrada e racional. Percebe-se que o piano esteve presente em quase todas as modinhas dessa compositora. *A Viola*, também com letra de Juvenal Galeno comprova a afirmativa:

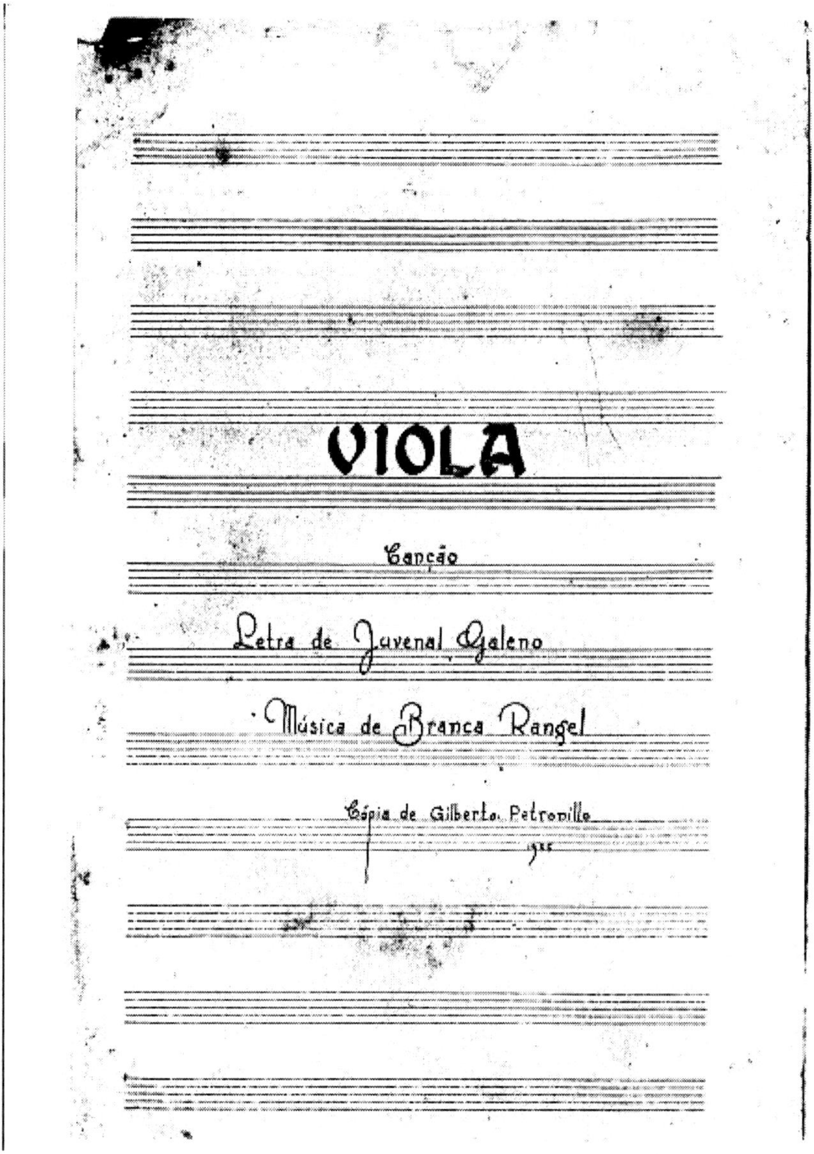
VIOLA
Canção
Letra de Juvenal Galeno
Música de Branca Rangel
Cópia de Gilberto Petronillo

IMAGEM 24.1, 24.2, 24.3: Partitura de Viola – Acervo da Casa Juvenal Galeno.

Viola

I

Viola, minha viola
Nas tuas cordas douradas
Noite e dia toca e canta
Cantigas apaixonadas
E meu destino é viola
Qual meu destino é cantar
Viola, minha viola
Viola, que sabe amar!

II

Quando aponta a estrela d'alva
O toque desta viola
É tão meigo, tão suave
Que as dores d'alma consola
E a noite quando suspiros
Em desafogo de penar
Viola, minha viola
Viola, do suspirar

III

E que segredos se escapam
De teu seio na toada
Como o perfume do mato
Ao despontar d'alvorada
O pranto rola nas cordas
Como o orvalho na flor
Viola, minha viola
Viola do meu amor.[74]

---

74 GALENO, Juvenal; RANGEL, Branca. *Viola*: canção. Fortaleza: Melografia de Gilberto Petronillo, 1955.

Essa modinha é contraditória, já que foi composta para voz e piano e, no entanto, faz menção à viola, instrumento que já havia entrado nas salas de concerto, mas representavam os boêmios que gostavam de passar noites a fio cantando e bebendo no espaço da rua. Musicalmente, ela não guarda nenhuma semelhança com a modinha-serenata, tocada ao violão. Na verdade, os traços de um batuque negro é que estão presentes no ritmo dessa música. Segundo a historiadora Maria Izilda, as representações negativas da noite no imaginário ocidental têm anterioridade. Na Idade Média, com a desqualificação do mundo material e da pecaminização da vida, o dia foi reservado para o espírito e o trabalho, devendo a noite ser dedicada ao descanso.

Os modinheiros que tocavam ao violão na cidade, não se sujeitavam a esses preceitos da moralidade cristã. Na cidade de Fortaleza, no fim do século XIX, a chegada da iluminação pública facilitou a inserção de novos hábitos noturnos. Mas os comerciantes acusavam os adeptos das diversões noturnas de vadios, por serem indisciplinados e praticarem o ócio, ao invés do trabalho e das obrigações sociais. Em outra, que foi catalogada por Wilson Boia, intitulada *Mistérios do Mar*, a compositora resgata também esse popular ligado ao jangadeiro, utilizando-se de um poema de Juvenal Galeno.

Mistérios do mar
Jangadeiro, jangadeiro
Que fazem cantando assim
Embalado pelas vagas
No seio do mar sem fim?

E o jangadeiro nas ondas
Cantava triste canção;
Sôlto a remo, presa a vela
De sua jangada então.

Ai de quem amou na vida...
Ai de quem sentiu amor...
Ai de quem sonhou constante
Um peito falso... traidor!

E o jangadeiro cantava
No frio leito do mar.
Ao murmúrio da brisa
Das vagas ao soluçar!

- Amei-a com doce extreme,
Com firmeza… e devoção…
Té que um dia o seu desprêzo
Esmagou-me o coração…

E o jangadeiro cantava…
Era noite de luar:
Ao longe…na choça, a festa…
Gemidos, prontos no mar.

Ao longe, ao som da viola,
Mais se animava a função,
Que Maria, a flor da praia,
Era noiva…dera a mão!

E o jangadeiro chorando
Cantava triste a gemer…
Deserta a praia… e na choça
O riso, a festa, o prazer.

No outro dia… à luz da aurora,
Na areia viu-se encalhar
O corpo do jangadeiro,
Que a onda trouxe do mar!

E a jangadinha sem vela,
Sem remo…veio também…
Ah! Como morrera o triste
Ninguém o soube… ninguém.

Desde êsse dia... nas ondas,
Quando a noite é de luar,
Vê-se ao longe a jangadinha
Por sôbre a face do mar.

E o jangadeiro cantando
A sua triste canção...
Embalado pelas ondas...
Ao gemer da viração...

-Ai de quem amou na vida...
Ai de quem sentiu amor...
Ai de quem sonhou constante
Um peito falso... traidor!...

E a pobre gente da praia
Chora ouvindo êste cantar,
Mais triste suspira a brisa,
Soluça a vaga do mar![75]

Acredita-se que Branca Rangel também tenha se inspirado na obra da compositora Branca Bilhar (1886 – 1928) ao compor suas modinhas. Filha do grande violonista Satyro Bilhar, essa compositora proveniente da cidade do Crato, interior do Ceará, que também era pianista e fazia a maioria de suas músicas para esse instrumento, trabalhou bastante com ritmos provenientes da nascente música urbana. *Bailado Indígena*, *Samba Sertanejo* e *Ao Violão* são algumas de suas composições. Apesar da iniciativa de Juvenal Galeno superar os métodos românticos de afirmação da nacionalidade e, embora também fosse adepto dos conceitos positivistas que tentavam tratar o popular de maneira neutra e científica, não se afastava muito dos paradigmas que desejava combater, na medida em que adotava o olhar do observador e catalogador da cultura dos trabalhadores da fazenda da sua família localizada no município de Pacatuba.

---

[75] GALENO, Juvenal; RANGEL, Branca: *Mistérios do Mar*: canção. Fortaleza: Melografia de Gilberto Petronillo, 1955.

Sobre esse contexto, a pesquisadora Cristina Betioli aponta que os fundamentos da cultura popular europeia explicavam-se pela ideia do afastamento das cidades, como impedimento geográfico da corrupção dos costumes pelos hábitos urbanos e cosmopolitas. Mas a realidade social, política, econômica e física do Brasil era completamente outra. O país e a própria Corte eram predominantemente rurais e o principal tipo de mão de obra era a escrava.[76] Betioli também comenta que o problema se agravava, na medida em que o negro representa, ao mesmo tempo, a maior fatia da população e um elemento a ser omitido pelos movimentos intelectuais nacionalistas. Diante de olhares estrangeiros escandalizados com a manutenção da escravidão no Brasil e a patente mistura racial entre brancos e negros, era recomendável evitar o africano como componente da formação nacional. Familiarizados com os avanços da economia industrial, os julgamentos estrangeiros eram perplexos e contrários a um modelo econômico ainda baseado na escravidão.

Juvenal Galeno acabou envolvendo-se com as ideias cientificistas, aderindo às concepções naturalistas de raça, meio e evolução, mas sem renunciar às idealizações românticas. É, sobretudo, em resposta aos estrangeiros naturalistas, surpreendido pela mestiçagem observada no Brasil, que os folcloristas assumiam a prática de investigação das influências raciais na formação da cultura popular, bem como da coleta e do registro documental da poesia e das narrativas orais.

No entanto, Juvenal Galeno fez diferente, pois não conservava o relato oral, mas tentava aperfeiçoá-lo com seus dotes artísticos. Na serra de Aratanha, apoiado pelas ideias de Gonçalves Dias e a Comissão Científica, Galeno buscou entender a vida dos empregados de seu pai, mas existia um distanciamento do folclorista em relação a esses indivíduos. No entanto, o material produzido por Galeno possibilita-nos momentos de reflexão sobre as experiências do campo em termos social, uma vez que o autor não se constituiu como intelectual de gabinete, mas como um etnólogo que buscou *in locus* o seu processo investigativo e produzindo ele mesmo poema na forma das coisas que ele pesquisou.

Lilia Schwarcz, por exemplo, observou que a adaptação das ciências europeias à realidade brasileira foi tarefa árdua para a intelectualidade nacional, que lidava com um povo visivelmente marcado pela miscigenação. Ainda assim, evidenciava-se um processo de redefinição das teorias naturalistas no Brasil, segundo os interesses da elite. Para a maioria dos primeiros folcloristas, com destaque

---

76 RIBEIRO, Cristina Betioli. *Folclore e Nacionalidade na Literatura Brasileira do século XIX*. Tempo: Revista do Departamento de História da UFF, 2003.

para o exemplo de Sílvio Romero, a mestiçagem funcionava como argumento de justificativa para o processo de aclimatação do branco nos trópicos: o primeiro passo para uma evolução rumo ao branqueamento civilizador do Brasil, como já foi observado anteriormente.[77]

Galeno estabeleceu uma relação entre folclore e literatura ao abordar a cultura popular. Outros literatos, políticos e bacharéis de Medicina e Direito também preferiram tomar esse caminho. Existia uma pretensão científica na análise do povo e suas manifestações culturais, associando-as a um processo evolutivo que os valorizava como tesouros primitivos, cristalizados no passado, e como fósseis valiosos para os estudos antropológicos. O movimento de grande parte desses folcloristas, entre eles o próprio Galeno, era de distanciamento, semelhante ao empreitado pelo indianismo.

Assim, a vinculação do popular ao primitivismo evidentemente os fazia esbarrar na controversa tarefa de introduzir o folclore na produção literária erudita. O poeta Juvenal Galeno, por exemplo, descreve, no prólogo das *Lendas e canções populares* (1865), como pretende aproveitar a cultura popular em suas composições poéticas e isso é um dado importante para essa pesquisa, pois todos os poemas utilizados por Branca Rangel e Alberto Nepomuceno foram tirados desse livro:

> Reproduzindo, ampliando e publicando as lendas e canções do povo brasileiro, tive por fim representá-lo tal qual ele é na sua vida íntima e política, ao mesmo tempo doutrinando-o e guiando-o por entre as facções que retalham o Império, – pugnando pela liberdade e reabilitação moral da pátria, encarada por diversos lados, – em tudo servindo-me da toada de suas cantigas, de sua linguagem, imagens e algumas vezes de seus próprios versos.

Mais uma vez, fica evidente o propósito de apresentar o conteúdo produzido pela tradição cultural oral aperfeiçoado pelo talento letrado. A proposta de coleta e doutrinação das produções orais nos próprios poemas indica que Juvenal Galeno ainda não era completamente partidário das ideias científicas de recolha e registro do folclore. Betioli aponta que o literato ignorou o pressuposto teórico da preservação da poesia popular, enquanto documento a permanecer intacto. Em razão deste procedimento, assim como acontece com José de Alencar e o

---

[77] SCHWARCZ, Lilia Moritz. *O Espetáculo das Raças: cientistas, instituições e questão racial no Brasil 1870-1930*. São Paulo: Companhia das Letras, 1993.

escritor português Almeida Garrett, o poeta cearense sofre críticas dos folcloristas, que vêm munidos das concepções naturalistas do folclore. Contudo, ao tratarem especificamente de Galeno, tais críticas apresentam ressalvas.

As poesias de Juvenal Galeno deixavam de lado o lirismo para tratar a vida humilde, da cotidianidade, das lendas e das superstições, sendo elas repletas de descrições que vão desde casas a modos de vida como, por exemplo, o agricultor, o vaqueiro, dentre outros, que nos possibilitam refletir sobre o homem, sobretudo o sertanejo, por volta da segunda metade do século XIX e alguns de seus problemas sociais. Ele também procurou registrar as formas de falar de procedência indígena, africanas e arcaísmos populares, o que o distanciava da poesia acadêmica. São poesias que nos possibilitam fazer reflexões sobre os sertanejos e suas experiências de vida, uma vez que se apresentam repletas da psicologia popular, trazendo os sentimentos do povo e seus costumes "rústicos" do homem da praia, da montanha e do sertão.

Araripe Júnior, por exemplo, vislumbrava uma renovação da originalidade e nacionalidade da literatura através de Juvenal Galeno. A ideia que se difundia de que o Brasil estaria em um estado embrionário de formação de sua identidade e nacionalidade era consenso entre os folcloristas e mais uma herança romântica europeia em relação ao "atraso brasileiro". Outro crítico que reconheceu a singularidade do poeta Juvenal Galeno foi Franklin Távora. Este apontou que os seus versos literários eram admiráveis e, por esse motivo, foram produzidos de norte ao sul do Brasil.[78] Enfatizava também a figura de um mediador cultural, que ficava entre o povo e as letras, representando-os. No entanto, Ortiz utiliza um termo que caracteriza melhor a prática de Galeno, bem como a de Alberto Nepomuceno e Branca Rangel. Eles eram, na verdade, uma espécie de anfíbios biculturais, buscando o popular nos territórios de mestiços e negros, mas não permitindo a participação destes nas suas festas e confraternizações.[79]

---

78 TÁVORA, Franklin. *apud* GALENO, Juvenal. *Lendas e Canções Populares.* "*Juízos Críticos*". Fortaleza: Casa Juvenal Galeno, 1978. Retirado do periódico A Semana. Rio de Janeiro, 1887.

79 ORTIZ, Renato. 1992. *Op. cit,*.

CAPÍTULO 3

VOZ E VIOLÃO: MODINHA SERESTEIRA E CULTURA URBANA NOS CANTARES DE RAMOS COTÔCO, TEIXEIRINHA E CARLOS SEVERO

A música urbana está intrinsecamente ligada ao surgimento da Indústria do Disco. A canção aparece para solucionar uma necessidade dos indivíduos de produzir e consumir uma música mais curta, que coubesse nos cilindros e nos discos de cera. Essas gravações auxiliaram na difusão de uma música mais rápida e de consumo mais prático. Com a chegada das novas técnicas de registro sonoro se pensou na comercialização da música, criando-se a preocupação da autoria da obra, bem diferente do período anterior ao século XIX, que muitas melodias se perderam no anonimato.[1]

Foi nesse período que também teve início a confusão com o conceito de música popular, que se tornou logo sinônimo da "música do povo", sendo empregado de uma forma ambígua para definir a música das grandes cidades e também a do mundo rural. Essa necessidade do compositor de aderir ao rótulo de popular veio a partir do momento em que o termo foi ligado à identidade nacional, sendo algo adequado de se ouvir. Era, por exemplo, a única forma de compositores e intérpretes negros de ganhar um grande público e chegar às famílias mais conservadoras.

Um dos primeiros a pensar na estratégia de ganhar o público com a finalidade de legitimar suas práticas de comércio foi Pedro Quaresma, que tinha uma livraria conhecida por ter obras acessíveis a todos. Fred Figner apostou

---

[1] Em 24 de abril de 1878, é fundada a empresa Edison Speaking Phonograph Company onde uma das primeiras inovações foi o lançamento do "fonógrafo" acionado por motor elétrico. Entretanto, paralelamente outros inventos semelhantes ao fonógrafo estavam surgindo. Assim, em 1880, Alexander Bell, o mesmo inventor do telefone, desenvolve em conjunto com seu primo, Chichester Bell e o professor Charles Sumner Tainter, um método para reprodução dos sons naturais usando jato de ar, o graphophone cuja patente foi obtida em 4 de maio de 1886.

na mesma fórmula, gravando pelo selo da Casa Edison um grande repertório de músicos e intérpretes da classe média, sendo muitos deles negros, que saiam esbranquiçados na capa para não causar tantas tensões.[2]

Catullo da Paixão Cearense foi um dos artistas que mais publicou na Livraria Quaresma e gravou na Casa Edison. Ele almejava contribuir para a formação cultural nacional por meio de suas canções. Por esse motivo, levantou bandeiras de ter sido responsável pela popularização da modinha ao violão, acreditando que esse instrumento, aliado com o gênero musical modinha, representava à autêntica "alma brasileira". Suas letras apresentavam características semelhantes aos compositores que faziam modinha ao violão, resgatando a temática da raça, do meio e do folclore, porém, diferenciando-se de Eduardo das Neves, por exemplo, que realçava o tom galhofeiro em suas produções.[3]

Nas músicas de Catullo fica evidente que foi eleito o caboclo dos sertões como representante da nacionalidade brasileira, o mesmo tipo apontado na literatura de Euclides da Cunha. No entanto, Catullo não está inserido totalmente nessa vertente da busca da identidade nacional no rural, pois não pensava apenas em recolher as tradições transmitidas oralmente no interior do país, mas uni-los a elementos novos. Quando Catullo visitou Fortaleza pela primeira vez, acabou influenciando os modinheiros locais. No entanto, Ramos Cotôco Teixeirinha e Carlos Severo abordaram questões sobre o meio, a raça e o folclore através de outro prisma. Teixeirinha cantou os problemas da seca do Ceará com comicidade e pilheria. Ramos Cotôco zombou da mulher branca que se apropriava da moda de Paris e exaltou a mulata que possuía apenas os seus dotes naturais, e enquanto Carlos Severo cantou sobre a boêmia da cidade, as festas e diversões antigas.

A influência do estilo de vida boêmio, caracterizado pela despreocupação com relação a bens materiais e às convenções sociais, influenciou também a forma desses compositores de classe média a criarem suas modinhas sem abusar do romantismo ufanista, exaltando, sobretudo, as imagens do "populacho". Esse movimento da boemia, que no Brasil teve início no Rio de Janeiro e chegou ao fim do século XIX em Fortaleza, foi marcante porque ajudou os artistas e intelectuais envolvidos a se preocuparam em projetar socialmente as camadas menos favorecidas, sobretudo os trabalhadores urbanos, negros e mestiços.

---

2   TINHORÃO, José Ramos. 2011. *Op. cit.*, p. 11.
3   FELIM, Uliana Dias Campos. 2006. *Op. cit.*

Entender o momento histórico que o Rio de Janeiro passava naquele período é essencial para perceber a realidade fortalezense. Exatamente por isso dialogamos com os trabalhos das pesquisadoras Taborda e Uliana Dias, que analisaram o movimento musical carioca e perceberam que os intérpretes e instrumentistas projetados nos meios de comunicação escolheram tratar das definições da cultura popular com mais ênfase nas características do homem do campo, enquanto que os modinheiros fortalezenses selecionados para esse trabalho, e que estavam ligados à prática do violão, escolheram tratar, sobretudo, do urbano, dos problemas de trabalhadores das grandes cidades, com maior ênfase naquelas com emprego informal, como lavadeiras, engomadeiras e tecelonas; dos dilemas de negros que procuravam emprego após o processo abolicionista; dos confrontos de gênero realçados nos amores furtivos com as mulatas, muitas delas criadas, nas "portas detrás" dos bordéis e quintais.

Porém, essa música cheia de comicidade tocada ao violão era vista por alguns como algo que devia desaparecer. A modinha feita com os ritmos da chula e do lundu era classificada com a expressão "populacho", que tinha a ver com vulgaridade. Isso acontecia porque para as famílias tradicionais não gostavam de encontrar a representação das camadas mais humildes da sociedade nessas músicas. A partir da leitura de Bollème, entendemos que a expressão "populacho" poderia ser utilizada como tentativa de rejeitar todos os que não faziam parte "do mundo dito civilizado". O uso da expressão era tomado como discurso para excluir todos os que pensavam e agiam de maneira diferente.[4]

O violão no Rio de Janeiro: entre o popular e o populacho

Tinhorão aponta que o primeiro compositor historicamente conhecido por estilizar e divulgar de prática da modinha a viola foi o padre Domingos Caldas Barbosa. O famoso mulato carioca, que usava a *persona* literária de Lereno Selinuntino, misturou o ritmo sincopado do lundu, que aprendeu nas ruas com mestiços, negros e boêmios cantadores na época de estudante, com a melodia dos gêneros portugueses, que conheceu em Portugal quando lá esteve. Essa mistura cultural de sons foi responsável pela peculiaridade da modinha brasileira. O livro *Viola de Lereno*, que teve primeira publicação do volume I em 1798, e volume II,

---
4 BOLLÈME, Geneviève. 1988. *Op. cit.*, p. 28.

somente em 1826 é uma coletânea de modinhas que tinham frases curtas com versos de 4 a 6 sílabas, típico da nascente música popular urbana.[5]

A modinha seresteira levava esse nome porque estava ligada ao ato de entoar músicas no meio da rua ou declamações de amor para as moças de família nas janelas de suas casas. No fim do século XVIII até meados do XIX, os cancioneiros (denominação dada aos violonistas de salão, brancos e educados formalmente) cariocas e, sobretudo, os baianos, afastaram-se dos seresteiros (negros ou mestiços de origem pobre e autodidata que também usavam a rua como palco). Isso ocorreu porque o florescimento econômico da colônia após a descoberta do ouro propiciou uma animação da vida social no círculo restrito das grandes famílias e os cantores mais ligados à elite abandonaram as ruas e se transformaram em cantores de salão. Por causa das convenções sociais, caberia aos indivíduos que não atingiram esse nível necessariamente restrito da alta vida social o papel de continuadores da velha tradição dos trovadores de rua.[6]

A prática da modinha seresteira foi vinculada a dois instrumentos de cordas muito parecidos: a guitarra e a vihuela. Enquanto aquela estava ligada à plebe, esta foi relacionada à vida musical palaciana e tendo seu fundo plano e seis ou sete ordens de cordas de tripa, sendo as mais graves banhadas entornadas de prata, desapareceu ao longo do tempo devido à busca de novos recursos e maior intensidade sonora. O povo, porém fiel à guitarra, continuou descobrindo novos caminhos para ela, utilizando-a inicialmente para os rasgueados e acompanhamento do canto. Devido ao seu grande uso na Espanha, a guitarra passou a ser conhecida nos demais países como Guitarra Espanhola, sendo que o seu período de triunfo ocorreu no século XVII.[7]

No Brasil, o primeiro instrumento de cordas que se teve notícia foi a viola de três cordas e a prima simples, muito popular entre os portugueses e precursora do violão. Ela foi trazida pelos jesuítas para ajudar na catequese indígena, pela elite intelectual da colônia, como também pelos colonos portugueses. No século seguinte, a viola ganhou mais uma ordem de cordas e, na segunda metade dos anos de setecentos, ainda mais outra. Ela se transformou em um instrumento de seis cordas duplas, que logo depois se tornaram simples. Isso exigiu um aumento de tamanho para recompensar o menor volume de som. A viola

---

5   TINHORÃO, José Ramos. 2011. *Op. cit.*, p. 170.
6   *Idem*. 1998. *Op. cit.*, p. 135.
7   MACEDO, Joaquim M. de. *Um passeio pela cidade do Rio de Janeiro*. Rio de Janeiro: Editora Zelio Valverde, 1942, p. 67.

grande passou a ser chamada de violão.[8] Um dos primeiros violeiros de renome no período colonial foi o poeta e boêmio Gregório de Matos, que improvisava e entoava cantigas.

O violão se tornou o instrumento favorito para o acompanhamento vocal das modinhas e para a música instrumental, acompanhando também a flauta e o cavaquinho nos conjuntos de chorinho. Por ser muito usado nas ruas e pelo povo, o violão passou a ter uma má fama, sendo considerado por muitos um instrumento de boêmios, presente entre seresteiros, chorões, tornando-se um símbolo de vagabundagem e carregando consigo este estigma por muitos anos. Contudo, o violão não estava apenas nas ruas, pois frequentou o Palácio do Catete nas mãos de Nair de Teffé, primeira-dama, esposa do presidente Hermes da Fonseca e foi o grande companheiro do arquivo musical de Villa Lobos, compositor responsável pelo surgimento do repertório de concerto dedicado ao instrumento.

No século XIX, período em que o violão padronizou as dimensões conservadas até hoje, surgiu vários métodos para tocar o instrumento, que se proliferaram entre os executantes. Taborda aponta que em 1799 foram lançados três métodos de ensino que retrataram o fervilhar da arte instrumental do período. Um deles foi o do compositor italiano Frederico Moretti, que apresenta rudimentos gerais de teoria musical, tratando da postura das mãos, passando à exposição em 24 quadros de escalas cromáticas, escalas nos modos maior e menor e diversos arpejos. Um dos grandes mestres espanhóis na arte de construir instrumentos foi Antônio de Torres Jurado (1817-1892), responsável pelo estabelecimento e a padronização das dimensões do violão moderno.[9]

Nesse período, o violão experimentou grande desenvolvimento também nas principais salas de concerto europeias. A maioria dos primeiros recitalistas também eram compositores e, por esse motivo, tiveram uma maior facilidade em impulsionar um repertório do instrumento. Taborda comenta que alguns dos grandes artistas da época foram: Ferdinando Corulli (1770-1841), Fernando Sor (1778-1835), Dionísio Aguado (1784-1849), Mauro Giuliani (1781-1829)

---

8   Entre nós a palavra viola mantém até hoje o significado de violão. Embora se especializasse na designação do instrumento inicial de quatro ou cinco cordas duplas, limitado quase exclusivamente à área rural, conservou também, de forma residual, o valor semântico de violão, este, sim, quase exclusivamente limitado à área litorânea. O instrumento de cinco cordas duplas, como era tradição, passou a ser sempre identifica pelo complemento: viola de arame, viola de dez cordas, viola caipira, viola sertaneja.

9   DUDEQUE, Norton Eloy. *História do Violão*. Curitiba: Editora da UFPR, 1994.

e Mateo Carcassi (1792-1853), violonistas que abandonaram os países de origem e estabeleceram-se em Paris, Londres e Viena. Até mesmo o pianista Franz Schubert e o violinista Paganini apreciavam o instrumento.

Segundo Marcia Taborda, surgiram no Brasil alguns concertistas locais e estrangeiros. Em artigo publicado na revista O *violão* (1929), encontra-se o nome do engenheiro Clementino Lisboa, que, apesar de ser violonista sem educação formal, ficou conhecido no Rio de Janeiro por causa de seu talento. Lisboa parece ter empreendido trabalho pioneiro não apenas como concertista, mas como transcritor e compositor. Apesar de seus esforços, a entrada do violão nas salas de concerto do Rio de Janeiro se deu muito lentamente. Nos últimos trinta anos do século XIX, praticamente não se teve notícia do violão em recitais públicos.[10]

Ernani de Figueiredo, que veio de Campos dos Goitacazes, também apresentou grandes concertos em espaços públicos e particulares. No entanto, a difícil execução desse instrumento fez aparecer críticas que apontavam o violão exótico e de menor qualidade em relação aos outros instrumentos, porque não se via quase um virtuose. Figuras como o violinista e compositor paraguaio Agustín Barrios Mangoré (1885-1944), tentaram reverter essa impressão. O grande interprete se apresentou em salas de concerto do Rio de Janeiro músicas que incorporavam ritmos da América Latina, somando a tradição do violão espanhol. Sua obra, notadamente a grandiosa *La catedral*, enriqueceu a literatura do instrumento, utilizando recursos técnicos de escalas, arpejos, tremolos, a serviço de sua privilegiada musicalidade. O uruguaio Isaías Sávio também foi um grande violonista que lutou para quebrar a barreira do preconceito contra esse instrumento.

Para Taborda, o violão ocupou lugar privilegiado na vida social do Brasil e foi eleito como autêntico símbolo da nacionalidade, porque através dele se "abrasileirou" a maioria dos gêneros provenientes da Europa. Esse movimento se desenvolveu no Rio de Janeiro por músicos de todas as partes do país e logo migra para outros estados, como Minas Gerais, Bahia e Ceará. Quincas Laranjeira, João Pernambuco, Dilermando Reis, Canhoto e Garoto (São Paulo), João Augusto de Freitas (Minas Gerais), Levino da Conceição (Mato Grosso) e, na história mais recente, Sebastião Tapajós (Pará) e Turíbio Santos (Maranhão), foram grandes violinistas que ajudaram na construção desse rótulo de brasilidade para o violão.[11]

---

10 TABORDA, Marcia. *Violão e identidade nacional*. Rio de Janeiro: Editora Civilização Brasileira. 2011, p. 19.

11 *Idem, Ibidem*, p. 20.

Ary Vasconcelos, que foi um dos grandes pesquisadores da música popular brasileira, escreveu sobre a importância da técnica violonística de Joaquim Francisco dos Santos, conhecido por Quincas Laranjeiras. Segundo esse escritor, o violeiro nasceu em Pernambuco e veio para o Rio com poucos meses de idade. Empregou-se na Fábrica de Tecidos Aliança, em Laranjeiras, e iniciou a formação musical com a grande maioria dos músicos, atuando na banda de música da fábrica na qual tocava flauta. Quincas Laranjeira dedicou-se ao estudo do violão sem auxílio de professor e por meio de antigos métodos. Seu conhecimento técnico era tão grande, que chegou a formar músicos ilustres como José Augusto de Freitas, além de ter sido um dos precursores no ensino de violão para mulheres.[12]

Américo Jacomino, também conhecido por Canhoto, em virtude de executar o dedilhado no instrumento com a mão esquerda, sem inversão do encordoamento, também teve muita importância, pois foi um dos responsáveis pelo "enobrecimento" do violão no Brasil. Ele nasceu em São Paulo no ano de 1889 e morreu em 1928 no mesmo lugar, tendo constituído uma carreira musical com várias apresentações em seu estado de origem. Entre os anos de 1912 e 1926, realizou gravações para a Casa Edison do Rio de Janeiro, algumas como solista e outras como líder de conjunto. Foi, sem dúvida, o primeiro ídolo do instrumento, profissional pioneiro no campo dos recitais e gravações e compositor de obras que "traz o selo de autêntico brasileirismo".[13]

A literatura especializada no assunto aponta que Aníbal Augusto Sardinha, conhecido como Garoto, também deixou sua marca na técnica violonística. Ele nasceu em São Paulo em 1915 e faleceu no Rio de Janeiro em 1955, de ataque cardíaco. Garoto começou a tocar instrumentos desde muito cedo. Aprendeu banjo, bandolim, cavaquinho, guitarra elétrica, violão, guitarra havaiana, guitarra portuguesa e violão tenor com a mesma competência, além de escrever músicas e arranjos para todos eles. A música de Garoto era um caldeirão de muitas e variadas influências. Suas raízes estão no samba e no choro, onde o gênio de Pixinguinha talvez seja sua maior influência. Ao mesmo tempo, ele estava sempre experimentando outros estilos e em contato com o que estava sendo feito de mais moderno na época, sendo um dos primeiros a introduzir *jazz* em gêne-

---

12 VASCONCELOS, Ary. *Panorama da música popular brasileira na Belle Époque*. Rio de Janeiro: Livraria Sant'Anna, 1997, p. 275-276.
13 SEVERIANO, Jairo. 2008. *Op. cit.*

ros tradicionais. Ele também mostrou uma forte influência do Impressionismo francês, em especial as ideias harmônicas de Debussy.[14]

Outro músico dedicado ao ensino da técnica do violão foi José Rebello da Silva, conhecido por José Cavaquinho, apelido adquirido por ter sido este o instrumento de sua iniciação musical. No livro do pesquisador Marcos Antônio, encontramos algumas informações sobre ele. Nascido em Guaratinguetá, veio para o Rio de Janeiro, onde foi um dos fundadores e diretor de harmonia do Amedo Resedá. Escreveu um método de ensino de violão e dedicou-se com afinco à formação musical de sua filha, Ivonne Rebello, quem instruiu na execução de obras do repertório clássico e romântico. Estudou também cavaquinho na loja e fábrica de instrumentos Cavaquinho de Ouro, que, em 1928, prestou uma homenagem a ele. Suas composições se destacaram pela temática nacionalista como, por exemplo, o tango "Ipiranga".[15]

Muitos deles faziam e executavam modinhas ao violão, mas foi Catullo que cumpriu papel semelhante ao de Caldas Barbosa. Catullo da Paixão Cearense nasceu no Maranhão e era filho do relojoeiro e ouvires Amâncio José da Paixão e da dona de casa Maria Celestina Braga da Paixão. O pai estabeleceu-se em São Luiz e passou a adotar o sobrenome "Cearense" depois de se tornar conhecido por este apelido naquela cidade. No entanto, por volta de 1880, a família de Catullo mudou-se para o Rio de Janeiro quando ele tinha por volta de 14 e 17 anos, depois de conviver com poetas e cantadores do interior. Há controvérsias sobre a data de nascimento do poeta e modinheiro, pois uns dizem que seu nascimento foi em 1866, outros afirmam 1863.

A historiadora Uliana Dias aponta que Catullo foi dedicado a representar o impulso civilizador e pedagógico, alheio à esfera da grande arte, mas com intuito de atingi-la. Catulo também almejava contribuir para a formação da cultura nacional através das modinhas e, por esse motivo, levantou bandeiras de ter sido o responsável pela popularização desse gênero. O violão em suas mãos foi considerado um instrumento popular e suas canções representavam para ele a "autêntica" "alma brasileira".

Catullo associou-se a músicos identificados como chorões com alguma noção de aprendizado formal em música. Sua linguagem, além de resgatar o ideal do amor romântico cultuado pelos antigos cancioneiros, pretendia, numa outra

---

14   AZEVEDO, M. A. de, et al. Discografia brasileira em 78 rpm. Rio de Janeiro: Funarte, 1982.
15   MARCONDES, Marcos Antônio. (ED) Enciclopédia da Música popular brasileira: erudita, folclórica e popular. 2ª ed. São Paulo: Art Editora/Publifolha, 1999.

vertente, formatar um padrão cultural com a criação do ideal sertanejo, aquele que melhor representaria o caráter nacional. Os chorões eram indivíduos quase exclusivamente oriundos da baixa classe média: funcionários públicos federais e servidores municipais.

Taborda adverte que esses grupos acompanhavam modinhas, que ganharam o nome de seresta e acabaram por incluir sambas-canção lentos, lundus, maxixes, marchas, sambas e, quando foi preciso, boleros, tangos argentinos, rumbas e até árias de ópera. Os músicos "de ouvido" em alguns minutos faziam um arranjo para qualquer tipo de peça, sem partitura e quase sem ensaio. Era essa dinâmica que possibilitava o funcionamento das emissoras de rádio, aonde chegavam e saíam com frequência cantores diversos. O processo de gravação de discos e a consequente possibilidade de registrar músicas para venda permitiu a profissionalização de numerosos músicos de choro.[16]

Assim como Catullo, muitos dos grupos de choros organizados no Rio de Janeiro e de variada formação faziam composições de temática regional. O Grupo do Caxangá, por exemplo, foi um conjunto de inspiração nordestina tanto no repertório e na indumentária quanto na adoção de codinomes sertanejos para seus integrantes. A "Trupe Sertaneja", que foi criado por João Pernambuco em 1916, também foi outro grupo que valorizava temáticas relacionadas ao homem do campo. Porém, um dos mais famosos foi o grupo Oito Batutas, formado por Pixinguinha e integrado inicialmente por Alfredo da Rocha Viana Júnior (Pixinguinha), flauta; Ernesto dos Santos (Donga), violão; Jacó Palmieri, pandeiro; José Alves de Lima, bandolim; Luiz Pinto da Silva, bandola e reco-reco, Nelson dos Santos Alves, cavaquinho; Otávio da Rocha Viana (China), violão e voz.

Pixinguinha nasceu no Rio de Janeiro em 1897 e foi um flautista, saxofonista, compositor e arranjador brasileiro. Foi ele o responsável por contribuir diretamente para que o choro encontrasse uma forma musical definitiva, sendo *Carinhoso* e *Lamentos* suas músicas mais conhecidas. Já Donga nasceu em 1980 no Rio de Janeiro e foi um músico, compositor e violonista brasileiro. Gostava de cantar modinhas e promovia inúmeras festas, participando das rodas de música na casa da lendária Tia Ciata, ao lado de João da Baiana, Pixinguinha e outros. Grande fã de Mário Cavaquinho, começou a tocar este instrumento de ouvido, aos 14 anos de idade. Pouco depois, aprendeu a tocar violão, estudando com o

---

16 TABORDA, Marcia. 2011. *op. cit.*

grande Quincas Laranjeiras. Em 1917, consagrou a gravação de *Pelo telefone*, considerado o primeiro samba gravado na história.[17]

João Teixeira Guimarães, que ficou como João Pernambuco por ter nascido no estado em 1883, chegou ao Rio de Janeiro com sua mãe em 1891, após esta casar novamente depois do falecimento de seu pai. Aprendeu a tocar violão com cantadores sertanejos. Em 1902, mudou-se para o Rio de Janeiro, passando a residir com sua irmã e empregando-se numa fundição. Seis anos depois, passou a trabalhar como servente na prefeitura do Rio, mudando-se para uma pensão no centro da cidade. No Rio, travou contato com violonistas populares, ao mesmo tempo em que trabalhava como ferreiro, em jornadas de até dezesseis horas diárias. Compunha músicas de inspiração nordestina, baseadas em cantigas folclóricas. Paralelamente ao choro, desenvolvia seu trabalho nas canções regionais através de composições suas e de violeiros e cantadores nordestinos. *Luar do sertão*, da autoria de Catullo e João Pernambuco é um exemplo da preferência pelo uso da temática sertaneja.

Luar do Sertão

Ai que saudade do luar da minha terra

Lá na serra branquejando

Folhas secas pelo chão

Este luar cá da cidade tão escuro

Não tem aquela saudade

Do luar lá do sertão

Não há, oh gente, oh não

Luar como este do sertão

Não há, oh gente, oh não

Luar como este do sertão

Se a lua nasce por detrás da verde mata

Mais parece um sol de prata

Prateando a solidão

A gente pega na viola que ponteia

E a canção é a lua cheia

---

17 BESSA, Viegínia de Almeida. "Imagens da escuta: traduções sonoras de Pixinguinha". In: *História e música no Brasil*. São Paulo: Alameda, 2010. p. 164.

> A nos nascer no coração
> Coisa mais bela neste mundo não existe
> Do que ouvir-se um galo triste
> No sertão, se faz luar
> Parece até que a alma da lua é que descanta
> Escondida na garganta
> Desse galo a soluçar
> Ai, quem me dera que eu morresse lá na serra
> Abraçado à minha terra
> E dormindo de uma vez
> Ser enterrado numa grota pequenina
> Onde à tarde a sururina
> Chora a sua viuvez[18]

Virgínia de Almeida Bessa aponta que, em outubro de 1919, após vários meses em cartaz no Rio de Janeiro, os Oito Batutas iniciaram uma excursão por diversos estados brasileiros. As viagens foram patrocinadas pelos irmãos Carlos e Arnaldo Guinle, que incumbiram os músicos de recolher material folclórico para integrar uma antologia de música popular, projeto que vinha sendo preparado desde 1905, com a participação do escritor Coelho Neto. Os Oito Batutas excursionaram então por São Paulo, Minas Gerais, Bahia e Pernambuco, contato com a ajuda de João Pernambuco, que, além de músico, era amigo de Arnaldo Guinle. Essa preocupação com a identidade nacional apresentada em seus choros e modinhas fez com que intelectuais aceitassem a apresentação do grupo no Conservatório Dramático e Musical de São Paulo.[19]

Percebe-se que os grupos de choros e modinheiros cariocas incorporavam as práticas culturais do homem contemporâneo das metrópoles, mas a utilização de temas relacionados ao rural e a figura do caboclo, do sertanejo e do homem do campo, de uma forma geral, também estavam muito presentes nos repertórios. Esses compositores possuíam a preocupação de "cantar um tempo que estava desaparecendo", existindo em muitos casos um temor com as transformações que as principais capitais brasileiras passavam no início do século

---

18 CEARENSE, Catullo da; PERNAMBUCO, João. Luar do Sertão: modinha. Rio de Janeiro: Casa Edison, 1912-1914. 78 rpm, Registro n. 120.911.
19 BESSA, Virgínia de Almeida. 2010. *Op. cit.*, p. 165.

XX. No entanto, para Uliana Dias, Catullo não estava inserido totalmente nessa vertente, pois não pensava apenas em recolher as tradições antigas, mas uni-los a elementos novos.[20]

A figura de Catullo é emblemática, pois foi um mediador que transitou desde ambientes boêmios, conhecendo grandes músicos, até os salões da elite carioca, onde foi posto pelo médico Mello Morais Filho, promovendo a modinha e o violão. Segundo Taborna, foi importante para Catullo desvincular a imagem do trovador dos salões daqueles boêmios anônimos. No entanto, ao tomar esta posição, o poeta estabeleceu uma hierarquia entre pares, ao considerar seresteiros de rua fazedores de uma arte menor. Catullo defendia a entrada do violão no Instituto Nacional de Música para demonstrar que ele era um instrumento de qualidade como qualquer outro e não deveria ser tocado apenas por músicos de rua.

O convite que Catullo recebeu no início do século XX para apresentar modinhas ao violão no Instituto Nacional de Música foi um episódio à parte, possível de ser realizado somente porque o diretor era Alberto Nepomuceno, compositor preocupado com a identidade nacional, vinculado à apropriação de elementos da tradição oral rural nas canções. No entanto, quando, anos mais tarde, Ernesto Nazareth tentou popularizar o instrumento do piano, teve sua apresentação interrompida pelo público indignado que não aceitava um instrumento de tradição clássica ser "profanado" por maxixes e tangos. O selo do "pitoresco" atribuído ao violão acabava por permitir-lhe certas excentricidades.

Taborda aponta que a atuação de Catullo em prol do "enobrecimento" do violão e de "civilizar" a modinha chegou ao apogeu no episódio que entrou definitivamente para o folclore da história da música popular brasileira: o maxixe acompanhado ao violão em recepção oficial realizada no Palácio do Catete, a 26 de outubro de 1914. Catullo tinha acesso ao Marechal Hermes da Fonseca e, especialmente, a Nair de Teffé, esposa do presidente. Num desses encontros, queixou-se a D. Nair da ausência de músicas brasileiras nos programas das recepções palacianas.[21]

Catullo preocupava-se em atribuir nas suas modinhas características do popular e do nacional, pretendendo ser um artista representante do "povo". Esse discurso envolvia a participação de intelectuais do seu tempo, como o próprio Alberto Nepomuceno e Mello de Morais, que também se preocupavam em pro-

---
20 ULIANA, Dias. 2006. *Op. cit.*, p. 107.
21 TABORDA, Márcia. 2011. *Op. cit.*, p. 116.

duzir em sua arte a representação do tipo de vida e homem do sertão, a vida no campo e a ingenuidade do mundo rural. À medida que o século avançou, Catullo dedicou-se cada vez mais ao mundo letrado, através do tema sertanejo. Seu início de carreira foi feito na esteira dos empreendimentos de Pedro Quaresma (do mercado editorial considerado popular), Fred Figner (do mercado fonográfico), festas e reuniões sociais em que pudesse atuar e ser reconhecido.

De acordo com Uliana Dias, a intenção de Quaresma em publicar modinhas ao violão de Catullo era que elas estivessem efetivamente "na boca do povo". Quaresma passou muito tempo a meditar qual seria a expressão poético-musical característica da alma nacional. Ele consultou historiadores, cronistas e filósofos e adquiriu certeza de que era a modinha acompanhada de violão. Seguro dessa verdade, não teve dúvidas: tratou de aprender o instrumento genuinamente brasileiro e entrar nos segredos da modinha. Ainda segundo a pesquisadora, o significado do adjetivo "popular" para o livreiro Quaresma, dono da "Biblioteca da Livraria do Povo", estava ligado aos personagens que faziam sucesso num amplo circuito que incluía circos, teatros, *music halls*, cafés-concertos, em finais do século XIX, na cidade do Rio de Janeiro. Sendo "recrutados" a partir de sua popularidade nesses locais, os poetas, artistas e intérpretes, que agora apareciam, eram a novidade dessas coleções.[22]

Segundo Tinhorão, a crescente popularidade da modinha e do lundu-canção permitiu, em fins do século XIX, o aparecimento de um tipo novo de menestrel urbano: o vendedor de livretos ou jornais de modinhas. No Rio de Janeiro, onde a instalação das primeiras indústrias, ao fim do Segundo Reinado, fizera aumentar enormemente a massa popular que passa a ser integrada não apenas pelos antigos funcionários de serviços públicos, comércios, artesãos e biscateiros, mas, por novas gerações de operários, o hábito tornou-se uma forma de exercício de lazer. Com a proliferação dessas canções, editores como Quaresma se interessaram na comercialização dos livretos.[23]

Para Quaresma, os artistas populares eram o fator principal da novidade e, por esse motivo, ele trouxe ao público livros de Catullo da Paixão Cearense e Eduardo das Neves, que se tornaram um sucesso. Algumas das músicas desses indivíduos foram registradas pela Casa Edison, a casa de comércio de máquinas e gravações sonoras que se tornou o negócio de maior lucratividade de Fred Figner. Ele foi um emigrante tcheco de origem judaica que nasceu no ano de

---

22 FERLIM, Uliana Dias Campos. 2006. *Op. cit.*, p. 43.
23 TINHORÃO, José Ramos. *Os sons que vêm da rua*. São Paulo: Editora 34, 2005, p. 44.

1866 e, em 1900, instalou no Rio de Janeiro sua loja. Figner contou com o trabalho de vários outros artistas ligados ao mundo do entretenimento da então capital federal para a gravação de cilindros e chapas nacionais para a comercialização de fonogramas.[24]

Cadete foi um dos primeiros cantores contratados pelo empresário Finger para gravar canções reproduzidas nos gramofones. Ary Vasconcelos comenta em suas pesquisas que Cadete chamava-se na verdade Manuel Evêncio da Costa Moreira. Nasceu em Tibagi, Paraná, no ano de 1874 e faleceu no mesmo local em 1960. Por volta dos 13 anos, Cadete se mudou para o Rio de Janeiro e, pouco tempo depois, teve sua matrícula feita na Escola Militar, onde adquiriu esse apelido. No entanto, a disciplina militar não era compatível com sua boemia. Cadete animou as rodas de serestas com suas modinhas e choros acompanhado por Sátiro Bilhar, Catullo, Anacleto de Medeiros, Mário Pinheiro, Eduardo das Neves, Quincas Laranjeira e Baiano.[25]

Como cantor, Cadete chegou a fazer um dueto com Baiano, gravando um repertório de modinhas pela Casa Edison. Baiano se chamava Manuel Pedro dos Santos, nasceu em 1870 e morreu em 1944 no Rio de Janeiro. Segundo Humberto Franceschi, Baiano foi cantor de sucesso que realizou uma grande quantidade de gravações para a gravadora de Finger. Ulianas Dias aponta que o empresário usava para o artista adjetivos como "popular", "popularíssimo" e "brasileiro", na tentativa de convencer o público consumidor que ele tinha valor por ser um homem trabalhador e de família, apesar da origem negra ou que ele representava efetivamente algo de nacional e, portanto, autêntico e de relevância. Para diminuir a carga de preconceito, Fred Finger deixou o retrato relativamente mais embranquecido de Baiano como podemos observar a seguir:

---

24 FRANCESCHI, Humberto. *A Casa Edison e seu tempo*. Rio de Janeiro: Sarapuí, 2002.
25 VASCONCELOS, Ary. 1997. Op., cit., p. 290.

IMAGEM 25: Catálogo da Casa Edison de 1902 (Cd-Rom).

Outro cantor crioulo que Figner intitulou como popular para ganhar a simpatia do público quando este gravou na Casa Edison foi Eduardo das Neves. Ele era mais conhecido pelo apelido Dudu das Neves e, sobre sua vida, revelou que, inicialmente, trabalhou no Corpo de Bombeiros, mas logo que foi expulso virou um artista de circo, trabalhando como palhaço, cantor e violonista, viajando para vários estados. Segundo Dias, Dudu tinha uma forma de conceber o seu papel como artista que pode ser revelado em alguma medida numa declaração presente numa coletânea de canções editada pela Livraria Quaresma:

> O muito merecimento que têm [as minhas obras] (e é por isso que tanto sucesso causam) é que eu as faço segundo a oportunidade, à proporção que os fatos vão ocorrendo, enquanto a cousa é nova e está no domínio público. É o que se chama 'bater o malho enquanto o ferro está quente...'[26]

Diferentes de muitos músicos cariocas que já foram citados, Eduardo das Neves interpretou várias composições cuja temática revelava uma preocupação com os problemas das grandes cidades, mas com um tom galhofeiro semelhante ao que também foi produzido no Ceará. Algumas de suas composições traziam uma linguagem de pilhéria e de críticas sociais, como a cançoneta de sua autoria intitulada *Pega na chaleira*, significando o ato de bajular ou adular alguém ou *Sessão no Congresso*, que refletia o clima de comicidade e crítica aos políticos do período. Porém, existiam outras músicas que tratavam da questão da brasilidade com certo ufanismo. Foi o caso de *A conquista do ar*, marcha feita para Santos Dummont em 1902 que dizia: "A Europa curvou-se ante o Brasil e clamou parabéns em meigo tom. Brilhou lá no céu mais uma estrela. Apareceu Santos Dummont".[27]

No mercado editorial, Quaresma foi um dos primeiros a dar espaço a artistas como Eduardo das Neves, contratando-o para publicar suas canções em títulos como *O cantor de modinhas*, *O trovador da malandragem*, *O trovador brasileiro* e *Mistérios do Violão*. Os editores da livraria Quaresma sempre o intitulavam como o poeta do povo. De fato, ele não poderia ser considerado como um representante da cultura da elite, que produziam poetas consagrados na alta roda literária. No entanto, muitas pessoas consumiam as suas músicas pela boa qualidade e criatividade. Muitas delas são representações do universo negro como os lundus *Isto é bom*, *Lundu gostoso*, *Bolim bolacho*.

Mário Pinheiro, que atuava em início de carreira como palhaço, assim como Eduardo das Neves, também fez parte do grupo de primeiros cantores da Casa Edison. Mário Pinheiro, que também foi violonista, nasceu no Rio de Janeiro em 1880 e morreu 1923 no Rio de Janeiro. Ele foi filho de uma enfermeira cearense e estreou cantando no Passeio Público, geralmente acompanhado ao violão. Estudou canto lírico na Itália, chegando a se apresentar no Scalla de Milão. Participou da inauguração do Teatro Municipal do Rio de Janeiro em 1909 e, mais tarde, destacou-se como cantor popular, cantando lundus, modinhas e valsas. Em

---

26 NEVES, Eduardo. *Trovador da Malandragem: Declaração*. Rio de Janeiro: Livraria Quaresma Editora, 1926, s/ n. edição, p. 4.
27 EDMUNDO, Luiz. *O Rio de Janeiro do meu tempo*. Rio de Janeiro: Xenon, 1987, p. 285.

sua voz de barítono músicas que tratavam do meio rural ficaram conhecidas como, por exemplo, *Luar do Sertão*, *A casa branca da serra* e *Casinha pequenina*.[28]

Uliana Dias aponta que Cadete, Baiano, Eduardo das Neves e Mário Pinheiro representavam uma expressão popular, dentro de um novo sentido do que passava a significar "popular" nessa virada de século XIX ao XX no Rio de Janeiro, que ganhava vazão numa ampla rede de circulação de bens culturais que se formava na cidade, sob olhos atentos de novos empresários como Quaresma e Figner. Quando não estavam gravando, esses cantores participavam de rodas boêmias com seus amigos. Anacleto de Medeiros e Sátiro Bilhar faziam parte dessas serestas e suas composições também estavam ligadas ao mundo rural, mas também escreviam em menor quantidade letras sobre os problemas das grandes cidades.[29]

Anacleto de Meideiros, que se chamava Anacleto Augusto de Medeiros, nasceu em 1866 no Rio de Janeiro. Filho de uma escrava liberta, começou na música tocando flautim da Banda do Arsenal de Guerra do Rio de Janeiro. Aos 18 anos, já dominava quase todos os instrumentos de sopro, e tinha especial preferência pelo saxofone. Formou-se no Conservatório em 1886 e começou a compor algumas peças sacras, aderindo em seguida à composição de polcas, *schotisch*, dobrados, marchas e valsas. Aos poucos foi criando fama como compositor, e suas peças passaram a ser executadas em bandas de todo o país. Como compositor chegou a um total aproximado de cem títulos, demonstrando criatividade e domínio quanto ao manuseio dos diversos elementos da linguagem musical, fluindo os requebros rítmicos, o plano modulatório característico da música urbana, a estrutura típica de cada gênero instrumental cultivado em sua época.[30]

Sátiro Lopes de Alcântara Bilhar, que ficou conhecido por Sátiro Bilhar, também foi uma figura importante nas rodas de chorões. Embora não fosse um virtuose do violão, sua execução peculiar chamava mais a atenção do que o próprio repertório. Sua polca *Tira poeira* gravada por Jacob do Bandolim chegou aos chorões atuais. Participou da serenata organizada por Eduardo das Neves em homenagem a Santos Dumont, realizada em 7 de setembro de 1903. Sua modinha *Gosto de ti porque gosto*, foi gravada na Odeon pelo cantor Cadete e na Victor Record por Mário Pinheiro, como um lundu. Seu amigo e parceiro Catullo da Paixão Cearense lhe dedicou a letra de *Perdoa*, com música de

---

28 VASCONCELOS, Ary. 1997. *Op. cit.*, p. 326.
29 FERLIM, Uliana Dias Campos. 2006. *op. cit.*, p. 7
30 *Ibidem*, p. 106.

Anacleto de Medeiros e o poema *Tu, Bilhar, boêmio eterno*. A compositora e pianista Branca Bilhar foi influenciada pela obra do seu tio, herdando a forma de compor através do emprego de elementos do sertão. Abaixo, uma foto de Sátiro Bilhar cedida por Miguel Ângelo de Azevedo.[31]

IMAGEM 26: Sátiro Bilhar - Acervo de Imagens Nirez.

Apesar dos esforços de vários músicos, sobretudo os que viviam no Rio de Janeiro, para desestigmatizar a prática do violão, ele não deixou de ser sinônimo de desordem e vadiagem. Taborda aponta que havia uma constante vigília das atividades musicais pelas autoridades cariocas. Imigrantes, pobres e negros compunham a gama social de indivíduos que buscavam nas atividades musicais o seu ganha-pão, e eram objeto, de forma mais direta, de controle social. Neste

---
31 *Ibidem*, p. 73.

sentido, os artistas que conseguiram ter suas obras registradas, ou pelo mercado editorial, por exemplo, pela Livraria Quaresma, ou pelo incipiente mercado fonográfico através do empreendimento de Fred Figner, representavam uma pequena parte de um complexo social. Sinônimo de baderna também eram as serestas que ocorriam nas praças e nos botecos.

No entanto, Taborda considera que a luta de muitos para fazer com que o violão fosse símbolo da identidade sonora logrou êxito. Isso ocorreu segundo a pesquisadora porque o violão era sinônimo de nacional e racial, além de ser um instrumento mais acessível. Se a modinha era a expressão lírica do nosso povo, o violão era o timbre instrumental a que ela melhor se casava. Em um dos seus argumentos, ela diz que: "No interior, e, sobretudo nos sertões do Nordeste, há três coisas cuja ressonância comove misteriosamente, como se fossem elas as vozes da própria paisagem: o grito da araponga, o aboio dos vaqueiros e o decante dos violões". Sem dúvida a relação entre a construção da identidade nacional e o violão estava intrinsecamente ligada ao movimento dos chorões cariocas, que negaram os modelos da música estrangeira e apostaram em outros gêneros, sobretudo na modinha e no lundu. Foram eles que lançaram junto com Quaresma e Finger a ideia de que tudo que é nacional é popular, e o violão, junto com a modinha, tornou-se sinônimo disso.

Ramos Cotôco, Teixeirinha e Carlos Severo: Trajetórias cruzadas na boemia de Fortaleza

Boêmios escrachados, serenatistas impenitentes, nada abstêmios, de vida desregradamente alegre, foi assim que Ramos Cotôco, Carlos Severo e Teixeirinha ficaram conhecidos. Suas trajetórias cruzaram-se pela filosofia de vida boêmia que levaram e que acabaram aplicando em suas modinhas, tendo como característica a busca de projetar socialmente as camadas menos favorecidas, como trabalhadores informais, negros e mestiços. Esses sujeitos de classe média ajudaram a definir o jeito de fazer música popular urbana brasileira, tendo como aliado o violão. Eles compunham de uma forma criativa e peculiar, dando ênfase aos problemas urbanos, mas com um tom pilhérico e jocoso.

Raimundo Ramos Filho, que ficou conhecido pela alcunha de Ramos Cotôco por não ter o antebraço direito, nasceu no dia 21 de maio de 1871 e faleceu em Fortaleza em 20 de outubro de 1916. Ramos Cotôco era pintor, poeta e compositor de modinhas e, apesar de o apelido ter ficado famoso nas rodas da boemia de Fortaleza, Miguel Ângelo de Azevedo aponta que o artista não gostava dele, preferindo ser chamado apenas de Raimundo Ramos. Filho de Raimundo Ramos, comerciante e agricultor, e de Rufina Farias Ramos, dona de casa, Ramos Cotôco, com apenas 16 anos, teve que largar os estudos por causa da morte precoce de seu pai e passou a se sustentar através de atividades rentáveis, como pintor de letreiros e depois de figuras.

Alencar aponta no seu livro *Variações em Tom Menor* que Ramos Cotôco, acostumado a ser chamado pelos de casa por Sinhô, levou uma vida difícil, pois nasceu "em berço de ouro", mas conviveu com a pobreza pelo resto da vida após esse falecimento. A família ficou desestruturada financeiramente porque acabaram herdando as dívidas do pai. As últimas propriedades entregues aos credores, como sempre impacientes e impassíveis, foram três sítios no Alagadiço. No entanto, a sua necessidade de arrumar um trabalho que o proporcionasse mais dinheiro, não o fez abandonar o seu envolvimento pelas artes, criando ao longo da vida poesias, pinturas e músicas, embora não tivesse uma educação formal completa.[32]

Seu vestuário era semelhante a sua personalidade pilhérica e zombeteira. Excêntrico, Ramos Cotôco porfiava em escandalizar de uma maneira leve e cheia de comicidade o burguês, como então eram chamados os mais abastados e ilustres, isto é, os grã-finos da época e, até mesmo, a classe média de melhor condição social. Usava compridos jaquetões de casimira azul, calças boca de sino, que também serviam como colete, chapéu chaleira de palhinha e ostentava na lapela quase sempre um girassol, quando não, um apanhado de lírios silvestres, chamados na terra "borboletas". A seguir, uma pintura a óleo de Ramos Cotôco criada por Otacílio de Azevedo.

---

32 ALENCAR, Edigar. 1984. *Op. cit.*, p. 41.

RAMOS COTOCO
(ÓLEO DE OTACÍLIO DE AZEVEDO)
(21-5-1871 — 20-10-1916)

IMAGEM 27: Óleo sobre tela de Ramos Cotôco pintado por Otacílio de Azevedo.

Alencar aponta que ele era uma figura obrigatória como artífice e cenógrafo de carnavais externos de Fortaleza. Num deles, envergou com Antônio Rodrigues bem talhado terno de estopa (juta), tecido próprio para sacaria. Na última passeata do Clube da Lapiação, seu filho adotivo, de dez anos, desfilou montado num jumento, vestindo original fantasia de gafanhoto, inteiramente confeccionada pelo pintor. Uma das melhores descrições sobre Ramos Cotôco foi feita pelo cronista Otacílio de Azevedo. Ele escreveu no seu livro *Fortaleza descalça*, sobre todo o orgulho e admiração que sentia pelo pintor, poeta e modinheiro.

> Reclamista único em Fortaleza, nariz de águia, olhos de amêndoas, largos bigodes onde se escondia metade do queixo, gravata de manta e negras madeixas de cabelos sobre a testa pequena e sonhadora – eis,

> sem tirar nem pôr, a caricatura fidelíssima do Raminhos que eu sempre vi e, que Deus me perdoa, toda a vida invejei.[33]

A pintura, que foi o seu primeiro dote artístico despertado, abriu as portas para a circulação nos diferentes espaços sociais, desde cafés e teatros até rodas de serestas feitas em botecos e praças. Ele aprendeu o ofício de pintor com o mestre Luís Sá, um dos colaboradores da Padaria Espiritual, porém, as contradições em torno de seu nome foram constantes porque Ramos Cotôco não obteve em vida prestígio suficiente para ingressar nos laudos quadros dos clubes literários e sociedades de intelectuais de sua época, mas esse contato esporádico e o seu autodidatismo em determinadas áreas distintas fizeram pessoas de vários extratos sociais reconhecerem o seu talento.

Azevedo aponta que a primeira vez que viu Ramos Cotôco pintar foi no Café do Comércio, quiosque de madeira situado no ângulo noroeste na Praça do Ferreira. Era o próprio Ramos Cotôco que preparava suas tintas, pois a única existente naquela época era a *Lefranc*, importada de Paris e caríssima. Alguns dos seus outros trabalhos de iniciante citados pelo cronista foi uma bela sereia de anúncios multicolores das lojas de moda, armarinhos e casas de ferragem, um retrato a lápis de Carlos Gomes e uma bandeira de São João Batista, além de uma extraordinária paisagem campesina de uns cinco ou seis metros, que servia de fundo a uma Lapinha organizada por dona Virginia Paes de Barros, em Redenção.

Otacílio elogiava a beleza do colorido de sua pintura e ainda afirmou que era um dos únicos na cidade a "arranjar com graça e espontaneidade um buquê de flores e um laço de fita nos cabelos castanhos de uma mulher".[34] Ramos Cotôco elaborava tintas vibrantes e transparentes de tons amarelos, vermelhos, verdes, azuis, roxo terra com uma técnica para afinar o máximo possível os grãos, adicionando linhaça e massageando por horas com uma espátula metálica a massa. Na época em que atingiu o apogeu de sua popularidade, pintou muitos alpendres e salas de jantar, as pinturas no teto da capela do altar-mor da Igreja de Nossa Senhora do Carmo, no prédio da Sociedade de São Vicente de Paulo na Praça Coração e Jesus; e no teto e no Foyer do Teatro José de Alencar.

---

33 AZEVEDO, Otacílio. 1980. *Op. cit.*, p. 288-289.
34 *Ibidem*, p. 287-288.

Nesse período, Ramos Cotôco fez amizade com outros dois pintores, Antônio Rodrigues (assinava A. Roiz) e José de Paula Barros. Este último também compôs algumas modinhas, mas só sobreviveram os textos. Ramos Cotôco era tão conhecido por sua obra que foi retratado em caricatura gravada em caraca de cajazeira por Gustavo Barroso no jornal quinzenal *O Garoto*, de 1907. Barroso, que foi um dos seus fundadores, descrevia o jornal como: "crítico, desopilante, molieresco e rabelaiseano", pois mexia com todos, desde burgueses, literatos e políticos. Essa crítica feita através da comicidade e pilheria aproximava-se da poesia e música que Ramos Cotôco fazia, repleta de deboche e sátira.[35]

---

35 BARROSO, Gustavo. 2000. *Op. cit.*, p. 170.

IMAGEM 28: Caricatura de Ramos Cotôco - Xilogravura de Gustavo Barroso.

Logo abaixo da descrição da caricatura aparece a seguinte frase redigida por Barroso: "Eis aqui, caro leitor, o Ramos, o tal pintor, que a mão direita não mete no bolso do paletó; mas com a outra esquerda, só pinta a manta e pinta o sete". Ramos Cotôco também atuou como caricaturista, mas não teve muita repercussão com o seu trabalho. Segundo Herman Lima, que dedicou um verbete a Ramos Cotôco em sua *História da Caricatura no Brasil*, ele chegou a publicar um jornal "artístico e noticioso" contendo algumas caricaturas de sua autoria que se chamava *O Lápis*, publicado em 1985. O jornal trazia críticas sobre assuntos políticos e sociais da cidade de Fortaleza. Herman descreve em seu livro uma das caricaturas publicadas no citado pasquim, trata-se de uma crítica de cunho político referindo-se às eleições no Ceará, é provável que tenha sido direcionada à oligarquia Accioly.

> Eleição de Cacête – mostra uma mesa eleitoral, com vários desordeiros brandindo cacêtes uns contra os outros. A legenda é espirituosa: Foi eleito o Salgado, por uma maioria de 77 jucás.[36]

Ramos Cotôco nunca deixou a pintura de lado. Na verdade, ele tentou unir esse talento com os outros que apareceram em paralelo, que foi o de poeta e modinheiro. Na elaboração da capa do seu primeiro e único livro intitulado *Cantares Bohêmios*,[37] de 1906, ele próprio desenhou o título, juntamente com um retrato seu do lado. O livro foi editado pela Typo-Lithografia a Vapor, localizado na Rua Formosa, 68. Em *Cantares Bohêmios* ele "percorre" a cidade com o seu olhar diferenciado, abordando a história de grupos e indivíduos esquecidos ou reprimidos como tecelonas, cozinheiras, engomadeiras, serranas, varandistas, caboclas, mulatas, camponesas, pescadores, seringueiros, prisioneiros, velhuscas, matutos etc.

A obra é dividida em duas partes distintas, sendo a primeira composta em sua maioria por poesia romântica, um estilo caracterizado pela inspiração na mulher amada, apresentando queixumes e lamúrias; uma pequena crítica aos ricos e seus costumes; e alguns poemas sobre as atividades de trabalho ligadas ao mundo rural. Ele abordou o paradoxo entre o rural e urbano, enfatizando a degeneração humana no ambiente das grandes cidades através, sobretudo, da distinção social. Acreditamos que Ramos Cotôco tenha se inspirado na obra de Catullo da Paixão Cearense para compor essa primeira parte intitulada *Cantares*. Isso ocorreu quando eles se encontraram por volta do início no século XX em uma das visitas de Catullo a Fortaleza.

---

36 LIMA, Herman. *História da Caricatura no Brasil*. 4º volume. Rio de Janeiro: José Olympio, 1963, p. 1436.
37 RAMOS, Raimundo. 1906. *Op. cit.*

Catullo e Ramos Cotôco faziam menção, sobretudo, ao caboclo do sertão, ao retirante e à seca em sua poesia. *Serrana, Na seca, Camponesa, Pescador, Cabocla,* são exemplos de alguns poemas de Ramos Cotôco sobre o mundo rural. Não tivemos nenhum acesso à fonte que comentasse sobre o seu contato com a obra de Juvenal Galeno, Alberto Nepomuceno, ou até mesmo, Branca Rangel, mas suspeitamos que ele leu, pelo menos, os poemas do primeiro, que também tratou sobre o tema da seca. No entanto, Cardoso aponta que Ramos Cotôco não falou em nome do caráter "ingênuo" ou a perda da originalidade, mas se empenhou a afirmar práticas que existiam e foram renunciadas ao momento. Existia em sua poesia, por exemplo, uma preferência pelos objetos domésticos antigos em relação aos produtos "modernos" que gradualmente tomavam conta do gosto dos citadinos. Os temas de raça, meio e folclore retornam com outra roupagem na música de Ramos Cotôco.

Já a segunda parte intitulada *Bohêmios,* foi composta por um texto peculiar, com tom satírico, desdenhoso e galhofeiro. Em sua poesia, encontramos a análise da sociedade fortalezense, sobretudo do "populacho". Ramos Cotôco mencionou com seu bom humor as mocinhas contagiadas pelo estilo de moda europeu, os hábitos alimentares, o cotidiano dos trabalhadores urbanos, o mundo feminino e sua relação com vários tipos de mulheres, sobretudo as mestiças. O poeta preocupou-se com os tipos populares e foi à defesa de muitos deles na tentativa de incluí-los nas decisões públicas durante a construção do processo republicano, preocupando-se com o abolicionismo.

As figuras femininas aparecem com maior destaque em sua obra, formando tensões entre grupos diferentes. Ele foi à defesa da mestiça pobre que não tinha roupas para vestir e criticou a superficialidade das mulheres que tentavam produzir uma distinção social através de bens de consumo. Era uma espécie de Jorge Amado que utilizava o "belo sexo" para denunciar as contradições sociais existentes no período. Entre as poesias da segunda parte que se destacam estão: *Cabocla, O bonde e as moças, Mata pasto, Mulata cearense, Engomadeira, Modernismo, Não faz mal* e *Meu gosto.* Fernando Weyne, que fez o prefácio de Cantares Bohêmios, comentou:

> Gostei mais dos Bohêmios. Há nelles um mélange esdrúxulo de piparotes e guizos, alfinetes e cócegas, ponta-pés e gargalhadas: - tudo porém

inofensivo, gaiato, expansivo. Não maltratas, tróças; não feres, arranha; não offendes, piparoteias – se me permittem o termo.[38]

Em outro momento, Fernando Weyne deixa transparecer que a sua simplicidade na escrita é superada pela criatividade do texto. "O que eu admiro em ti é a originalidade – e não cansarei de o dizer – com que aproveitas todos os fatos indígenas e os escreves em versos e os cantas pelos arrabaldes, em música tua, nas serenatas, à luz do luar".[39] Edigar de Alencar, que era seu sobrinho, aponta que os dotes de Ramos Cotôco para a escrita deixavam a desejar se comparados aos da pintura e música. Para o cronista, os versos de Ramos Cotôco refletiam imaturidade e pouco empenho artesanal, principalmente na primeira parte do livro, que tinha a feição lírica e sentimental que já citamos aqui. Mas a segunda parte superava todas as expectativas, pois era espontânea e crítica, demonstrando que era um "poeta do povo".

Esse rótulo de poeta popular retornou a aparecer quando suas modinhas começaram a fazer sucesso na cidade de Fortaleza. Em seu livro, encontramos vinte e quatro partituras compostas por ele em cima de algumas poesias, sendo a maioria do *Bohêmios*. Desde muito cedo, Ramos Cotôco tornou-se elemento obrigatório das rodas de serestas que aconteciam nas praças e esquinas de Fortaleza no meio da madrugada. Edigar de Alencar aponta que ele começou a versejar aos 17 anos e algumas das suas modinhas datam de 1888, quando tinha 22 anos. Boêmio, gostava de serenatas, tinha boa voz e, como acompanhante preferido, o violinista Abel Canuto. Como compositor, dava preferência às chulas e polcas, que logo se espalhavam pela cidade. Algumas eram publicadas nos jornais ou em volantes, sempre sob a assinatura anagramática Osmar.[40]

Infelizmente, as modinhas de Ramos Cotôco lançadas depois da publicação do seu livro perderam-se e algumas delas possuem autoria não confirmada. Quatro delas foram muito cantadas e transcritas por Edigar de Alencar: *Sonhos de noivos*, *Serenata* (Escuta flor mimosa), *Ingênua* e a chula *Coió sem sorte*, muito cantada. Mas não é tudo que o poeta produziu, embora mais escassamente, até 1916, ano do seu falecimento, Ramos Cotôco foi um dos modinheiros mais destacados de Fortaleza. Pelo número, pela agudeza de observação com que tratou os temas simples e ingênuos, mas de maior vivência na sua época, e ainda e,

---

38   *Idem. Ibidem*, p. IV.
39   *Idem. Ibidem*, p. V.
40   ALENCAR, Edigar. 1984. *Op. cit.*, p. 42.

talvez principalmente, pela alegria bem cearense das suas canções. Ele foi um cronista sonoro da cidade, que circulava por vários espaços diferentes como um *flâneur*, que observa o movimento de fora.

Muitos acontecimentos inusitados que ocorriam na cidade de Fortaleza foram musicados pelo modinheiro. O novo mercado, hoje desaparecido, o Passeio Público, com a sua divisão em classes que ele focalizou com graça, antecedendo sociólogos e historiadores, o jogo do bicho, o arrombamento da Barra do Cauipe, a emigração para a Amazonas, o artesanato das "varandas", os impostos, os bondinhos de burro, a moda feminina etc. Também não lhe escapou à inspiração as guloseimas e bebidas da terra. Tudo lhe era motivo para versos e cantigas. Ramos Cotôco tem assim a glória de haver quebrado na sua terra o padrão da modinha chorona. Embora autor de composições sentimentais, algumas de muita beleza como *Sonho de noivos* e *Serenata*, foi quase único na chula, na cançoneta, no então chamado tango, que já trazia na estrutura melódica o espírito do samba que haveria de suceder em definitivo a modinha.

Muitas das suas modinhas se espalharam na multidão, sem que a sua autoria aparecesse. *Engomadeira* foi gravada em disco Odeon-Record (108137) pelo cantor Mário Pinheiro e coro, mas o nome de Ramos não apareceu no rosto do disco. Gilmar de Carvalho apontou que algumas letras do modinheiro chegaram a ganhar melodias do compositor e pianista Ernesto Nazareth, mas muitas delas não tinham o autor identificado. Talvez a modinha *O bonde e as moças*, incorporada à peça *O Casamento de peraldiana*, escrita pelo cearense Carlos Câmara, tenha sido a única que revelou o nome do autor.

É curioso perceber que, apesar de Ramos Cotôco ser um homem que levou uma vida tão desregrada com seus amigos de boemia Virgílio Brandão, Amadeu Xavier de Castro, Pompílio, Elesbão, Abel Canuto, Antônio Rodrigues e José de Paula Bastos, teve o cuidado de publicar um livro repleto de poesias e modinhas com excelente apresentação gráfica. Outros como ele não tiveram a mesma preocupação em deixar para a posteridade suas músicas. Acreditamos que a influência de Catullo da Paixão Cearense também nesse aspecto tenha sido relevante para Ramos Cotôco. Vimos que Catullo foi um dos autores que mais publicou na Livraria Quaresma, também conhecida por Livraria do Povo. Essa iniciativa de Catullo em atrelar as suas composições à palavra popular, que tinha conotação nacional, foi feita para garantir o maior número de ouvintes. Seu projeto deu certo e partimos do pressuposto que Ramos Cotôco ficou entusiasmado com a iniciativa e tentou, guardando as devidas proporções, fazer o mesmo em Fortaleza.

Apesar de ficar conhecido pelas suas produções artísticas, Ramos Cotôco morou em boa parte da sua vida numa casinha de uma porta só, sem janela, na segunda quadra da Rua do Imperador. Otacílio aponta que como companheira arrumou uma morena forte e de "boa família". Não tinha filhos, mas adotaram um menino chamado Vandick. Já por volta dos quarenta anos, o boêmio se separou da companheira e do filho, embora não os desamparasse economicamente, e casou com uma professora, passando a residir numa casa pequena, mas nova, na Rua Pedro I, da propriedade de seu fiel amigo Augusto Lopes. Ali morreu em 1916. Seu enterro foi feito pelos amigos e em trem cedido pela direção da Rede de Viação Cearense.

Muitos outros poetas e modinheiros inspiraram-se em Ramos Cotôco para criar a sua arte. Teixeirinha foi um deles. Seu nome de batismo era Carlos Teixeira Mendes, mas ele assinava as suas poesias e modinhas pelo apelido que ganhou dos amigos. Filho de Targino Teixeira Mendes e Thomelina Viana Teixeira Mendes, Teixeirinha foi mais conhecido como intérprete do que modinheiro, mas nunca abandonou as rodas de serestas, onde encontrava os companheiros Ramos Cotôco e Amadeu Xavier de Castro. A escolha de trabalhar com Teixeirinha, apesar de sua pequena produção como modinheiro, foi feita por ele ter sido um dos últimos remanescentes de uma geração de boêmios e seresteiros que se aproximaram desse estilo crítico pilhérico.[41]

Teixeirinha nasceu em Fortaleza no dia 5 de novembro de 1885, na Rua 24 de maio. Miguel Ângelo de Azevedo aponta que ele, quando jovem, foi jóquei, mas, na vida adulta, trabalhava de dia como funcionário público e, de noite, como *barman* do Theatro José de Alencar, mas descobrimos que, na verdade, ele era arrendatário do bar do teatro e também trabalhava servindo as mesas. Nos momentos livres, dedicava-se à poesia e à música, interpretando no violão variadas modinhas de outros compositores cearenses. Clóvis Maciel, que foi seu vizinho, falou que, quando mais velho, Teixeirinha morou na casa localizada na Avenida do Imperador, 842.

Teixeirinha era um homem de médias posses, casado com Clarisse Calvante, que era dona de casa, com quem tinha três filhos que estudavam em bons colégios. O mais velho alcançou o oficialato no exército na patente de coronel; seu outro filho seguiu a carreira artística atuando na TV Ceará com

---

41 GALENO, Cândido Maria S. *Trovadores do Ceará*. Fortaleza: Editora H. Galeno, 1976.

o nome artístico de Jório Nertal; e sua filha Cândida Helena Teixeira Mendes reside hoje no Rio de Janeiro. Clóvis Maciel fotografou a casa de Teixeirinha, que hoje é uma boate:

IMAGEM 29: Foto da residência de Teixeirinha na Avenida Imperador, 842.

Como poeta, Teixeirinha antecipou o que hoje é projetado para o resto do Brasil como uma das marcas da identidade cearense, com o jeito pilhérico de lidar com os problemas do cotidiano, recebendo a antonomásia de Ceará Moleque. Essa era uma maneira inusitada de escrever sobre o Ceará, já que a maioria dos poetas de seu tempo representou o Estado através de histórias de sofrimento como, por exemplo, a degeneração humana causada pela seca. A estrofe do poema a seguir apresenta essa marca da comicidade do Teixeirinha: "O cearense tem nome e fama de denodado: na seca morre de fome, no inverno morre afogado".[42]

Raramente Teixeirinha abandonava os temas jocosos para escrever sobre amor e lamúrias. Às vezes, fazia algo genuíno, unindo os dois temas em sua só poesia ou modinha como essa quadrinha que ele escreveu de olho numa garota que morava nas proximidades da sua casa na Avenida Imperador: "Teu pai é um velho acordado, E a tua mãe não cochila, Mas pra ser teu namorado, Só mesmo entrando na fila".[43] Tratou de assuntos polêmicos, como o aumento dos preços dos alimentos no período, mas sempre com certa comicidade. Abordou sobre o homem do litoral e seu trabalho, não esquecendo também as festas e tradições antigas da Fortaleza. Pareceu, em alguns de seus poemas, infeliz com "o surto do progresso que ocorreu depois do início das obras do Nordeste ainda

---

42 ALENCAR, Edigar. 1984. *Op. cit.*, p. 87.

43 *Ibidem*, p. 87.

no Governo Epitácio. Explorou em suas poesias as questões de gênero, mas com um tom saudosista e truculento, descontente com as mudanças trazidas pela moda europeia, como se observa na citação abaixo:

> Vestidos curtos, casacos sem manga (e isso era demais para aqueles dias) cabelos à Rodolpho Valentim, cortados como os dos homens. Uso de poucas saias, ou mesmo de uma só. Tudo! Tudo enfim vem atestar a falta de vergonha da mulher, que já morreu há 15 anos...[44]

Em umas das passagens do livro *Variações em tom menor*, Edigar de Alencar comenta que os versos e as modinhas de Teixeirinha ficaram conhecidos em todo o Estado e não somente em Fortaleza, "até por quem não era nem parecia poeta". Isso mostra que assim como Ramos Cotôco, a sua intenção era chegar "as massas", com uma poesia que levava o selo de popular. Teixeirinha ficou muito conhecido pelas suas epigramas, que é uma composição poética breve que expressa um único pensamento principal, festivo ou satírico, de forma engenhosa; e poemetos engraçados que se dispersaram em vários extratos sociais.[45]

Assim como Ramos Cotôco, Teixeirinha circulava por muitos lugares da cidade, desde encontros intelectuais em mesas de cafés e festas nos grandes sobrados até em praças e bodegas para tocar modinhas com seus amigos. Mas os relatos dos cronistas apontam que sua maior diversão era frequentar os palcos familiares nas chácaras, que atraiam "gente do melhor porte". João Tibúrcio Albano, Fausto Pontes e Papi Júnior participavam, principalmente, das reuniões do Alagadiço. Edigar de Alencar, que foi seu amigo e o entrevistou quando já idoso, afirma que Teixeirinha tinha um excelente material sobre o estudo cultural-psicológico da gente cearense. De fato, os seus poemas mostravam um estudo sobre os diferentes tipos sociais que existiam na cidade de Fortaleza. Sua inspiração para as poesias não veio apenas de Ramos Cotôco, mas de Paula Ney, Quintino Cunha, Felino Barroso, Chamarion, Álvaro Weyne, Américo Pinto e Gomes de Matos.

Em uma das entrevistas que Edigar de Alencar fez para o jornal *O povo*, Teixeirinha relatou que, das poucas poesias suas que foram publicadas, ele viu apenas uma assinada por outro poeta. Eram comuns, naquele período, artistas de outros estados, sobretudo do Rio de Janeiro, apropriar-se das poesias ou

---

44 CAMPOS, Eduardo. 1996. *Op. cit.*, p. 39.
45 ALENCAR, Edigar. 1984. *Op. cit.*, p. 83.

músicas dos artistas de locais mais afastados. O soneto *O Mar*, por exemplo, que ele recitava sempre, foi publicado pelo *O Nordeste* como se fosse do Padre Antônio Tomás. E o equívoco foi repetido. Sobre isso, ele comentou: "Mas eu tenho tão pouco e o Padre é dono de tantos sonetos!".[46] Apenas em 1963, depois do falecimento de Teixeirinha, seus filhos fizeram uma edição curta e modesta dos seus versos, sob o título Cacos de Joia, dado pelo próprio poeta. A foto abaixo é da capa do livro que encontramos no setor Ceará da Biblioteca Pública Menezes Pimentel:

IMAGEM 30: Capa do livro *Cacos de joia* de Carlos Teixeira Mendes.

Algumas de suas poesias viraram modinhas, mas a maioria se perdeu. A única que encontramos na obra *A modinha cearense* de Edigar de Alencar foi *Gôsto esquisito*, muita parecida com *Meu gosto* da autoria de Ramos Cotôco. Teixeirinha aprendeu com Ramos a se distanciar da modinha chorosa e se aproximar dos ritmos negros das chulas e dos lundus, que sofriam preconceito por

---

46 *Ibidem*, p. 85.

estarem ligados ao gosto do "populacho". A chula e o lundu eram conhecidos por apresentarem em sua temática sátiras e críticas com um tom de sagacidade e desdém. Essa modinha era tocada ao violão nas serestas feitas por Teixeirinha e seus amigos nas praças da cidade. Teixeirinha fazia o vocal, enquanto Abel Canuto a tocava no violão. O modinheiro morreu com mais de noventa anos, mas não conseguimos a data certa de seu falecimento. Abaixo uma foto do poeta cedida pelo pesquisador Miguel Ângelo de Azevedo. Talvez essa foto seja a mesma que Edigar de Alencar lhe pediu para ilustrar uma crônica. Edigar ressaltou: "- Quero um retrato descente..." E ele, logo zombou: " – Indecente eu não tenho...".[47]

IMAGEM 31: Fotografia de Carlos Teixeira Mendes – Acervo de Imagens Nirez.

---

47 *Ibidem*, p. 85.

Uma figura que ganhou projeção no Ceará como cenógrafo, musicista e comediógrafo, mas que também ficou conhecido por suas modinhas no meio boêmio foi Carlos Severo de Souza Pereira. As fontes sobre ele são muito escassas, mas sabemos apenas que nasceu em Fortaleza, no dia 4 de novembro de 1864, e faleceu em 28 de dezembro de 1926, em Guaiuba. Era filho do tabelião Miguel Severo de Sousa Pereira e Cândida J. de Souza Pereira. Não se considerava poeta, mas escrevia as letras e musicava ao piano. Porém, suas modinhas ficaram mais conhecidas quando tocadas ao violão nas serestas que ocorriam nas praças e botecos da cidade.

Carlos Severo viveu boa parte de sua vida no Rio de Janeiro e no Pará, compondo alguma de suas modinhas fora do Ceará. Porém, elas se tornaram populares em Fortaleza. Foram coletadas apenas cinco modinhas do compositor, porque todas as outras se perderam. No entanto, Edigar de Alencar acredita que ele deve ter composto mais de vinte, entre as quais paródias, gênero que Ramos Cotôco exercitava com facilidade. Carlos Severo costumava debochar do falso decoro da sociedade fortalezense. Isso fica ainda mais evidente nas suas várias peças teatrais de críticas de costumes como, por exemplo, *Os dois irmãos*, *O hotel Salvador*, *A chegada do general*, *O casamento da moqueca*, *O Mestre Paulo* e *As vaias*.[48]

O aguçado senso crítico, misturado com a sátira e desdém, era a sua marca. O próprio Carlos Severo fazia a partitura de suas músicas. Isso nos leva a crer que ele teve educação formal, por meio de métodos práticos ou com o auxílio de algum mentor, embora não tenhamos nenhuma notícia sobre o assunto. Seus gêneros preferidos, além da modinha, era a opereta, burleta e revista. Edigar de Alencar aponta que as modinhas que foram recolhidas e depois transcritas para o seu livro *A modinha cearense* foi produto de um achado da filha do poeta, que encontrou em velhos cadernos essas raridades.

Ele costumava escrever músicas com temáticas românticas, mas não de uma maneira triste e ingênua. Carlos Severo era espontâneo e genuíno, pois usava muita graça e malícia. Esse estilo de compor foi influência de seus companheiros Teixeirinha e, sobretudo Ramos Cotôco. Carlos Severo também apreciava o ofício de pintor e sua admiração por Ramos Cotôco também o ajudou a fazer cenografia. Por todo o seu talento artístico, Carlos Severo ganhou atualmente nome de rua. Encontramos uma foto dele no acervo do Teatro São José:

---

48 AZEVEDO, Otacílio. 1980. *Op. cit.*, p. 119-121.

IMAGEM 32: Fotografia de Carlos Severo - Acervo de Imagens Nirez.

Otacílio de Azevedo aponta que, como cenógrafo, Carlos Severo soube usar os largos efeitos de luz e sombra e suas pinturas murais obedeciam a uma rigorosa técnica, realizadas com tinta e água. Seus panoramas dividiam-se em planos perspectivos de absoluta exatidão. Como comediógrafo, sofreu pela falta de recursos e, até mesmo, de intérpretes. Algumas de suas peças ficaram quase todas inéditas até hoje. Carlos Severo relatou para seus familiares que não restaram telas ou cenários do período, pois se desfizeram com o tempo.

Na história do teatro cearense, o nome de Carlos Severo ainda hoje é lembrado, mas o do seu irmão Frederico Severo também não ficou para trás. Além de teatrólogo, Frederico Severo foi major honorário do exército e participou das campanhas abolicionistas. É autor das operetas e burletas *De Baturité á Lua*, *Madame Angot na Monguba* e *Sinos de Corneville* em *Arronches*, do *Recreio Familiar* representadas por vezes no Teatro São José, localizado na Rua Amélia, hoje Senador Pompeu. Seu poema *Araçá* ganhou grande projeção no estado do Ceará.

Dolor Barreira aponta que Carlos Severo também era membro da Academia Rebarbativa de Letras do Ceará, fundada em 1910 debaixo de uma árvore na Praça do Ferreira e que tinha como membros além de Carlos Severo, João Coelho Catuna, José Gil Amora, Josias Goiana, Genuíno e Luiz de Castro. A sede da Academia era o banco mesmo onde se sentavam, quando não dos botequins, sendo o Café Iracema o de sua maior eleição. Grande parte das discussões era sobre política e o modinheiro sempre contribuiu com uma crítica ácida sobre o assunto. Carlos Severo colaborou também na *Ceará Revista*, órgão da Academia, que teve como colaborador o também boêmio Raimundo Varão e no jornal pilhérico *O Garoto*, que Gustavo Barroso fazia parte.[49]

Assim como Ramos Cotôco e Teixeirinha, Carlos Severo tinha uma identificação com os meios boêmios e isso pode ter contribuído para o seu estilo de escrita musical. Quando mais jovem Carlos Severo conheceu a boemia através dos amigos Paula Nei, Bilac e Emílio Meneses, troçando da vida e esbanjando talento. Segundo Jerrold Seigel, a boemia é um fenômeno social e literário que teve lugar em diversos pontos do planeta e em diferentes épocas. O autor considera a boemia como uma manifestação de jovens burgueses que, no século XIX e, sobretudo nas décadas de 1830 e 1840 na França, buscavam um estilo de vida desregrado, caracterizado pela despreocupação com relação a bens materiais, a grandes projetos e às normas.[50]

Esse movimento tornou-se popular especialmente a partir dos escritos de Henri Murger, autor de *Scènes de la vie de bohème*. O romance foi escrito sobre as experiências de Mürger como um escritor pobre vivendo na Paris de meados do século XIX. A obra inspirou a famosa ópera *La Bohème*, de Puccini. No Brasil, esse estilo de vida foi vinculado à experiência boêmia de

---

49 BARREIRA, Dolor. *História da Literatura Cearense*. Fortaleza: Instituto Histórico do Ceará. 1948.
50 SEIGEL, Jerrold. *Paris boêmia: cultura, política e os limites da vida burguesa. 1830-1930*. Porto Alegre: L&PM, 1992.

Paris, surgida no contexto das revoluções de 1848. Boemia tornou-se sinônimo da vida que levavam os jovens intelectuais e artistas sem fortuna num momento histórico que, também nos trópicos, é marcado por grandes transformações sociais, políticas e estéticas.

O contato dos intelectuais e artistas cearenses com os cariocas ocorria por meio de correspondências ou pela própria leitura e escrita das obras. Isso fez com que os mesmos se apropriassem desse estilo de vida, fazendo das suas modinhas marcas desse tipo de estética. Exatamente por isso ficou difícil no início deste livro encaixar Carlos Severo, Ramos Cotôco e Teixeirinha em modelos socioeconômicos. Sabíamos que a maioria deles tinha vindo da classe média, mas não entendíamos qual era o interesse que tinham com o que era rotulado por "populacho".

O trabalho de Weber dos Anjos sobre Ramos Cotôco e os caminhos da boemia, ajudou-nos a entender um pouco mais sobre o assunto. Esses indivíduos eram espécies de *flaneurs*, ou seja, observadores dos diferentes tipos sociais e costumes, que tinham o interesse de projetar socialmente as camadas menos favorecidas através de suas composições. Os serenatistas, embora pertencentes a boas famílias, eram escrachados pela sociedade, pelos pais rigorosos e vigilantes que tinham medo que suas filhas fizessem um casamento ruim.[51]

Humor, sátira e pilheria: a invenção do popular na praça pública

Como já se viu, a boemia acabou virando uma filosofia de vida para Ramos Cotôco, Teixeirinha e Carlos Severo. O estilo boêmio, que se caracterizava pela despreocupação em relação a grandes somas monetárias e as normas sociais impostas pelo Estado, Igreja ou por famílias conservadoras, foi incluída nas modinhas desses compositores, que se obstinaram a projetar socialmente as camadas menos favorecidas, como trabalhadores urbanos, negros e mestiços, tentando reproduzir o que eles observavam nas ruas. Outra grande influência foi a dos cantores e instrumentistas cariocas de projeção que favoreceram-se com as ideias dos músicos de salão que disseminavam o popular atrelado à identida-

---

[51] ANJOS, Francisco Weber dos. *Ramos Cotôco e seus "Cantares Bohêmios": Trajetórias (re) compostas em verso e voz (1888-1916)*. Dissertação (Mestrado). Mestrado Acadêmico em História, MAHIS. Universidade Estadual do Ceará, UECE: Fortaleza, 2008.

de nacional e vendiam um produto considerado autêntico, tendo Fred Figner e Pedro Quaresma como grandes aliados.

O contato desses modinheiros com compositores e instrumentistas que moravam ou fizeram sucesso no Rio de Janeiro ocorreu quando alguns deles visitaram o Ceará para divulgarem seu material musical nos espetáculos teatrais. Catullo da Paixão Cearense, Mário Pinheiro, João Pernambuco, Sátiro Bilhar, Xisto Bahia e violinista paraguaio Agustín Barrios Mangoré foram os que tivemos conhecimento que aqui estiveram. As outras influências ocorreram pelo contato com discos de 78 rpm de compositores como Ernesto Nazaré, Chiquinha Gonzaga, Zequinha de Abreu, Baiano, Eduardo das Neves, Cadete, entre outros, que eles escutavam nos gramofones.[52]

No entanto, Ramos Cotôco, Teixeirinha e Carlos Severo foram selecionados porque compunham de uma forma criativa e peculiar. Ao contrário de parte dos compositores cariocas que escreviam sobre os problemas do homem do sertão, eles deram ênfase aos problemas urbanos. A ideia de cultura popular difundida por esses compositores também era bem diferente daqueles envolvidos com as práticas pianísticas. O meio, a raça e o folclore eram representados pela exaltação do "populacho", por meio da pilhéria e da comicidade, que se aproximava do estilo galhofeiro do palhaço Eduardo das Neves. Teixeirinha cantou os problemas da seca do Ceará com comicidade e jocosidade. Ramos Cotôco zombou da mulher branca que se apropriava da moda de Paris e exaltou a mulata que possuía apenas os seus dotes naturais, enquanto Carlos Severo cantou sobre a boemia da cidade, as festas e diversões antigas.

O estilo de modinha mais comum que circulava por todo o Brasil e até mesmo aqui no Ceará era a "chorona", como ficou conhecida devido ao emprego de versos cheios de lamúria. Tinha como principais características o martírio do amor, lamentação pelas mulheres "ingratas", suplicação da correspondência de sentimentos e quase sempre a invocação da morte como consolo e refrigério aos sofredores. O ritmo e a melodia eram quase sempre arrastados. O Romantismo da literatura influenciou o jeito de se fazer modinha. Mesmo quando a modinha era de exaltação ou descritiva, a melancolia estava presente. *Comunhão da Serra*,

---

[52] A principal depositária de discos e máquinas falantes e cantantes era a loja "Rosa dos Alpes", de João Carvalho, na Rua Rioriano Peixoto, no seu principal quarteirão. A letra do samba "Pelo Telefone", de Donga e Mauro de Almeida, grande êxito do carnaval do Rio de Janeiro em 1917, e composição que muito daria o que falar na história da música popular brasileira e notadamente do samba, foi impressa e largamente distribuída pelo referido estabelecimento comercial.

de Quintino Cunha e João Quintino, por exemplo, reflete certa tristeza nos versos panteístas e na melodia.

No entanto, apesar de variarem na poética, a característica mais marcante de quase todas as modinhas feitas no Ceará é a extensão. Umas possuíam refrão e outras não, mas quase todas eram longas, ao contrário das cariocas. As estrofes nas modinhas eram abundantes e acabaram influenciando a prolixidade seresteira de Catullo. O escritor e crítico literário José Carvalho criticou Catullo, pois achava que o seu maior defeito era arranjar termos do sul e dizer que eram do norte. Porém, acreditamos que a visita de Catullo foi importante, porque foi um dos primeiros a alertar aos modinheiros cearenses sobre a preocupação de projetar suas músicas para o resto do país.

Edigar de Alencar aponta que a fase mais fulgente da modinha cearense foi entre os anos de 1880 a 1915. No entanto, para ele a única diferença que existia das outras produzidas no resto do Brasil era a autoria, pois não possuíam aspectos nativistas ou regionalistas. Acreditamos que ele tenha se enganado, porque as chulas, paródias e cançonetas de Ramos Cotôco, Teixeirinha e Carlos Severo não só quebrava o padrão romântico dessas modinhas, situação que já acontecia também em outros lugares, mas tratava dos problemas locais, das situações que eles observavam no seu cotidiano.

Nesses trinta e cinco anos é que surgiram as modinhas que alcançou maior destaque, sobretudo nas últimas décadas do século. Fortaleza passou a ser um porto de importação dessas canções e de exportação para o interior do Estado. Os autores de modinhas, quase sempre também eram os seus intérpretes e divulgadores principais, ao violão, nas serenatas, festas e patuscadas. Viviam na boemia e pouco se preocuparam em guardá-las a perpetuidade. Essa prática era bem comum entre os boêmios, dificultando na coleta das mesmas, sendo muitas encontradas apenas na tradição oral. O compositor e poeta Hermes Fontes fez uma breve análise sobre a modinha brasileira seresteira e apontou que:

> A modinha brasileira é a alma lasciva e melancólica da raça, desabrochando, ao ar livre, em harmonias, em ternuras, em protestos de amor e em queixas de saudade. Ao ar livre – ficou: "Au clair de lune" ou "à la belle étoile"... Não vale dizer, porém, que a nossa modinha é "flor das ruas", flor noturna das serenatas, sendo, apenas, que ela não obriga a ambiente certo, ao ângulo de salão, à luz coada do "abat-jour", junto ao cravo ou ao piano. A modinha e o seu companheiro, o violão, dispensam quenturas de "foyer", delícias de estufa, resguardos do luxo, ou de conforto. Na rua,

> sob os lampiões, no campo, sob as arvores, na orla litorânea, ou nos chapadões sertânicos; no inverno ou no verão, a nossa modinha é irmã da nossa cigarra: unifica as estações e as circunstâncias, e onde quer que esteja, faz o ambiente necessário à sua vida e à sua glória.[53]

Percebemos, no comentário, que, na modinha brasileira seresteira, "povo", sinônimo de negros e trabalhadores urbanos, também foi atrelado à identidade nacional. No entanto, o homem do campo e o meio rural não foram os únicos a serem exaltados. Hermes Fontes também articulou através dos elementos urbanos a raça, o meio e o folclore. O violão e as serestas representavam a "alma brasileira". A boemia nutriu essa situação, porque a modinha viveu em função das serestas das ruas, à luz da lua, às portas das amadas, onde os boêmios líricos e amorosos iam derramar suas queixas ou exorar suas súplicas aos acordes do violão, da flauta ou do cavaquinho.

Nesse item foram selecionadas algumas modinhas de Ramos Cotôco, Teixeirinha e Carlos Severo na tentativa de entender as motivações que levaram cada um deles às escolhas temáticas. A vida nas "areias" e os costumes ligados às populações urbanas pobres foram o centro das atenções de Ramos Cotôco. Em muitas de suas modinhas e poemas não musicados, Ramos Cotôco tratou da temática racial. Na canção intitulada *Mulata Cearense*, ele apresentou a exaltação da miscigenação étnica e a do meio, porém, estes aspectos foram realçados sem o ufanismo comum aos outros estudiosos da "cultura popular". Diferente de Juvenal Galeno, por exemplo, que se referia ao Ceará como uma terra rica culturalmente, mas cheia de infortúnios climáticos, Ramos Cotôco tratou dos aspectos positivos, mas não deixou de complementar a letra com uma ácida crítica as mulheres brancas, sendo a maioria moças de posses.

---

53 ALENCAR, Edigar. 1967. *Op. cit.*, 22.

IMAGEM 33: Partitura de Mulata Cearense – Cópia de Gilberto Petronillo.

Mulata Cearense

Eu sou da terra de um sol de brasa,
Seus raios trago nos olhos meus;
Na trança negra trago reflexos
Das estrelinhas lindas dos céus:
Meus alvos dentes lembram os toques
Da branca lua, pura, sem véus.

Estes encantos que em mim se notam
Não são fingidos, são naturais;
Meu garbo altivo lembra a sublime
E verde copa dos coqueirais,
Onde a jandaia seus cantos solta,
Notas plangentes, doridos ais.

No peito eu sinto um vulcão de amôres
E na alma sinto o gênio a arfar;
O peito diz-me que é a vida é flôres
A alma murmura: gozar! gozar!
Meu céu é lindo! Que lua bela!
Que sol tão quente! Que verde mar!

As brancas tôdas de mim não gostam,
Voltam-me o rosto se vou passando,
E eu nem reparo na raiva delas...
Passo sorrindo, cantarolando:
Todos os moços me chamam linda
E a muitos deles vou namorando.

Vou desfrutando esta mocidade
Sendo querida, querendo bem!
Ser cearense – é felicidade
Quanta alegria minh'alma tem!
Adoro a pátria – meu berço róseo
Não volto o rosto, caminho além.[54]

---

54 RAIMUNDO, Ramos. 1906. *Op. cit.*, p. 65.

Na modinha Cabocla, Ramos Cotôco repete a temática racial, mas acrescenta sátira na medida em que mistura uma crítica jocosa em cima da valsa dançante e alegre, como indica a tonalidade de Dó Maior na partitura que se encontra em anexo. Ele aproveita o ensejo para adicionar uma reclamação ao consumismo exagerado das moças de posse. Ao mesmo tempo em que critica a apropriação da moda de Paris em suas vestimentas, elogia os dotes naturais das mestiças pobres e a criação modesta, mas ao mesmo tempo bela do seu vestuário.

IMAGEM 34: Partitura Cabocla – Cópia de Gilberto Petronillo.

Cabocla

Ninguém me vence em beleza,
Pois sou formosa também
Sem possuir a riqueza
Que a môça da praça tem.

Não invejo os requintes da moda,
Fantasias que o instante desfaz
É bastante a beleza (bis)
Dos meus dotes naturais.

Quando eu passo em qualquer parte
Todos ficam a me olhar.
E dizem: que primor d' arte!
Que formosa sem par!

No entanto a minha veste é tão simples,
É de chita de azul côr do céu
E sob ela a beleza (bis)
Que a natureza me deu.

Nenhuma rica da praça,
Envôlta na fantasia,
Tem mais beleza, mais graça
Mais meiguice e poesia.

Eu sou pobre, não tenho essas sêdas
Nem brilhantes, nem rubros corais...
Tenho só a beleza (bis)
Dos meus dotes naturais.

As brancas de mim não gostam
E só me olham com desdém!
Eu nem lhes presto atenção
E creio que faço bem.

> Não invejo os requintes da moda
> Fantasias que o instante desfaz:
> É bastante a beleza (bis)
> Dos meus dotes naturais.[55]

Em uma de suas poesias, intitulada *Eu gosto assim*, Ramos Cotôco comenta sobre o seu gosto pelas "pretinhas com línguas daninhas", pois ele não tolerava todas as formalidades e convenções sociais exigidos pelas moças brancas. Ramos Cotôco chegou a namorar muitas negras e mestiças em amores furtivos nas "portas detrás" dos bordéis e quintais e a maioria desses casos viravam música ou poesia. Na modinha em tempo de tango intitulada *Meu gosto*, fica mais evidente a sua defesa em relação a esses tipos de mulheres. A tonalidade dessa modinha está em Fá Menor, triste e arrastada, justificando-se talvez pelo fato do autor tratar sobre o descontentamento com a discriminação desses tipos sociais pelos agentes do poder público, que buscavam "regenerar" esses indivíduos, livrando-os de hábitos considerados indisciplinados.

---

55 *Ibidem*, p.60.

IMAGEM 35: Partitura Meu gôsto – Cópia de Gilberto Petronillo.

Meu gôsto

Enquanto os ricos namoram
Com senhoras ilustradas,
Eu satisfaço o meu gôsto:
Vou namorando as criadas.

Se vão ao passeio,
Eu vou ao mercado;
Também, tal como êles,
Eu gozo de um bocado:
Em noites de belo
Luar sem rival,
Êles – lá na sala,
Eu – cá no quintal.

Êles nos salões doirados
Entretêm suas Marocas,
Eu, na treva mergulhado,
Vou matando muriçocas.

Porém se êles amam,
Eu amo também;
Não invejo a sorte
Feliz de ninguém!
Na sala há cadeiras,
Ornamentação:
No quintal, canecos,
Barricas, caixão.

Êles falam sobre a música,
Sôbre teatros, partidas,
Eu e ela – a minha Chica
Falamos das nossas lidas.

No salão conversam
Com voz natural;
Mas nós cochichamos,
Pois alto faz mal:
Na sala há sorrisos
Há doces beijinhos...
Nós cá beliscamos
Entre outros carinhos.

Quando é noite de Passeio
Vão todos, ninguém vai só:
Êles vão à Caio Prado,
Nós vomos à Mororó.

Vão eles tomando
Conhaque, sorvetes:
Nós nos tabuleiros
Compramos roletes!

Estou satisfeito
Que tais namoradas!
Procuram patroas...
Que eu quero as criadas.[56]

    Cardoso ao analisar a letra dessa modinha em sua tese, comenta acerca das tensões entre os distintos grupos sociais, representados por antíteses de figuras femininas ("senhoras ilustres", "marocas", "chicas", "patroas", "criadas") e lugares ("passeio", "mercado", "sala", "quintal"). Os espaços de convívio público também viraram palco de discórdias, na medida em que os grupos traçavam uma linha imaginária onde ocorria a segregação social. Grande parte das modinhas de Ramos Cotôco revelava problemas dos trabalhadores urbanos, sobretudo mulheres que levavam a vida em empregos formais e informais. *Cozinheira* e *Lavadeira* são duas poesias não musicadas, sendo *Engomadeira* e *Tecelona* as es-

---

56 *Ibidem*, p. 157.

colhidas para se transformarem em modinhas. A letra de *Engomadeira* foi feita em homenagem a uma de suas esposas.

Com "a engomadeira", morou durante muitos anos numa casinha de uma porta só, sem janela (como havia ao tempo) na segunda quadra da Rua do Imperador. Ele a descrevia como uma morena forte, de boa família, que a ele se dedicou inteiramente. O poeta não teve filhos com ela, mas adotaram e criaram com muito carinho um menino chamado Vandick. A moça era engomadeira habilidosa e, assim, ajudava o sustento da casa. Os versos foram tão divulgados que chegou a ser gravada por Mário Pinheiro. "*Era em começo,/ Engomadeira/, Hoje é a noiva,/ Mais Feiticeira,/ Pois ela ajeita,/ Com perfeição,/ A minha roupa,/ E o coração*". A letra de *Tecelona* é emblemática, pois nela podemos observar as transformações que ocorreram no trabalho formal.

Entre o piano e o violão

IMAGEM 36: Partitura de Tecelona – Cópia de Gilberto Petronillo.

Tecelona

Tenho um amor em meu peito
Tão grande como Arquimedes,
Por uma linda trigueira,
Mimosa, faceira (Bis)
Que é tecelona da fábrica de rêdes. (Bis)

Quero todo embaraçar-me
Nos fios do seu tear;
Pouco me importa rasgar-me
Unir-me, ligar-me,
Mas sendo tecido por seu doce olhar!

Quando se quebrar um fio,
Com que prazer, com que gôsto,
Eu vou, apressadamente,
Liga-lo, contente,
Lhe dando um beijinho no seu lindo rosto.

Se acaso um dia brigarmos
(Que Deus nos livre de tal!)
Nem um fio se embaraça...
Como mimo com graça,
Farei o serviço sem causar-lhe mal.

Farei todos seus pedidos,
Serei também tecelão,
Trabalharemos juntinhos...
E quantos carinhos...
Que linda meada... de brando algodão.

A tarde direi a ela:
Basta! Vamos descansar!...
Já trabalhamos, querida...
Gozemos a vida,
Nós ambos trepados em nosso tear.[57]

---

57   Ibidem, p. 131.

O aumento da produção algodoeira fez surgir a primeira indústria têxtil no Estado. Thomaz Pompeu foi o primeiro a implantar uma fábrica de tecidos e fiação na capital em 1883, dando início a um processo que viria fomentar uma cultura fabril no Estado. O incremento dessas novas atividades modificou a rotina do trabalho dos cearenses, que tiveram que se acostumar com um ritmo maior e mais acelerado. Apontar as diferenças sociais e apresentar os dilemas dos grupos menos favorecidos economicamente era uma constante na obra de Ramos Cotôco. Em *Modernismo*, por exemplo, ele continua usando a figura feminina para denunciar problemas sociais.

IMAGEM 37: Partitura de Modernismo – Cópia de Gilberto Petronillo.

Modernismo
Não existe môça feia,
Tôdas são puras e belas,
A questão é um jeitinho
Que jamais faltou a elas.

E, além disto, elas:
Têm nanquim,
Têm zarcão,
Têm carmim
E algodão;
Têm mil prendas,
Fingimentos
Da beleza
Monumentos.

Môça de corpo mal feito
Não existe atualmente
Graças aos quartos supostos
Que dão forma tão decente.

E elas inda são mais lindas porque;
Tem nanquim etc.

Môça de pernas finas
Morreram o sec'lo passado:
Hoje tôdas tem-n'as grossas,
E o pezinho delicado.

Além disto, elas:
Têm nanquim etc.

As de olhos feios, petiscos
Encontraram salvação;
Usam pince-nez escuro,

Que lhes dá muita expressão.

Mais bonitas são, porque:
Têm nanquim etc.

Não se vê môça banguela,
Que era falta extraordinária;
Êsses defeito sumiu-se
Por graças da arte dentária.

Para o mais, elas:
Têm nanquim etc.

Aos domingos, na avenida,
São lindas de arrebatar:
Porém na segunda-feira
Ficam feias de espantar.

Creio que é porque elas em casa tiram:
O nanquim,
O zarcão,
O carmim,
O algodão,

E as mil prendas
Fingimentos
Da beleza
Monumentos.[58]

    Nessa cançoneta em Fá Maior, com arranjo de Orlando Leite e anunciada como música folclórica na tentativa de agrupar elementos externos à nascente música urbana com intenções de produzir um tipo de música "só nossa", Ramos Cotôco apresenta um tom de comicidade e insubordinação ao crescimento do consumismo. A preocupação com a aparência estava intimamente ligada ao *sta-*

---

58 *Ibidem*, p.127.

tus social e, por esse motivo, o modinheiro enumerou os vários artifícios utilizados pelas moças de posses para falsear a sua feiura. Quem ganhou com isso foram as várias lojas que passaram a vender produtos importados da França. Enquanto as mulheres desejavam os vestidos de cedas e babados, os homens vestiam elegantes ternos de corte francês, chapéus e cartolas praticando o consumo conspícuo, ou seja, quando nasce a necessidade de indivíduos se distinguirem socialmente através de bens materiais. Na modinha *O bonde e as moças*, alguns desses elementos se repetem:

IMAGEM 38: Partitura de O bonde e as moças – Cópia de Gilberto Petronillo.

O bonde das môças

Na rua onde passa o bonde
Môça não pode engordar,
Não trabalha, não estuda,
Não descansa... é um penar.

(Estribilho)

Se o bonde passa,
Esta na janela:
Se o bonde volta,
Ainda está ela...
Namora a todos,
É um horror;
Aos passageiros
E ao condutor.

Tôdas elas, sem exceção,
Têm as mangas dos casacos,
De viverem nas janelas,
Tôdas cheias de buracos.

Algumas eu tenho visto
Correrem lá da cozinha
Com a bôca cheia de carne,
Sujo o rosto de farinha.

Outras, de manhã bem cedo,
Acordam atordoadas,
Vem o bonde... elas já surgem
Com as caras enferrujadas.

As parelhas já conhecem
Estas môças de janelas;
Quando passam se demoram

Para olharem para elas.

Conheço algumas que moram
Aonde o bonde não passa,
Que gritam, fazendo troça:
Esta rua é uma desgraça!
Não passa o bonde,
Esta na janela;
O dia inteiro
Ai passa ela;
Aos transeuntes
Olha com ardor,
Namora a todos;
É um horror![59]

A chegada do bonde em Fortaleza foi muito esperada porque facilitou a mobilidade urbana e o convívio social. Os primeiros bondes a circular por Fortaleza datam do final do século XIX. Inicialmente, os bondes contavam com tração animal, uma parelha de burros magros puxava a custo os carros dos bondes partindo da Praça do Ferreira e estendendo-se aos poucos bairros existentes na época. O fato de serem puxados a burros e o péssimo estado dos vagões foram alvos de críticas e chacotas de toda sorte publicados na imprensa da época.

O comportamento insubordinado, a crítica social e o escárnio a valores e costumes ditados na época eram constâncias na vida de Ramos Cotôco. Em uma de suas modinhas, intitulada *Três por cento* (3%), por exemplo, o autor mostra todo o seu descontentamento sobre os inúmeros impostos cobrados aos cidadãos fortalezenses no período como mostra um dos trechos a seguir "Além dos impostos, que são tão pesados, vem mais três por cento, tornarmos favados". Ramos Cotôco já aparentava estar atento à má distribuição de renda que ocorria, revelando certo desprezo aos ricos e ojeriza ao modo de vida "burguês", como se observa na poesia que não foi musicada, intitulada *Os ricos e eu*:

---

[59] Ibidem, p. 127.

Os ricos e eu
Enquanto nos salões auri-doirados
Os ricaços palestram satisfeitos,
Eu vou, pelos balcões azinhavrados,
Copázios aos milhões chamando aos peitos!

Enquanto dos banquentes na fartura
Bebem taças de esplendidos licores,
Eu mastigo uma vil bolacha dura
Que nem, se quer, da pança aplaca as dores.

Enquanto nas alcovas perfumadas,
Falam de amor os noivos venturosos,
Eu, nos bórdeis, atiro bofetadas
Às prostitutas vis aos criminosos.

Enquanto o dandi frisa o seu bigode
E ajeita o fraque em bela posição,
Eu esfarelo a barba como um bode,
E as camisas conserto com cordão.

E se eu pensasse em ser correto,
Sem ter dinheiro e sem ser empregado,
Meus olhos furariam com espeto,
Ou tinham-me na praça fuzilado.

Portanto, deixarei que, neste taco
De mundo, o rico ou o pobre vá viver...
De qualquer forma não darei cavaco!
Diabo leve a quem quiser morrer.[60]

Como já foi dito anteriormente, Ramos Cotôco apresentava atitudes contraditórias, porque rechaçava os ricos, mas não vagou como modinheiro apenas

---

60 *Ibidem*, p. 133.

nas serenatas das ruas e dos botecos da cidade. Ele também frequentou os salões e os concertos organizados "pela fina flor da sociedade". No entanto, por apresentar esse tipo de crítica aos ricos e o elogio aos menos privilegiados, ganhou o rótulo de artista do populacho. Alguns pesquisadores se preocuparam em entender a sua relação com o popular e o que designava realmente esse termo. Weber dos Anjos, por exemplo, aponta que Ramos Cotôco frequentava os ambientes mais sofisticados, mas sua sensação de pertencimento era com as pessoas e os espaços mais humildes. Ele agia como um cronista da cidade, que tudo observava e narrava em sua poesia e produção musical.

Gleudson Passos comenta que o poeta tinha uma dinâmica específica, ou seja, "[...] um *modus pensandi* e *operandi* autônomo, singular, em relação ao que foi denominado 'cultura da elite' e ao processo civilizador". Era uma espécie de *flanêur* que andava em todos os lugares, mas não pertencia a nenhum. Compartilhamos da ideia de Passos, que atrela a produção de Ramos Cotôco a um realce do "populacho", costumes que foram construídos ao longo do tempo considerados menores pela Igreja, Estado e famílias conservadoras. No entanto, para Passos essa atitude não se trata necessariamente de destacar práticas, experiências, representações que denotam "resistência" ou "indisciplina".

Acredita-se que intelectuais partidários do ufanismo conceberam o rótulo de "artista do populacho" para Ramos Cotôco devido ao fato do poeta se empenhar em projetar uma estética musical e costumes considerados por estes como vulgares. O popular em sua vida também estava atrelado à tentativa de propagação em vários extratos sociais das suas modinhas, tornando este termo sinônimo também de reconhecimento. É só lembrar o que artistas como Catullo da Paixão Cearense, Eduardo das Neves, Baiano e Mário Pinheiro fizeram no Rio de Janeiro com o auxílio da Casa Edson e da Livraria Quaresma. O período é emblemático, visto que surgiam com o nascimento da música urbana as primeiras tentativas de garantir um público de consumidores e receptores para a produção musical desses artistas. Ramos Cotôco ensaiou essa ideia quando conseguiu publicar o seu primeiro e único livro, que também acompanhava partituras musicais, embora essas apresentem apenas a melodia, revelando o pouco conhecimento de notação musical do modinheiro.

Na modinha *Cangatís*, que apresenta o ritmo de tango na tonalidade de Lá Menor, Ramos Cotôco aborda na letra vários elementos que destacariam o jeito de viver do pescador local. Ele insere a Barra do Cauípe como o local de trabalho e sociabilidade do pescador, comenta sobre as inúmeras espécies de peixe encontradas na Barra, como os curimatans, traíras, muçuas, carás e o cangatís, peixe de água doce que deu nome à modinha. Cita também que, ao terminar o dia, os homens reuniam-se nas bodegas, tendas, quitandas para "comer como ricos" os peixes de água salgada, como podemos observar na letra a seguir:

IMAGEM 39: Partitura de Cangatís – Cópia de Gilberto Petronillo.

Entre o piano e o violão

Cangatís

De mais de quarenta léguas

Foi povo p'ra apreciar

A barra lá do Cauípe

Que estava para arrombar.

(Estribilho)

Eu também fui,

Eu também vi,

Curimatans

E Cangatís.

Arrombou e foi embora

Mas deixou no Ceará

Traíras, curimatans,

Cangati, muçu, cará.

Homens, mulheres, meninos,

Viviam só de pescar;

Todos enchiam seus sacos,

Pois tinha peixe a fartar.

Comboios de peixe seco

Eram de dar-se com um pau:

A carne do sul – deu baixa

Aboliu-se o bacalhau.

Badegas, tendas, quitandas

Ficaram bem atulhadas;

Houve banquetes de luxo

De curimatans salgadas.

No cafezinho Holofote

Não se fêz mais mucunzá,

Mas se fazia omelete

De caranguejo e cará.

Ao ver-se gente na rua
Com um caixão carregado,
Nada mais se perguntava
Pois era peixe salgado.

Entretanto o reumatismo
Seu progresso ia fazendo;
E os tais peixinhos da barra
Cada vez mais se vendendo.[61]

Em *Jogo dos bichos*, Ramos Cotôco apresenta uma fauna que ultrapassa os vinte cinco bichos que compunham a primeira versão, adicionando animais das mais variadas espécies, entre elas o boró, criação tipicamente cearense, fazendo um jogo de palavras cuja rima imprime um aspecto de comicidade à peça. No entanto, chamou a atenção deparar com o ritmo "sambinha" em uma música de 1898, revelando que o emprego de elementos da música negra ocorria bem cedo aqui no Ceará. O lundu, a chula e o batuque, ritmos de origens ou apropriações negras, também foram utilizados em sua obra. Além de tradições populares no período, Ramos Cotôco "cantou" sobre as comidas típicas de nossa região. Aluá, que era uma bebida típica da região nordeste e frequente nas festas do ciclo junino e o angu, nome proveniente da cultura africana que designava um prato típico da culinária nordestina preparado geralmente com fubá, esteve presente em seus versos.

Mas é na modinha *Cearenses* que fica mais evidente essa tentativa, não articulada como no caso de Alberto Nepomuceno, de não só representar as camadas menos favorecidas, mas agrupar elementos de identificação da cultura local que projetariam o tipo de cearense peculiar apresentado em suas modinhas. Em algumas das músicas Ramos Cotôco encontrou êxito, porque elas foram gravadas por artistas como Mário Pinheiro e Ernesto Nazareth. No entanto, diferente de Alberto Nepomuceno, Branca Rangel e Juvenal Galeno, Ramos Cotôco não ressaltava a ingenuidade e sofrimento do nordestino, mas sim o humor e a molecagem que viraram marcas do jeito de viver cearense.

---

61 *Ibidem*, p. 74.

IMAGEM 40: Partitura de Cearenses – Cópia de Gilberto Petronillo.

Cearenses

Cearense vai ao Norte

Cearense vai ao Norte

Sonhando áureo castelo

Sai d'aqui robusto, forte

De lá, se escapa da morte

Volta magro e amarelo.

Sai daqui robusto, forte

Volta magro e amarelo.

Quando êle daqui embora (bis)

Vai descalço e quase nu.

Leva um cacete, uma faca

Uma rêde e velha maca

Quando volta traz baú...

Leva uma rêde e uma maca

Quando volta traz baú.

Vai de camisa e ceroula (bis)

Às vezes rasgada em tira,

Vem de lá todo pachola

De chapéu-de-sol, cartola

E terno de casemira.

Vem de lá todo pachola

E terno de casemira.

Por vantagens tão pequenas (bis)

Qual loucos desmiolados,

Deixam as plagas amenas

Embarcaram daqui centenas

Voltam quatro assesonados.

Embarcam daqui centenas

Voltam quatro assesonados.

> Eu por isto vou sofrendo (bis)
> Esta terrível pobreza,
> Vou chorando, vou gemendo,
> Mesmo pobre vou vivendo
> Não invejo tal riqueza...
> Mesmo pobre vou vivendo
> Não invejo tal riqueza.[62]

A melodia ligeira de tonalidade Dó Maior que foi emprestada de "Margarida vai à fonte", antiga canção rural, chamada por ele já de folclórica, é um exemplo de apropriações de elementos externos à cultura vivenciada para representar algo com elementos que a população local já se identificava, sobretudo os retirantes e migrantes da seca, mas adicionando uma de suas marcas que o diferenciava dos demais, a paródia. Nessa modinha, ele destaca o inverso do fluxo migratório, mostrando a história de cearenses que se aventuraram em outras regiões do país em busca de trabalho e prosperidade e retornam à terra natal. Alguns fixam residência definitivamente em seus destinos, outros retornam ostentando os frutos de sua empreitada. A expansão do comércio da borracha na região norte do Brasil levou muitos nordestinos aos confins da mata amazônica em busca da riqueza do látex.

A análise de Geneviève Bollème sobre Michelet contribuiu com o estudo na incorporação do popular nas obras desses boêmios. O historiador Michelet apontou, em seus escritos, que o povo, entendido aqui como grupos que ficaram à margem da história, nunca foi o sujeito da História, porque nunca se encontrou uma língua que lhe conviesse, que fosse a sua. Por esse motivo, ele se preocupou em restituir a palavra para essa gente "sem voz". No entanto, achou grandes dificuldades porque "mesmo reconhecendo-se como povo não conseguia mais chegar à linguagem dos mesmos", situação que o causou muitas desilusões. Bollème descreve que o homem que toma consciência desse tipo de negligência é um mediador, mas é preciso fazer do seu próprio discurso também uma mediação. Michelet termina sua obra com o seguinte comentário. "A palavra que concerne o povo só poderia ser, ou só tem razão de ser, se for uma troca, se empenhar um e outro partido por um vínculo, uma reciprocidade".

---

62 *Ibidem*, p.161.

De fato, Ramos Cotôco, assim como Teixeirinha e Carlos Severo, apresentavam algumas características comuns à Michelet. Sobretudo Ramos Cotôco tentava agir à maneira dos historiadores, como foi revelado por Weber dos Anjos. Ele buscou "narrar" a cidade, seus habitantes e problemas por meio da observação participativa. Elogiou esses sujeitos que também estavam à margem da História em detrimento dos grupos mais ricos, criando uma dicotomia que circulava em torno do dinheiro, mas, sobretudo, das práticas e costumes, deixando de lado outros grupos que não se encaixavam em nenhum desses estereótipos. No entanto, diferente de Michelet, ele não parecia sentir obrigação de empregar uma linguagem popular em sua obra, se é que existiam essas diferenciações, usando com pouca frequência "gírias" comuns aos habitantes das zonas periféricas, onde o saber letrado quase nunca chegada.

Carlos Teixeira Mendes também foi influenciado pela obra de Ramos Cotôco, apropriando-se do ritmo da chula e exaltando o populacho. Além disso, mostrou ser um compositor que se preocupou em imbuir a sua obra o "jeito de viver cearense", sem as lamúrias e tristezas relatadas por outros artistas, mas com jocosidade e muita molecagem. Em um de suas epigramas, ele brincou com os problemas da seca: "O cearense tem nome e fama de denodado: na seca morre de fome, no inverno morre afogado".[63] Em sua modinha com o ritmo de chula em Ré Maior para violão, instrumento que ele também tocava, intitulada por *Gosto esquisito*, Teixeirinha também abordou os aspectos da raça, exaltando "a negra do cabelo pixaim".

---

63 ALENCAR, Edigar. 1984. *Op. cit.*, p. 87.

IMAGEM 41: Gôsto Esquesito – Cópia de Gilberto Petronillo.

Gôsto Esquesito

Eu peço, ninguém censure
Meu gôsto esquisito assim...
Eu só gosto é do que é ruim...
Mas nada posso fazer!
Meu gôsto é tão esquisito,
De fato, tão engraçado...
Só gosto é do enjeitado...
Daquilo que ninguém quer!

(Estribilho)

Eu gosto de fruta azeda
Misturada com cachaça...
Gosto muito de arruaça...
Com as caboclas da feira!
Eu gosto de atiçar briga...
De fazer revolução;
E quando chega a detenção,
Vou saindo de barriga!

A qualquer môça magrela
Prefiro a velhota acesa...
Baixa... gorda... muito tesa
De cangote de cupim!
As môças alvas e loiras,
Mulheres mais formosas,
Prefiro as negras dengosas
Do cabelo pixaim![64]

    Assim como Ramos Cotôco, Teixeirinha agrupa de uma forma genérica, várias práticas de extratos sociais desfavorecidos economicamente, sobretudo a dos negros e mestiços. Também rechaça a mulher branca e diz que gosta de atiçar

---

64 ALENCAR, Edigar. *Op. cit.*, p. 236.

briga e fazer revolução. No entanto, também estava inserido nos segmentos da classe média, sendo funcionário público durante o dia e arrendatário do bar do Theatro José de Alencar e *barman* durante a noite. Essa sua relação com os humildes está também intrinsecamente ligada à filosofia de vida boêmia, que possui certa ojeriza aos ricos. Esse distanciamento dos valores materiais fica evidente em uma poesia intitulada *Dinheiro* que não há referência de música, mas não seria difícil concebê-la como cançoneta, pois sua estrutura de quatro estrofes de quatro a três versos coincide com outras cançonetas de Ramos Cotôco.

> **Dinheiro**
>
> Dinheiro é a mola principal do mundo!
> Tudo que vibra e tange e faz rodar...
> Dinheiro é sol ardente, sol fecundo,
> Que faz nascer a planta e faz murchar...
>
> Dinheiro faz cavar vale profundo
> Nas entradas da terra... Faz chorar,
> Faz sofrer, e faz tudo num segundo,
> Constrói... destrói, sem menos se esperar!
>
> Estribilho
>
> Faz e desfaz... é grande, na verdade!
> Percorre de repente o mundo inteiro,
> Transformando o viver na humanidade!...
>
> Dinheiro é o Céu e o inferno aqui da Terra!
> Vermelho... quente, forte e traiçoeiro,
> Facho de sangue iluminando a guerra.[65]

Embora a produção de Teixeirinha tenha se centrado nos problemas urbanos, sobretudo daqueles mais humildes, o poeta não deixou de abordar em alguns momentos o campo. Em um de seus poemas intitulado *Natureza* fica evidente essa marca da estética romântica, que se apresenta através da fuga das grandes

---

65 MENDES, Carlos Teixeira. 1969. *Op. cit.*, p. 11.

cidades e do recolhimento junto ao rural: "Escuta a patativa, o rouxinol, nesta manhã de névoas e plumas [...] E o vento passa, e vai beijando as brumas, canta a campina como um rei de escól! [...] E o prado e a relva e o bosque verdejante, é a serra e o campo, e o rio estonteante, na alegria sem fim da correnteza".[66] A religião popular também foi representada a partir da figura do penitente conforme se observa nos versos: "E mundo e só e triste e desolado, qual caminheiro errante, penitente, marchava assim como um desventurado!"...[67]

Em outras quadras sem título mais uma vez Teixeirinha agrupa elementos com intenções de projetar o jeito peculiar do cearense. O emprego da raça, do meio e do folclore se apresenta quando o poeta cita o caboclo, a jangada, o Norte (Nordeste naquele período): "Ceará, valente e forte, teu caboclo varonil, sofre os reveses da sorte, e morre pelo Brasil. O jangadeiro do Norte, em cima de uma jangada, acha uma graça engraçada, nas brincadeiras da morte".[68] Em outro poema, reafirma a identidade do sertanejo e a saudade de sua terra: "Eu nasci lá no sertão, logo depois vim pra cá, e guardo no coração, muitas saudades de lá".[69] Sobre o tema, ele relembra das antigas festas do sertão: "Nas festas lá do sertão, tem aluá, tem novena, tem fogueira, tem baião, dançado pela morena".[70] E, no último, sobre o tema ele escreve:

O jangadeiro

O jangadeiro do Norte

Montado numa jangada,

Acha uma graça engraçada

Nas brincadeiras da morte...

Não tem fome, não tem nada,

Pega o temporal mais forte,

E tenha ou não tenha sorte

Vai lá no fim da jornada!

Venha a fúria da procela,

---

66   Ibidem, p. 13.
67   Ibidem, p. 19.
68   Ibidem, p. 38.
69   Ibidem, p. 62.
70   Ibidem, p. 66.

> O mar fique esburacado,
> No céu não brilhe uma estrela...
>
> Ele marcha confiado
> Valente, forte, arrojado,
> Sacudindo água na vela!⁷¹

No entanto, ao ler a sua compilação de poesias no livro *Cacos de joia*, fica evidente que sua ênfase foi bem maior nos problemas dos trabalhadores urbanos, da emancipação negra após o abolicionismo, na crítica pilhérica das moças brancas e de outras representações dos mais humildes. Em um dos seus poemas sem título, encontramos mais uma vez o seu elogio cheio de graça à mulata e o seu envolvimento com a mesma nas noites ao luar de Fortaleza. Não foram encontrados registros sonoros, mas existem evidências que essa também seria uma modinha, pois há estribilho conforme se ler abaixo:

> **Quadras**
> Quando eu vejo uma mulata
> Andando na minha frente,
> Nosso Senhor não me mata,
> Mas eu morro de repente...
>
> Me açoite de pau... me açoite,
> Onde voe me encontrar...
> Porém me agrada de noite
> Para que eu possa te amar!
> Estribilho
>
> (Estribilho)
>
> Eu já lhe disse uma vez,
> Com toda sinceridade,
> Que o mal que você me fez,
> Deixou-me muita saudade!

---
71 *Ibidem*, p. 118.

> Teu olhar tem a expressão
> Tão doce, tão delicada,
> Que mesmo sem dizer nada
> Vem falar-me ao coração![72]

Dos seus versos jocosos e cheios de sátira nem a sogra escapou como se observa no verso a seguir: "Quando vejo minha sogra, de manhã muito cedinho. Penso que vejo uma cobra, num ninho de passarinho".[73] Em um de seus romances com uma mulata, revelado em outro poemeto ele escreve sobre a mulata emancipada e sorridente após ser liberta no processo do abolicionismo: "Viva todo mundo... Viva! Viva a dona da latada, Viva a mulata enfeitada! Que não sabe ser cativa".[74] Teixeirinha não deixou para trás o seu lado humorístico, nem mesmo quando foi falar da morte: "Deitado no cemitério, quando sozinho estiver, lá viverei muito sério, porque não vejo mulher".[75]

Em alguns momentos, o emprego do popular apresenta-se como um sentimento nostálgico de algo que não se tem mais acesso. O povo, nas poesias e modinhas de Teixeirinha, era empregado de uma maneira genérica, pois ele não dava nomes e, dificilmente, abordava grupos, como fez Ramos Cotôco nos casos de trabalhadores urbanos. No entanto, Teixeirinha teve, até certo ponto, um convívio social com os mais humildes, sobretudo nas confraternizações feitas nas bodegas e nas praças da cidade, mas não deixava de ter acesso aos ambientes intelectuais, como cafés e teatros, nas rodas de conversa com indivíduos considerados ilustres por terem se bacharelado na faculdade de Direito ou Medicina.

Todavia, esse selo de "artista popular" atribuído a Teixeirinha é um tanto controverso, pois ele qualificava uma quantidade de coisas pertencentes ao povo ou relativos a ele, mas nunca o nomeava. Embora Edigar de Alencar não tenha conhecido a relação de Teixeirinha com a política, no *Correio do Ceará* de 13 de fevereiro de 1975 é revelada a sua ligação como figura atuante no governo do oligarquista Nogueira Accioly, evidenciando assim uma incoerência. Essa linguagem pilhérica da praça pública e esse jogo verbal feito por Teixeirinha através do riso e da comicidade podem esconder uma tentativa de forçar a eleição e

---

72 *Ibidem*, p. 18.
73 *Ibidem*, p. 32.
74 *Ibidem*, p. 86.
75 *Ibidem*, p. 88.

o julgamento do popular para ganhar as "massas", embora isso não tenha sido apresentado na sua trajetória de vida narrada nos livros de crônicas.

Já as modinhas de Carlos Severo apresentam outros empregos do popular, mais ligadas à vida boêmia nas serestas ao violão realizadas nos botecos e praças da cidade, além dos amores desfeitos e da bebida como maneira de "afogar" as mágoas. Silva Nobre aponta que Carlos Severo deve ter composto mais de vinte modinhas no gênero paródia, que foi muito utilizado também por Ramos Cotôco. No entanto, Edigar de Alencar conseguiu coletar apenas cinco nos diários deixados pelo compositor. Na modinha intitulada *Estrela do Anoitecer*, que foi musicada ao violão por seus companheiros de farra, está na tonalidade de Ré Menor com ritmo de valsa, em que o compositor mostra graça e malícia.[76]

---

76 NOBRE, Francisco da Silva. *1001 Cearenses Notáveis*. Rio de Janeiro: Casa do Ceará Editora, 1996.

IMAGEM 42: Partitura Estrêla do Anoitecer – Cópia de Gilberto Petronillo.

Estrêla do Anoitecer

Feliz de quem nesta vida
Não sabe o que é o amor
Não tem imagem querida
Não tem queixumes, nem dor.

Feliz de quem não escuta
O que a mentira nos diz
Ciúme que nos dá luta
Nos mata e faz feliz.

Noturno céu onde ostentas,
Estrêla do anoitecer,
Minha alma sofre tormentas
Que já não posso tolher.

A vida é triste e desaba
Ó estrêla do anoitecer
Dizei-me quando se acaba
Meu grande padecer.

E tu que giras no espaço
Com teu olhar tão profundo
Querida dá-me teu braço
Leva-me cá deste mundo.

Quero que ouças de perto
A causa do meu penar
Sofro triste num deserto
Sem ter a quem me queixar.[77]

Apesar de Carlos Severo ter ficado mais conhecido por suas atividades no teatro, Edigar de Alencar defende que ele era um excelente pianista, passando

---

[77] ALENCAR, Edigar. 1967. *Op. cit.*, p. 72.

horas a fio dedilhando o instrumento e compondo às suas próprias modinhas, que depois eram executadas pelos companheiros violeiros, como Abel Canuto. É possível que existam registros de partituras dessas modinhas, porém, devem ter sido perdidas no passar do tempo. Na modinha intitulada *Visita Anual*, mas uma vez Carlos Severo demonstra o seu tom de sátira inspirado no seu companheiro de serestas Ramos Cotôco. A tonalidade se encontra em Ré Maior e o ritmo também é de valsa. No entanto, a melodia parece contrastar com a letra, que, de início, apresenta-se triste e saudosa pela perda da mulher amada, mas, nos últimos trechos, o compositor mostra certo desprendimento e vislumbra sua "salvação" através das trovas e da vida boêmia.

IMAGEM 43: Partitura de Visita Anual – Cópia de Gilberto Petronillo.

Visita Anual

Quem me traz por tão tristes lugares
Quando a noite prossegue tão calma,
São anseios que a dúvida gera
São soluços que tem a minh'alma.

Já não sei responder ao que sinto
Quando a noite procuro êste lado
Alta noite vagueio sozinho
Recordando saudoso o passado.

O maior sofrimento do mundo
É aquêle que oculto domina
Corpo estranho que toca no peito
Oprimindo com o pêso da sina.

É por isso que nestes lugares
Alta noite tão só ao luar
Recolhido na cisma profunda
Minhas trovas eu venho cantar.[78]

O drama misturado com a malícia e a sátira foram pensados na composição de suas modinhas a partir de suas peças musicadas. Suas operetas, burletas e revistas apresentavam uma crítica dos costumes sociais vividos em Fortaleza, mas cheias de comicidade. As que ficaram mais conhecidas no período foram *Os dois irmãos*, vaudeville em 3 atos levado à cena pelo Grêmio Taliense de Amadores; *Hotel do salvador*; *O mestre paulo*; *São João na roça*; *Macaquinho está no ovo*; *As vaias*; *A Chegada do general*; *Os matamosquitos*; *Um Casamento no matadouro*; *Os irmãos da Bélgica*, além de outros números musicais para revistas de Crisólito Gomes e Álvaro Martins.

A opereta é um gênero de ópera leve, tanto musicalmente como na letra; já a burleta apresenta-se como uma comédia satírica de costumes acompanhada de números musicais, enquanto o Teatro de Revista ficou marcado pelo gosto popular, tendo como características principais a apresentação de números musi-

---

[78] *Ibidem*, p. 74.

cais, apelo à sensualidade e à comédia leve com críticas sociais e políticas. Nobre comenta que a peça *As vaias* era, na verdade, uma crítica sobre a forma como o público se comportava nos teatros, pois, nas primeiras décadas no século XX, apesar de o Ceará receber a visita de peças de grandes companhias dramáticas e algumas peças locais mais singelas formadas por um corpo cênico e um corpo orquestral, os indivíduos não sabiam se comportar nesses eventos, distribuindo muitas das vezes vaias, jogando restos de comida no palco, tagarelando no momento incorreto e zombando uns dos outros.

A figura feminina também foi um dos temas desenvolvidos nessas peças. Carlos Severo mostra com bom humor o falso decoro das mulheres brancas e aponta que apreciava bem mais as negras e mestiças ousadas. Já em suas modinhas, Carlos Severo mostra outro lado que não agradava ao mesmo público que participava de suas peças. Nas modinhas o autor revelava o seu comportamento desregrado e o seu gosto pelo álcool. Em *Despedida do bardo*, em ritmo também de valsa, o compositor apresenta mais uma vez a sua identificação com o urbano, com os espaços públicos onde ocorriam as serestas em noites de luar.

IMAGEM 44: Partitura de Despedida do Bardo – Cópia de Gilberto Petronillo.

Despedida do Bardo

Muito breve por noites de lua
Minha voz cessará de cantar
A canção sonorosa da rua
Referindo meu triste penar (bis)

Dormirás livremente em teu leito
Sem acordes de nota sentida
Sem modinhas que firam teu peito
Te chamando de mulher querida. (bis)

Ficarão os gerânios das portas
Solitários soltando perfumes
Não terás quem nas horas tão mortas
Te interrompa cantando ciúmes. (bis)

Voltarás novamente p'ros mares
Outra terra buscando habitar
Pois que a nossa só nos dá pezares
É uma mãe que não tem que nos dar.[79]

Em *Recordando*, modinha que ficou conhecida em todo o Ceará, Carlos Severo apresenta o seu desleixo com o mundo por ter perdido a amada. Assim como as outras, ela se apresenta em ritmo de valsa, mas com a tonalidade de Dó menor, muito chorosa e arrastada.

---
79 *Ibidem*, p. 76.

IMAGEM 45: Partitura de Recordando – Cópia de Gilberto Petronillo.

Recordado

Quantas vêzes fitando as estrelas
Julgo ver-te no espaço sombrio
Ou no rulo sereno das águas
Da queixosa cascata do rio. (bis)

Quantas vêzes ouvindo os harpejos
Que modula, nas tílias, o vento
Me transporto partido de gôzo
Oh! Meu Deus tudo é pensamento! (bis)

Sinto em mim tua imagem gravada
Teu olhar cuja luz é fanal
Mas me falta teu riso divino
Sem que minha vida é fatal (bis)

Do que serve o perfume das flôres
A brancura celeste do lírio
O luar, as falenas e as côres
Tudo, tudo sem ti é martírio. (bis)[80]

De fato, fica evidente que o "populacho" passou a ser atrelado aos costumes insubordinados das camadas empobrecidas e, apesar das discriminações, foi consumido por um público variado, que gostava de músicas alegres e dançantes, leves e maliciosas, sátiras e jocosas. Carlos Severo fez parte desses compositores que narravam sobre práticas consideradas indisciplinadas, que se distanciavam da ideia de cultura popular dos Românticos ufanistas. Enfim, Ramos Cotôco, Teixeirinha e Carlos Severo tentaram desaparecer com a ideia restrita, pejorativa e discriminatória atribuída ao "populacho" por intelectuais que aspiravam outros significados à cultura popular e consideravam o "povinho" como perigoso, com ausência de educação e sem julgamento morais.

---

80 *Ibidem*, p. 78.

Considerações finais

Diante das transformações que ocorreram na vida econômica, política e social, os indivíduos inseridos no processo de composição das modinhas procuraram criar expressões ou se afirmar diante dos embates sociais de seu tempo através das disputas entre o piano e o violão, da modinha de salão e da modinha seresteira. É possível perceber que a modinha em Fortaleza formou-se em um ambiente cheio de incoerências. Embora alguns escritores tenham narrado um dinamismo enriquecedor entre grupos diferentes, fica evidente, através da variedade de fontes, que as trocas culturais eram discrepantes.

As relações estabelecidas entre os diferentes cantares cearenses formaram-se a partir conflitos, contradições e mediações das mais diversas, que, em linhas gerais, acompanham a própria formação da nossa música. No processo de busca por uma identidade essencial que nos singularizasse dos demais, um canto que expressasse formas de ver/sentir/falar do cearense, muitos elementos foram excluídos, muitos foram esquecidos, muitos projetos foram agregados, formando um mosaico complexo que dispõe lado a lado diversos fatores culturais: o local, o universal, o nacional, o estrangeiro, o oral, o letrado, a tradição e a modernidade. Nesse sentido, seria correto falar sobre a existência de múltiplos cantares, fruto do grande repertório de ritmos e timbres presentes na época que dialogavam com o produto local (aboio, o repente e do coco) e de fora do país.[1]

O fim do século XIX e início do XX é um momento emblemático, visto que o lugar social do músico cearense mudou na medida em que houve o contato com instrumentistas e cantores dos mais diferentes lugares e formações. Os métodos para violão, flauta, piano, cavaquinho, que surgiram no mercado carioca, por exemplo, ajudaram na profissionalização de muitos músicos que não tinham condições financeiras de pagar aulas particulares ou em conservatórios. Essa "democratização" da música foi fascinante na medida em que experiências de indivíduos de vários extratos sociais foram somadas.

---

[1] NAPOLITANO, Marcos. *A síncope das ideias: a questão da tradição na música popular brasileira*. São Paulo: Editora Fundação Perseu Abramo, 2007.

A produção musical de Alberto Nepomuceno e Branca Rangel, e literária de Juvenal Galeno, apresenta como denominador comum a construção de um cantar que projetasse a cultura do "norte" para o resto do Brasil. Esses artistas promoviam uma transfiguração das manifestações culturais orais para o universo do saber letrado, tendendo a enfatizar os elementos da cultura popular marcadamente rural e com aversão ao estrangeirismo. No tocante ao universo da modinha seresteira produzida por Ramos Cotôco, Teixeirinha e Carlos Severo, fica evidente a busca da cultura popular no universo urbano, na história de homens e mulheres que viviam nas zonas suburbanas de Fortaleza. Os cantares desses artistas ajudariam posteriormente a consolidação da indústria cultural no Brasil, em que o "popular" gradativamente se tornava cultura de massa. As primeiras tentativas de comercialização desse material musical foram promovidas, sobretudo, pelo livreiro Pedro Quaresma e a Casa Edison, que tinha à frente o comerciante de "máquinas falantes", Fred Figner.

No entanto, um balanço historiográfico sobre o gênero nos mostrou que eles criaram um estilo distante da maioria de suas influências, como, por exemplo, Catulo da Paixão Cearense. Encontrou-se uma inclinação de alguns músicos ligados a boêmia local a uma estética peculiar que não se encaixava com outras já existentes no cenário musical brasileiro. Essa música diferenciava-se por não trazer uma crítica direta em relação aos problemas sociais, como fazia a maioria. Na verdade essas composições traziam à tona o Ceará Moleque, que criticava os problemas sociais através de muita sátira, ironia, pilhéria, jocosidade e zombaria. Muitas dessas obras foram classificadas como populacho, não pela falta de qualidade, mas pela "ausência de decoro".

Enfim, distante das imagens de consenso de ritmos, melodias e harmonias, atreladas ao caráter étnico dos diferentes povos, há muito mais dissenso na construção do campo da música, e o dissenso pode advir de diferentes origens, contribuindo para a percepção de que a cultura é um campo indeterminado onde os diferentes sujeitos embatem-se na busca de reconhecimento social, cada qual com seu arcabouço de possibilidades e inventividades.[2]

---

2   FERLIM, Uliana Dias Campos. 2006. *Op. cit.*

Listagem das fontes

JORNAIS

Acervo da Biblioteca Pública Gov. Menezes Pimentel – Ceará:

- A República – 1895, 1910.
- Cearense – 1866, 1884, 1890.
- Libertador – 1889.
- Tribuna Catholica – 1868.
- O Pão – 1892, 1895.
- O Unitário – 1905, 1910, 1958.

REVISTAS

Localização: Hemeroteca do Instituto Histórico do Ceará.

ADERALDO, Mozart Soriano. "Alberto Nepomuceno: o fundador da música nacional". *Revista do Instituto Histórico do Ceará*, Fortaleza: Editora do Instituto do Ceará Ltda., 1964.

STUDART, Guilherme. [Barão de Studart]. "Dados Biographicos do Maestro Alberto Nepomuceno". In.: *Revista do Instituto do Ceará*. Fortaleza: Editora do Instituto do Ceará, 1920.

VERÍSSIMO, Pedro. "A Música na Terra de Iracema: Sinopse histórica do movimento musical no Ceará de 1900 a 1950". In.: *Revista do Instituto do Ceará*. Fortaleza: Editora do Instituto do Ceará, 1954.

ALMANAQUES
Acervo da Biblioteca Pública Gov. Menezes Pimentel – Obras Raras:

Almanach Estatístico, Administrativo, Mercantil, Industrial e Literário do Estado do Ceará para o anno de 1888. Fortaleza: Typ. Moderna, 1887.

Almanach Estatístico, Administrativo, Mercantil, Industrial e Literário do Estado do Ceará para o anno de 1910. Fortaleza: Typ. Moderna, 1909.

Almanach Estatístico, Administrativo, Mercantil, Industrial e Literário do Estado do Ceará para o anno de 1914. Fortaleza: Typ. Moderna, 1913.

Almanach Estatístico, Administrativo, Mercantil, Industrial e Literário do Estado do Ceará para o anno de 1919. Fortaleza: Typ. Moderna, 1918.

CORRESPONDÊNCIAS
Arquivo Barão de Studart: Instituto do Ceará – Histórico, Geográfico e Antropológico:

Conta da impressão da 1ª edição do Hino do Ceará, apresentada ao autor do mesmo, maestro Alberto Nepomuceno (1903).

REGISTROS SONOROS
Acervo Sonoro de Miguel Ângelo de Azevedo

O diabo da feia (R. Ramos). Intérprete: Mário Pinheiro, Rio de Janeiro, Casa Edison-Odeon, 108129, 1907-1912. 78rpm.

Pela porta de detrás (R. Ramos). Intérprete: Mário Pinheiro, Rio de Janeiro, Casa Edison-Odeon, 108130, 1907-1912. 78rpm.

A sogra e o genro (R. Ramos). Intérprete: Mário Pinheiro, Rio de Janeiro, Casa Edison-Odeon, 108131, 1907-1912. 78rpm.

Só angu (R. Ramos). Intérprete: Mário Pinheiro, Rio de Janeiro, Casa Edison-Odeon, 108132, 1907-1912. 78rpm.

Não faz mal (R. Ramos). Intérprete: Mário Pinheiro, Rio de Janeiro, Casa Edison-Odeon, 108133, 1904-1907. 78rpm.

A cozinheira (R. Ramos). Intérprete: Mário Pinheiro, Rio de Janeiro, Casa Edison-Odeon, 108134, 1907-1912. 78rpm.

Rosa e eu (R. Ramos/Artur Camilo). Intérprete: Mário Pinheiro, Rio de Janeiro, Casa Edison-Odeon, 108135, 1907-1912. 78rpm.

Engomadeira (R. Ramos). Intérprete: Mário Pinheiro, Rio de Janeiro, Casa Edison-Odeon, 108137, 1907-1912. 78rpm.

Canções. CD. Alberto Nepomuceno. São Paulo: Studio Panorama/Unesp, 1997.

PARTITURAS

Casa Juvenal Galeno e Acervo Musical da Biblioteca Nacional.

CEARENSE, Catullo da; PERNAMBUCO, João. *Luar do Sertão*: modinha. Rio de Janeiro: Casa Edison,1912-1914. 78 rpm, Registro n. 120.911.

GALENO, Juvenal; NEPOMUCENO, Alberto. *Tu és o sol*: canção. Fortaleza: Melografia Petronillo, 1955.

_____. *A jangada*: canção. Fortaleza: Melografia de Gilberto Petronillo, 9 de junho de 1944.

GALENO, Juvenal; RANGEL, Branca. *A cabocla*: canção. Fortaleza: Melografia de Gilberto Petrollino, 1955.

_____. *Viola*: canção. Fortaleza: Melografia de Gilberto Petronillo, 1955.

_____. *Mistérios do Mar*: canção. Fortaleza: Melografia de Gilberto Petronillo, 1955.

RANGEL, Branca. *Minha Terra*: canção. Fortaleza: Melografia Gilberto Petronillo, sem data.

A modinha Cearense – Edigar de Alencar.

LARANJEIRA, Paulo de Castro; NONATO, Raimundo. *Teu desprezo*, valsa, Fortaleza, Melografia de Gilberto Petronillo, s/d.

FEITAL, Oscar; RAIOL, Antônio; SALES, Antônio. *Todos nós somos Queiroz*: valsa. Fortaleza: Melografia Gilberto Petronillo, sem data.

CASTRO, Roberto Xavier de; CASTRO, Amadeu Xavier de. *Julieta*: valsa. Fortaleza: Melografia Gilberto Petronillo, sem data.

QUINTINO, João; CUNHA, Quintino. *Comunhão da serra*: modinha. Fortaleza: Melografia Gilberto Petronillo, 1899.

FREIRE, Teodósio. *Apanhadeira de café*: marcha. Fortaleza: Melografia Gilberto Petronillo, sem data.

GALENO, Juvenal; NEPOMUCENO, Alberto. *Medroso de amor*. Fortaleza: Melografia Gilberto Petronillo, sem data.

CASTRO, Augusto Xavier de. *Recordação*: modinha. Fortaleza: Melografia Gilberto Petronillo, sem data.

MENDES, Carlos Teixeira. *Gosto esquisito*: chula. Fortaleza: Melografia Gilberto Petronillo, sem data.

SEVERO, Carlos. *Estrela do anoitecer*: valsa. Fortaleza: Melografia Gilberto Petronillo, sem data,

SEVERO, Carlos. *Visita anual*: valsa. Fortaleza: Melografia Gilberto Petronillo, sem data.

SEVERO, Carlos. *Despedida do bardo*: valsa. Fortaleza: Melografia Gilberto Petronillo, sem data,

SEVERO, Carlos. *Recordando*: valsa. Fortaleza: Melografia Gilberto Petronillo, sem data.

Cantares Bohêmios – Ramos Cotôco

RAMOS, Raimundo. *Cangatís*: tango. Fortaleza: Melografia Gilberto Petronillo, sem data.

RAMOS, Raimundo. *Jogo dos bichos:* sambinha. Fortaleza: Melografia Gilberto Petronillo, 1898.

_____. *Mulata cearense:* modinha. Fortaleza: Melografia Gilberto Petronillo, 1909.

_____. *O bonde e as moças:* tango. Fortaleza: Melografia Gilberto Petronillo, 1901.

_____. *Tecelona:* modinha. Fortaleza: Melografia Gilberto Petronillo, 1902.

_____. *Meu gosto:* tango. Fortaleza: Melografia Gilberto Petronillo, 1902.

_____. *Modernismo:* modinha. Fortaleza: Melografia Gilberto Petronillo, 1902.

_____. *Cabocla:* valsa. Fortaleza: Melografia Gilberto Petronillo, 1903.

_____. *Engomadeira:* tango. Fortaleza: Melografia Gilberto Petronillo, 1905.

_____. *Três por cento:* modinha. Fortaleza: Melografia Gilberto Petronillo, 1905.

_____. *Cearenses:* canção popular. Fortaleza: Melografia Gilberto Petronillo, 1906.

Bibliografia

ANDRADE, Mário de. *Modinhas imperiais*. Belo Horizonte: Itatiaia, 1980.

ALENCAR, Edigar de. *A modinha cearense*. Fortaleza: Imprensa Universitária do Ceará, 1967.

ALENCAR, Edigar. *Fortaleza de ontem e anteontem*. Fortaleza: UFC, 1984.

ANDRADE, Mário de. *Ensaio sobre música brasileira*. São Paulo: Livraria Martins, 1972.

ARAÚJO, Mozart. *A modinha e o lundu no século XVIII*. São Paulo: Ricordi, 1963.

AZEVEDO, M. A. de (NIREZ), et al. *Discografia brasileira em 78 rpm*. Rio de Janeiro: Funarte, 1982.

AZEVEDO, Otacílio. *Fortaleza descalça*. Fortaleza: UFC/Casa José de Alencar, 1992.

BAKHTIN, Mikhail. *A cultura popular na Idade Média e no Renascimento*. São Paulo: Hucitec, 1987.

BARBERO, Jesus-Martin. *Dos meios as mediações: Comunicação, Cultura e Hegemonia*. Barcelona: Gustavo Gili, 1987.

BARREIRA, Dolor. *História da Literatura Cearense*. Fortaleza: Instituto Histórico do Ceará. 1948.

BARROS, José D'Assunção. *Raízes da música brasileira*. São Paulo: Hucitec, 2011.

BARROSO, Gustavo. *Coração de Menino*. Livro de Memórias 1º. Fortaleza: Casa José de Alencar, 2000

BARROSO, Gustavo. *O consulado da China*. Memórias v. 3. Fortaleza: Casa José de Alencar/Edições UFC, 2000.

BÉHAGUE, Gerard. *Biblioteca da Ajuda* (Lisbon) Mss. 1595/1596: Two Eighteenth-Century Anonymous Collections of Modinhas. In: Anuario, v. 4, 1968.

BOLLÈME, Geneviéve. *O povo por escrito*. São Paulo: Martins Fontes, 1988.

CAMINHA, Adolfo. *A normalista*. São Paulo: Editora Martin Claret, 2007.

CAMPOS, Eduardo. *Capítulos de história da Fortaleza do século XIX: o social e o urbano*. Fortaleza: Edições UFC, 1985.

CAMPOS, Eduardo. *O inventário do cotidiano: Breve memória da cidade de Fortaleza*. Fortaleza: Edições Fundação Cultural de Fortaleza, 1996.

CANCLINI, Néstor García. *Culturas Híbridas: estratégias para entrar e sair da modernidade*. São Paulo: Edusp, 1997.

CARVALHO, Mário Vieira de. *Razão e sentimento na comunicação musical: Estudos sobre a Dialéctica do Iluminismo*. Lisboa: Relógio d'Agua, 1999.

CASCUDO, Luís da Câmara. *Dicionário do Folclore Brasileiro*. Rio de Janeiro: Ediouro, s/d.

CERTEAU, Michel de. *A invenção do cotidiano: Artes de fazer*. Petrópolis: Vozes, 1996.

CHAVES, Gylmar; VELOSO, Patrícia; CAPELO, Peregrina (Orgs.) *Ah, Fortaleza!* Fortaleza: Terra da Luz Editorial, 2009.

CHAVES JÚNIOR, Eurípedes. *Raimundo Girão – Polígrafo e Homem Público*. Fortaleza: Stylus Comunicações 1986.

CITELLI, Adilson. *Romantismo*. São Paulo: Ática, 1986.

DUDEQUE, Norton Eloy. *História do Violão*. Curitiba: UFPR, 1994.

DUMAZEDIER, Joffre. *Lazer e cultura popular*. Tradução de Maria de Lourdes S. Machado. São Paulo: Perspectiva, 1973.

EDMUNDO, Luiz. *O Rio de Janeiro do meu tempo*. Rio de Janeiro: Xenon, 1987.

FILHO, José Ernesto Pimentel. *Urbanidade e Cultura Política: A cidade de Fortaleza e o liberalismo cearense no século XIX*. Fortaleza: Edições UFC, 1998

FILHO, Mello Moraes (Org.) *Serenatas e saraus*. Coleção de autos populares, lundus, recitativos, modinhas, duetos, serenatas, barcarolas e outras produções brasileiras antigas e modernas. Rio de Janeiro: H. Garnier Livreiro-Editor, 1901, 3 vols.

FRANCESCHI, Humberto. *A Casa Edison e seu tempo*. Rio de Janeiro: Sarapuí, 2002.

FREYRE, Gilberto. *Casa grande & senzala: formação da família brasileira sob o regime da economia patriarcal*. 50ª ed. revista. São Paulo: Global, 2005.

_____. *Sobrados e Mucambos: decadência do patriarcado e desenvolvimento do urbano*. Rio de Janeiro: Editora Record, 1996.

GALENO, Juvenal. *A Machadada*. Fortaleza: Editora Henriqueta Galeno, 1860.

_____. *A Porangaba*. Fortaleza: Editora Henriqueta Galeno, 1861.

_____. *Canções de Escola*. Fortaleza: Editora Henriqueta Galeno, 1871.

_____. *Cenas Populares*. Fortaleza: Editora Henriqueta Galeno, 1871.

_____. *Folhetins de Silvanus*. Fortaleza: Editora Henriqueta Galeno, 1969.

_____. *Lendas e Canções Populares*. Fortaleza, Julho de 1978. 4ª edição. S/E.

_____. *Medicina Caseira*. Fortaleza: Editora Henriqueta Galeno, Julho de 1969. 4ª edição.

GINZBURG, Carlo. *O queijo e os vermes*. São Paulo. Companhia das Letras, 1988.

GIRÃO, Raimundo. *Fortaleza e a crônica histórica*. 2ª ed. Fortaleza: Casa José de Alencar/Programa Editorial UFC, 1997.

_____. *Geografia Estética de Fortaleza*. Fortaleza: Banco do Nordeste, 1979.

GROUT, D. J & PALISCA, C. V. *História da Música Ocidental*. Lisboa: Gradiva, 2001.

GUIMARÃES, Manoel Luiz Salgado (Org.). *Estudos sobre a escrita da história*. Rio de Janeiro. Ed. 7Letras, 2006.

HALL, Stuart. Da diáspora: *Identidades e mediações culturais*. Belo Horizonte: UFMG, 2003.

HOLANDA, Sérgio Buarque de. *Raízes do Brasil*. 26ª ed. São Paulo: Companhia das Letras, 1995.

JÚNIOR, Caio Prado. *História econômica do Brasil*. São Paulo: Brasiliense, 1961.

KIEFER, Bruno. *A modinha e o lundu: duas raízes da música popular brasileira*. Porto Alegre: Editora Movimento, 1977.

LIMA, Herman. *História da Caricatura no Brasil*. 4º vol. Rio de Janeiro: José Olympio, 1963.

MACEDO, Joaquim M. de. *Um passeio pela cidade do Rio de Janeiro*. Rio de Janeiro: Editora Zelio Valverde, 1942.

MARCONDES, Marcos Antônio. (ED). *Enciclopédia da Música popular brasileira: erudita, folclórica e popular*. 2ª ed. São Paulo: Art Editora/Publifolha, 1999.

MARQUES, Janote Pires. *Festas de negros em Fortaleza. Territórios, sociabilidades e reelaborações (1871-1900)*. Fortaleza: Expressão Gráfica, 2009.

MARTIUS, Karl Friedrich Philipp Von. "Como se deve escrever a historia do Brazil". *Revista do IHGB*. 6:381-403, 1844; 2.ed. 389-411p.

MENDES, Carlos Teixeira. *Cacos de Joia*. Fortaleza: Editora do Autor, 1969.

MENEZES, Raimundo de. *Coisas que o tempo levou: crônicas históricas da Fortaleza antiga*. Fortaleza: Edições Demócrito Rocha, 2000.

MIRANDA, Dilmar. *Nós a música popular brasileira*. Fortaleza: Expressão Gráfica, 2009.

MORAES, José Geraldo Vinci de."História e música: canção popular e conhecimento histórico". In: *Revista Brasileira de História*, São Paulo, v. 20, n. 39, p. 203-221, 2000.

NAPOLITANO, Marcos. *História e música*. Belo Horizonte: Autêntica, 2002.

NEVES, Eduardo. *Trovador da Malandragem: Declaração*. Rio de Janeiro: Livraria Quaresma Editora, 1926, s/n. edição, p. 4.

NOGUEIRA, João. *Fortaleza Velha*. Fortaleza: Edições UFC, 1980.

NOBRE, Francisco da Silva. *1001 Cearenses Notáveis*. Rio de Janeiro: Casa do Ceará Editora, 1996.

ORTIZ, Renato. *Cultura brasileira e identidade nacional*. 4ª ed. São Paulo: Brasilense, 2004.

ORTIZ, Renato. *Românticos e folcloristas*. São Paulo: Relógio d'Água, 1992.

PAIVA, Manuel de Oliveira. *A Afilhada*. Fortaleza: Academia Cearense de Letras, 1961.

PAIVA, Manuel de Oliveira. *Dona Guidinha do Poço*. Rio de Janeiro: Escala, 2005.

PEREIRA, Avelino Romero. *Música, Sociedade e Política*: Alberto Nepomuceno e a República Musical. Rio de Janeiro: Editora UFRJ, 2007.

PONTE, Sebastião Rogério. *Fortaleza Belle Époque: reformas urbanas e controle social (1860-1930)*. 2ª ed. Fortaleza: Fundação Demócrito Rocha, 1999.

PRIORE, Mary Del. *Festas e Utopias no Brasil Colonial*. São Paulo: Brasiliense, 2000.

RAMOS, Raimundo. *Cantares Bohêmios*. Fortaleza: Empreza Typ. Lithographica, 1906.

RIBEIRO, Cristina Betioli. "Folclore e Nacionalidade na Literatura Brasileira do século XIX". *Tempo: Revista do Departamento de História da UFF*, 2003.

ROMERO, Silvio. *História da literatura brasileira*. 5ª ed. Rio de Janeiro: José Olympio, 1953.

SALES, Antônio. *Novos Retratos e Lembranças*. Fortaleza: Casa de José de Alencar, 1995.

SALES, Antônio. *O Pão*. Fortaleza: Edição fac-similar de jul. 1892 out. 1896, publicação quinzenal, órgão da Padaria Espiritual.

SCHWARCZ, Lilia Moritz. *O Espetáculo das Raças: cientistas, instituições e questão racial no Brasil 1870-1930*. São Paulo: Companhia das Letras, 1993.

SEIGEL, Jerrold. *Paris boêmia: cultura, política e os limites da vida burguesa. 1830-1930*. Porto Alegre: L&PM, 1992.

SEVERIANO, Jairo. *Uma história da música popular brasileira: Das origens à modernidade*. São Paulo: Editora 34, 2008. p. 231.

SILVA, Joaquim Norberto Souza (Org.). *A cantora brasileira*. Nova colleção de hymnos, canções e lundus – tanto amorosos como sentimentaes precedidos de algumas reflexões sobre a música no Brazil, Rio de Janeiro: Garnier, 1878.

SIQUEIRA, Baptista. *Modinhas do passado: cultura, folclore e música*. Rio de Janeiro: Folha Carioca, 1979.

STUDART, Guilherme. [Barão de Studart]. *Diccionario Bio-Biblioghafico Cearense*. Fortaleza: Typo-Lithographia a vapor, 1910.

TABORDA, Márcia. *Violão e identidade nacional: Rio de Janeiro*. Rio de Janeiro: Civilização Brasileira, 2011.

TINHORÃO, José Ramos. *As origens da canção urbana*. São Paulo: Editora 34, 2011.

_____. *Domingos Caldas Barbosa: o poeta da viola, da modinha e do lundu (1740-1800)*. São Paulo: Editora 34, 2004.

_____. *História social da música popular brasileira*. São Paulo: Editora 34, 1998.

_____. *Música popular: um tema em debate*. Rio de Janeiro: Editora Saga, 1966.

_____. *Pequena história da música popular brasileira: da modinha à canção de protesto*. Petrópolis, Rio de Janeiro: Vozes, 1978.

THOMPSON, E. P. *Costumes em comum: Estudos sobre a cultura popular tradicional*. São Paulo: Companhia das Letras, 1998.

VASCONCELOS, Ary. *Panorama da música popular brasileira na Belle Époque*. Rio de Janeiro: Livraria Sant'Anna, 1997 p. 275-276.

VARNHAGEN, F. A. *Florilégio da poesia brasileira*. Rio de Janeiro: Academia brasileira de Letras, 1946, 3 vols., p. 42.

_____. *Historia Geral do Brazil*, isto é, do descobrimento, colonisação, legislação e desenvolvimento deste Estado. Rio de Janeiro: Laemmert; Madrid: Imprensa da V. de Dominguez, 1854.

VEIGA, Manuel. "Achegas para um sarau de modinhas brasileiras". *Revista de Cultura da Bahia*, Salvador, v. 17, 1998.

VERÍSSIMO, Pedro. *A Música na Terra de Iracema: Sinopse histórica do movimento musical no Ceará de 1900 a 1950*. In.: *Revista do Instituto do Ceará*. Fortaleza: Editora do Instituto do Ceará, 1954.

Teses e Dissertações

ANJOS, Francisco Weber dos. *Ramos Cotôco e seus "Cantares Bohêmios"*: Trajetórias (re)compostas em verso e voz (1888-1916). Dissertação (Mestrado). Mestrado Acadêmico em História, MAHIS. Universidade Estadual do Ceará, UECE: Fortaleza, 2008.

BASILE, Lucila P. S. *Paurillo Barroso e a música em Fortaleza: traços de uma Belle Époque Musical*. Dissertação (Mestrado). Programa de Pós-graduação em Música – Universidade Federal da Bahia, Salvador, 2002.

CARDOSO, Gleudson Passos. *Bardos da Canalha, Quaresma de Dasalentos. Produção literária de Nefelibatas, boêmios e libertários em Fortaleza na República Velha (1889-1922)*. Tese (Doutorado). Universidade Federal Fluminense, UFF: Rio de Janeiro, 2009.

FERLIM, Uliana Dias Campos. *A polifonia das modinhas: Diversidade e tensões musicais no Rio de Janeiro na passagem do século XIX ao XX*. Campinas: Unicamp. Dissertação (Mestrado) – Programa de Pós Graduação em História Social, Instituto de Filosofia e Ciências Humanas, Universidade Estadual de Campinas, São Paulo, 2006.

PIGNATARI, Dante. *Canto da Língua: Alberto Nepomuceno e a invenção da canção brasileira*. Dissertação. Faculdade de Filosofia, Letras e Ciências Humanas, Pós Graduação em Literatura Brasileira. São Paulo, USP, 2009.

Agradecimentos

O livro é o resultado do processo de amadurecimento das discussões feitas em minha dissertação de História defendida em 2010 no MAHIS. Dessa forma, gostaria de expressar os meus sinceros agradecimentos a todos que me ajudaram na concretização dessa pesquisa que foi iniciada dois anos antes da aprovação nessa instituição.

Ao meu marido Emílio Fernandes, à minha mãe Wilma Rios e à minha irmã Ana Caroline, que me deram total apoio e incentivo. À turma que ingressou em 2010 no Mestrado em História e Culturas da UECE, composta por Jord Guedes, Mateus Pinheiro, André Pinheiro, Rodrigo Cavalcante, Limária Mouta, Hisllya Bandeira, Kalliany Menezes, Secundino Neto, Francisco de Assis e Geovan Nobre, que me ajudaram a vivenciar maravilhosos momentos de brincadeiras e aprendizagens.

À todos os companheiros do grupo de pesquisa DÍCTIS, sobretudo ao professor Francisco José Gomes Damasceno, que sempre proporcionou debates que ajudaram a enriquecer essa pesquisa e aceitou gentilmente o convite para escrever o prefácio do livro.

Agradeço também ao Altemar Muniz, coordenador do MAHIS, e à todos os outros professores que lecionaram com tanto empenho nesse Programa de Pós-Graduação. Ao Professor Carlos Jacinto, que trabalhou com tanta paixão e sabedoria na Disciplina de Seminário de Pesquisa II e acabou mudando os rumos da pesquisa. Ao meu orientador Marco Aurélio Ferreira da Silva e à banca de defesa composta pelos professores Ernani Furtado Filho e Gleudson Passos Cardoso, que aceitaram com gentileza o meu pedido e assim proporcionaram uma grande contribuição para esse trabalho.

Ao pesquisador Miguel Ângelo de Azevedo, que cedeu gentilmente arquivos sonoros, partituras e fotografias utilizadas nessa pesquisa. Aos professores de música Frederico Barreto, e Lu Basile, que também cederam materiais e ajudaram a lidar com a parte musical. Ao Clóvis Maciel e Santiago Galeno que apresentaram com profundidade alguns sujeitos envolvidos na pesquisa.

Aos funcionários da Biblioteca Pública Governador Menezes Pimentel, sobretudo aos que trabalham nos setores de Periódicos, Obras Raras e Ceará. Ao Conservatório de Música Alberto Nepomuceno. Ao Instituto do Ceará – Histórico, Geográfico, Antropológico. Todos esses abriram suas portas no momento em que foi necessária a coleta das fontes.

Á Coordenação de Aperfeiçoamento de Pessoal de Nível Superior (Capes) pelo incentivo à pesquisa através da concessão da bolsa de mestrado, possibilitando-me assumir o compromisso de dedicação exclusiva ao Programa de Pós-Graduação em História da Universidade Estadual do Ceará – UECE.

À Secretaria de Cultura do Estado do Ceará – SECULT, que financiou a publicação da obra através do Prêmio de Incentivo às Artes do ano de 2014.

À Isabel Guillen e ao Carlos Sandroni, orientadora e co-rientador da minha pesquisa de doutorado no Programa de Pós-Graduação em História da Universidade Federal de Pernambuco. Eles foram responsáveis pelo aperfeiçoamento da dissertação com as suas indicações de leitura. Ao Professor Gilmar de Carvalho, que tanto me inspirou com a sua escrita leve de conteúdo denso.

Agradeço também aos meus amigos Paola Marry, Paulo Henrique e Laércio Teodoro. Aos meus ex-alunos da Graduação e da Pós-Graduação em História da Universidade Estadual Vale do Acaraú. E à Camila Mota, que me ajudou com a finalização do design da capa

Esta obra foi impressa em São Paulo na Outono de 2016, na gráfica P3. No texto foi utilizada a fonte Adobe Jenson Pro em corpo 10 e entrelinha de 13 pontos.